# 曹操

## 谲谋的霸主

柯胜雨 著

天津出版传媒集团
天津人民出版社

**图书在版编目(CIP)数据**

谲谋的霸主--曹操 / 柯胜雨著. -- 天津：天津人民出版社, 2017.12
ISBN 978-7-201-12511-4

Ⅰ. ①谲… Ⅱ. ①柯… Ⅲ. ①曹操-155-220-传记
Ⅳ. ①K827=343

中国版本图书馆 CIP 数据核字(2017)第 277876 号

**谲谋的霸主:曹操**
JUEMOU DE BAZHU:CAOCAO
柯胜雨 著

---

出　　版　天津人民出版社
出 版 人　黄　沛
地　　址　天津市和平区西康路 35 号康岳大厦
邮政编码　300051
邮购电话　(022)23332469
网　　址　http://www.tjrmcbs.com
电子信箱　tjrmcbs@126.com

责任编辑　杨　轶
装帧设计　卢炀炀
插图绘制　卢炀炀

印　　刷　高教社(天津)印务有限公司
经　　销　新华书店
开　　本　787×1092　1/16
印　　张　21.5
插　　页　3
字　　数　280 千字
版次印次　2017 年 12 月第 1 版　2017 年 12 月第 1 次印刷
定　　价　65.00 元

---

# 引　子

滚滚长江东逝水，浪花淘尽英雄。

是非成败转头空，青山依旧在，几度夕阳红。

中国历史上最为顶级的皇帝——光武帝历尽千辛万苦，白手起家，打造了一个光辉灿烂的东汉王朝。但是创业难，守业更难。帝位传承到了第十个皇帝——汉桓帝的手里，其辉煌磅礴的气势终于像长江里滚滚的浪花，不断地流逝了。一切曾经有过的伟大与飞腾，逐渐成了美好的依稀回忆。

如果说东汉帝国是一棵傲然挺立、枝繁叶茂的参天大树，那么汉桓帝就是树根下的蛀虫，日不停歇地掏空着这棵大树的主干；而外戚与宦官就像空中两股紧拧的绞绳，把大树拽拉得摇摇晃晃。

最终让这棵参天大树轰然倒塌的，却是一个不起眼的人——曹操。

那张三百六十度无死角的脸，一米六八的身高，长相实在是对不起大家，就连曹操自己都对他丑陋的形体感到羞愧。

“人不可貌相，海水不可斗量。”人们一直在提倡、宣传、践行着这句话，可见这句话自有它的道理。这个颠扑不破的真理如今又在曹操身上被验证了。

# 目　录

## 第一章　纨绔子弟

1.玩泥巴的孩子 …… 3
2.桀骜不驯的学生 …… 4
3.飞鹰走狗的欢乐时光 …… 8

## 第二章　仕途伊始

1.一次冒险行动 …… 13
2.再起再落 …… 16
3.必须解释的历史事件 …… 19

## 第三章　初露峥嵘

1.黄巾大起义 …… 25
2.卷入漩涡之前 …… 27
3.桥玄的一双慧眼 …… 29

## 第四章　联盟讨董

1.不想当皇帝 …… 37
2.一次未遂的政变 …… 39
3.肥仔董卓 …… 41
4.成皋血案疑云 …… 44
5.一切从这里开始吧 …… 46
6.猎杀董卓 …… 47
7.决　裂 …… 49

## 第五章　乱世英雄

1.曹操的第一桶金 …… 55
2.大耳朵刘备 …… 56
3.东汉末年的大混战 …… 58
4.刘皇叔的机遇 …… 62
5.天下第一谋士 …… 64
6.第一与第三的较量 …… 68

## 第六章　迁都许昌

1.荀彧的大战略 …… 75
2.伤心东归路 …… 77
3.袁绍的失算 …… 81
4.乱弹“挟天子以令诸侯” …… 85
5.董昭的厚礼 …… 86

## 第七章　走出坎坷

1."奉天子以令不臣" …… 93
2.曹操和他的谋士们 …… 96
3.刘备和吕布的恩怨 …… 98
4.兵败淯水 …… 102
5."伪仲家皇帝"袁术 …… 106
6.三征张绣 …… 109

## 第八章　纵横江淮

1."背信弃义"的大耳朵 …… 115
2.连和南方 …… 119
3.神秘的射犬 …… 122
4."伪仲家皇帝"之死 …… 124
5.大战的前夜 …… 127

## 第九章　白马初捷

1.粉碎袁绍的阴谋 …… 133
2.皇帝的反击战 …… 136
3."背叛"的战神 …… 139
4.白马城的神勇 …… 142
5.再战白马山 …… 145

## 第十章　鏖战官渡

1.好运连连的刘皇叔 …… 151
2.血色的日食 …… 154
3.老同学的诚意 …… 157
4.崩溃从乌巢开始 …… 161

## 第十一章　一统河北

1."小鲜肉"孙权 …… 167
2.袁绍的失败 …… 169
3.清剿袁氏势力 …… 173
4.飞越长城 …… 177

## 第十二章　挥师南征

1.东汉唯一的丞相 …… 187
2.卧龙"猪哥" …… 189
3.追袭刘皇叔 …… 194
4.结　盟 …… 198

## 第十三章　霸业转折

1.完美的周郎 …… 205
2.曹丞相的难题 …… 208
3.首战必胜 …… 210
4.黄盖的那把怒火 …… 212

5.迟到的刘皇叔 …… 217
6.荆州争夺战 …… 220

## 第十四章 西进运动

1.痛苦的自白 …… 227
2.刘备借荆州 …… 229
3.张天师的传人 …… 233
4.一次危险的渡河行动 …… 236
5.巧舌破马超 …… 238

## 第十五章 位极人臣

1.智多星之死 …… 247
2.第二次较量——濡须口之战 …… 250
3.新政权的诞生 …… 254
4.皇帝的悲情 …… 257

## 第十六章 再遭挫折

1.谁敢横刀立马？唯我闪电将军 …… 263
2.出人意料的汉中之战 …… 268
3.既得陇，不复望蜀 …… 273
4.跟孙权和解 …… 276
5.立曹丕为世子 …… 281
6.夏侯渊战死定军山 …… 284
7.汉中的无奈 …… 289

## 第十七章　群狼夺食

1.剿灭拥汉势力 …… 295
2.棋逢对手——曹仁跟关羽 …… 299
3.水淹七军 …… 302
4.曹操的阳谋 …… 306
5.隔岸观火 …… 310
6.战神羽化 …… 313

## 第十八章　霸主暮年

1.重修洛阳城 …… 319
2.阿瞒之死 …… 323
3.担当生前事，何计身后评？ …… 327

## 后记

# 第一章 纨绔子弟

玩泥巴的孩子

桀骜不驯的学生

飞鹰走狗的欢乐时光

## 1.玩泥巴的孩子

我们要说的主角就叫曹操。

曹操,字孟德,籍贯大汉帝国豫州沛国谯(豫州的郡治)。

民族,汉族。

出生时间,汉桓帝永寿元年(155)。具体日期,没有记载。

一个人生下来就像天地间多了一粒尘埃,或者树下爬出了一只小蚂蚁。除非是皇室里添了一个成员,否则永远不会被世人所瞩目,何况是一户家徒四壁的穷人家?

和当时无数的中国家庭一样,曹操家里也是穷得叮当响。灶上的锅盖一拿起来,就扬起一把灰尘。但这还不是最惨的,临近的司隶、冀州更糟糕,那里正在闹饥荒,都人吃人了。

儿子出生了,曹嵩却丝毫感受不到当爸爸的喜悦。看到瘦弱得只剩下一张皮的邹氏和怀中饿得嗷嗷哭闹的婴儿,这个憨厚老实的庄稼汉不禁紧皱眉头。

饥饿、寒冷、疾病,当邹氏将最后一滴乳汁挤入小曹操干瘪的小嘴之后,终于撒开双手,蹬腿西去了。

那时当然没有奶粉,所以曹嵩只得熬了一些米汤去喂嗷嗷待哺的小曹操。可是几天之后,米粒一颗也不剩了。

有句话说,有妈的孩子像块宝,没妈的孩子像根草。

为了有饭吃,曹嵩整天早出晚归,四处找事做,赚点微乎其微的工钱,哪有心思去照料幼小的儿子,尽管他是曹嵩唯一的子息。

能够活下来就算极大的造化了,甭谈家庭教育了。

年幼的曹操成了温情的弃儿,整天与他为伴的只有泥巴、脏水。至于屎尿满身,那更是家常便饭。

每次遇到女人拉着孩子走过身边,泥浆中的小曹操总会抬起头,无限憧憬地看上一眼,然后继续玩弄手中的泥土活儿。

后来曹操回忆起这段惨不忍睹的时光,总会双眼噙着泪水。于是他写下几句话："自惜身薄祜，夙贱罹孤苦。既无三徙教，不闻过庭语。其穷如抽裂，自以思所怙。虽怀一介志，是时其能与！守穷者贫贱，惋叹泪如雨。泣涕于悲夫，乞活安能睹？"

由于缺少母爱父教，所以孟母三迁、孔子庭训孔鲤仍然只是书上的故事。

就这样，小曹操在泥水混着尿水的地上脏兮兮地爬了两三年。

有一天，曹嵩突然早早就回家了，抱起浑身臭不可闻的儿子，显得无比兴奋。阿瞒，我们以后有饭吃了，可以过上好日子了。

对于三四岁的曹操来说，好日子意味着天天不用饿肚子，不用像一只流浪狗那样在地上爬来爬去。

曹嵩抱着小曹操走了一些路，又穿过几条深巷。

小曹操从未见过如此豪华的宅门，这是一个新的世界，一片新的天地。

从此之后，曹操多了一个叫曹腾的爷爷，一个当太监的爷爷。

当然，那时的曹操哪会知道什么叫太监，只知道他很有钱，下班之后还会带点玩具回来，甚至带他去逛街游玩。

小曹操一下子由丑小鸭变成了白天鹅。

从此再也没有机会玩泥巴了，每次他习惯地坐在地上，总会有一大帮婆娘围上来，一只只温柔的手掌把他搀扶起来。这使得曹操依稀看到了母亲的身影。

这时候，由于那个太监爷爷的作用力，曹嵩也有了份很好的工作。但是曹嵩仍然是曹嵩，他很珍惜这份工作，就像先前四处打工那样，依然早出晚归，勤奋努力，显得干劲十足。

还是那句话，有妈的孩子像块宝，没妈的孩子像根草。但是这时候小曹操是一棵灵芝草，有无数的人呵护着，所以曹嵩根本不用担心儿子的生活问题了。

从一个极端到了另一个极端，小曹操的角色在迅速转换，简直是在玩蹦极。

环境影响性格，曹操自幼的生活环境塑造他冷酷、狡诈、坚忍的个性。而这一切，成了日后曹操驰骋天下的制胜法宝。

## 2.桀骜不驯的学生

由于是贵族子弟，所以小曹操去的学校是豫州郡治谯内的最高学府——郡

曹腾

学，也就是公立学校，就在离家不远的地方。即使在今天，也是令无数学童羡慕的美事。首先是交通方便，用不着起早摸黑，走几十里的山路去读书。再者，曹操永远免遭其他同学的欺凌。

尽管离家很近，但是按照汉朝制定的教育法，贵族子弟都必须寄宿学习。

通过努力学习，小曹操知道了自己的祖国叫大汉帝国，国家元首是一个喜欢女色的皇帝。首都洛阳就在临近的司隶郡，他的爷爷就在那里上班，还当了一个大官。

最令人感兴趣的是，小曹操知道了谯的隔壁是沛，大汉帝国的创立者刘邦在一天下班迟归的途中，斩杀了一条挡路的白蛇，于是扯旗造反。

每当老师讲起刘邦斩蛇的故事，小曹操总是兴奋得快要跳起来，挥舞着一双小手，做出斩蛇的动作。于是，刘邦成了曹操幼小的心里难以磨灭的楷模。

小曹操十岁的那年夏天，和许多同学在谯水里洗澡。突然同学们一片鬼哭狼嚎，连衣服也顾不上披，就慌慌张张地一溜烟跑走了。原来一只凶猛的鳄鱼从水底下冒出来，大张血口，恶狠狠地朝小曹操游来。小曹操的眼前即刻浮现出刘邦斩蛇的潇洒动作，竟然不要命地向鳄鱼扑去。一番人鳄大战之后，小曹操终于勇猛地击退凶残的鳄鱼，在河里舒舒服服地洗了一次澡。

在郡学里，除了学习儒家经典、音乐、写诗、射箭外，老师们还讲授一些必修的生理健康课程。这是公立学校与私立学校最大的区别之一，像曹操后来的死对头刘备，由于没有机会上公立学校，只好拜读在卢植的私学门下，当然在生理知识方面永不如曹操。

所以曹操现在知道他的太监爷爷是什么货色了。

有一次，一个同学仗着人高马大，想欺负小曹操，他把曹操拉到一旁，阿瞒，我讲个从前的故事给你听啊。

小曹操很想听从前的故事。快讲吧！

那个同学煞有介事地说，从前啊，有个人啊，他的爷爷是个太监……故意停顿了大半晌。

小曹操急了，那下面呢？

那个同学乐得笑呵呵，下面没有了。

机敏的小曹操立即明白了，他抡起拳头，朝那个同学狠狠地揍去，打得他杀猪般地号叫起来。

老虎不发威，还当我是病猫。

小曹操敢打敢拼，又凭借太监爷爷的威力，于是成了学校里的孩子头。在他身边，聚拢了一大帮人。前来谯就读的汝南郡袁绍同学，成了曹操最要好的玩伴之一。还有南阳的许攸，是曹操的铁哥们儿，两人有饭同吃，有书同念。由于混得熟了，所以许攸喜欢称呼曹操的小名“阿瞒”，叫得顺口了，一时难以拐弯。后来随曹操平定冀州时，就因为一句“阿瞒”的称呼换来人头落地。

到了十一二岁的年龄，应该是一个男孩青春躁动的时期。尽管在学校里讲授些知识，但是那只是书本上的理论。东汉的公学教育大都是封闭式教育，那时候没有科教片，所以小曹操老是盼望能有一次理论联系实际的机会。这对于一个身心健康的人来说，本来就是无可厚非的事。

小曹操终于等来一个机会，学校临近的一户人家娶媳妇。

小曹操迫不及待地邀请小袁绍一同去进行并无歹意的偷窥行动，以满足两人的好奇心。

按照小曹操的事先设计，两人趁着夜黑风高逾墙而入。曹操大呼一声：“抓盗贼啊！”这个调虎离山之策很快奏效，屋内的人们乱成一团，纷纷杂杂抄起家伙往外蹿。

于是曹操二人直奔新房，破门而入，把明晃晃的刀子架在新娘的脖子上。顿时新娘子吓得花容失色，阅尽春色之后二人火速撤离。曹操倒好，轻车熟路，很快就撤到安全地带，只是袁绍手脚笨拙，掉到灌木丛里，动弹不得。眼看人群就要追上，曹操的脑袋又高速运转起来，大叫一声：“盗贼在这里！”人群又闹哄哄地朝曹操方向涌去，如此袁绍才顺利逃脱。

一件小事就可以看出，尽管曹操是从泥巴里爬出来的，但是他的机警、才智远远胜过名门望族出身的袁绍。而自视甚高的袁绍对曹操这个“阉党余孽”非常嫉恨，于是派人趁夜摸黑，去谋害在宿舍里睡觉的曹操。

但是夜里光线黯淡，那人把剑投低了。曹操料想那人下次必会高投剑把，便紧紧地贴卧在床上，果然窗外飞进的剑又投高了。曹操就凭着自己的超精准判断，逃过一劫。

## 3.飞鹰走狗的欢乐时光

当然，在学校的几年生涯里，曹操的学业一塌糊涂。儒家经典，科科挂红灯。只有诗歌写作、骑马射箭等才算得上优秀。这也难怪，像他这么头脑灵活的人是绝对不会迷上教条般的儒家学说的，倒是对像《孙子兵法》《吴子》这类专门教人打仗的课外书上瘾了。

曹操自幼就学会了权术谋变、行军作战的一大套，这些为他日后扫荡天下，奠定了坚实的思想基础。到了毕业的那一刻，曹操在智谋上已经是独步于天下了。刚刚走出象牙塔的曹操，此刻正像意欲展翅翱翔的雄鹰，充满了无比的自信。

曹操满腹韬略，只恨英雄无用武之地，就像一首佚名的诗词《品曹操》中所说："东汉末年分三国，硝烟战火何其多？豪杰纷纷皆涌起，其一便是曹孟德。少时聪慧心计深，一心扶汉思报国。"

毕业之后，同学们各奔前程。曹操同学待业在家，老爸曹嵩仕途坦荡，做官如芝麻开花节节高。在小曹操十二三岁的时候，他就当上了司隶校尉。这个官极大，手下有一千二百人的执法队伍，可以随意弹劾百官，甚至抓人。大臣们听到"司隶校尉"四字，无不闻风丧胆、全身发抖。

荒淫过度的汉桓帝死后，由于怀孕的宫女都被其第一个老婆梁莹迫害致死，没有留下一个子息。而这个留下历史上最早婚检记录的梁莹，也在曹操五岁时就去见阎王爷了。所以九五之尊的皇位只好白送给汉桓帝的亲堂侄刘宏，他就是汉灵帝。

汉灵帝一即位，曹嵩又官运亨通，很快当上了大司农（财政部部长及农业部部长）、大鸿胪（外交部部长及内政部部长）。这两个都是很牛的大官，位列九卿。

曹嵩的太监老爹曹腾更牛，这时候他已经是爵封费亭侯，官拜大长秋。对于一个太监来讲，大长秋就是宦官中的喜马拉雅山、终身的奋斗目标。在汉桓帝时代，宦官专政、外戚擅权，曹腾可以算是朝廷的半个主人，位极人臣。所有的后宫大事，都由他一句话说了算。

爷爷和老爸这么猛，曹操就无须担忧自己的就业前途了。被闷在笼子里六七年，现在一旦逃脱，曹操就如出笼的小鸟，每天都忙得不行，想往哪里飞就往哪里飞。

曹操最喜欢的娱乐活动就是当时在贵族阶层时髦的飞鹰走狗。整天骑着马，放出鹰狗，四处打猎游荡，过着潇洒不羁的日子，尽情享受每一天。而老爸曹嵩官正做得很过瘾，一连几个月都没有回家。就是回家，也只是躲进大大小小姨太的温柔乡，对曹操连看都不看一眼。

这倒好，曹操更加肆无忌惮，极尽其能，闹得谯内附近鸡犬不宁。曹操的叔父（堂叔或者表叔）实在看不过去，不时奉劝曹嵩要多多管教儿子，别丢了曹家的脸。

天底下曹操最怕的就是板起脸孔厉声责斥的老子。

曹操马上开动脑筋，想出对策。

一天，曹操远远看见他的叔父走来，立即摔倒在地，四肢抽搐，口吐白沫，双眼上翻。这是典型的羊痫风症状。叔父大吃一惊，赶忙报告曹嵩。

曹嵩急忙推开怀中的小妾，风风火火地赶来。这时候曹操却是衣冠整洁，言谈得体，举止优雅。

曹嵩问那羊痫风是怎么回事？

曹操不慌不忙地说："叔父不喜欢我，所以在父亲面前故意贬损我。"

这个大概可以叫做反间计，曹操运用得炉火纯青。在以后的戎马生涯里，屡见不鲜，也往往收效奇佳。这次，曹操摆脱了老爸的束缚，越发放荡不堪，简直成了一个无药可救的小混混，照现在的话说就是古惑仔。世人一提起曹操，无不啧啧称耻，曹家不败在他手里才怪呢。

曹操

# 第二章 仕途伊始

一次冒险行动

再起再落

必须解释的历史事件

## 1.一次冒险行动

与汉桓帝一样，现任的皇帝汉灵帝也不是一个好种。在他们的手里，女人真正成了一种名副其实的玩偶。汉桓帝玩女人的特点是阵容庞大，气势吓人。做了二十一年的皇帝，睡过的女人多达五六千，几乎是平均每天一个，这个足以创下吉尼斯世界纪录。

汉灵帝更会玩女人，花样百出，戏法新颖。首先是他为宫女设计出一套奇特的时装，我们可以叫它皇帝的新装。穿在身上，就跟没穿一样，因为这种时装的裤子是开裆裤，里面没有任何遮羞布。这种皇帝的新装大大便利了汉灵帝的即兴行事。此外，汉灵帝还建造了一个裸游馆，这个光看名字就知道是什么用途了。

大汉帝国交给这样荒淫无度、醉生梦死的皇帝来治理，怪不得会一天一天坏下去。上梁不正下梁歪，朝中的大臣们也纷纷效仿皇帝，干起各种各样的勾当，至于老百姓的死活，有谁在乎呢？

那个时代的老百姓真是生不如死，每年都流行瘟疫，每个季节都发生一次灾害，不是水灾，就是山崩。民政部门如同虚设，卫生防疫更是无从谈起。社会上乱象丛生，人心思变。大汉帝国的根基摇摇晃晃，快要倾倒了。

民间的谣言四起，无数的不祥征兆预告着大汉帝国正步入死亡期。

在熹平二年（173）的六月，首都洛阳城内有一个流言闹得人心惶惶。不知从哪儿传出来说虎贲寺的东墙中隐藏着一个全身黄澄澄的怪人，连头发、眉毛、胡须都是黄色的。于是，全洛阳的人都蜂拥而去围观虎贲寺，顿时交通堵塞，道路隔绝。

当然，造谣者绝对是唯恐天下不乱。那时没有电视台或者报纸出来澄清事实，所以谣言越传越厉害，最后老百姓达成一个共识——国家要大乱了，快灭亡了。

人们是这么解释谣言的：虎贲寺是禁卫军的办公厅，东墙的“东”就是“动”，这里传出命令绝不会有好事，要么朝廷政变，要么准备打仗。

汉灵帝

虎贲寺事件还没有平息，第二年人们又在爆炒一件怪事。

说是右校别作（军官的办公楼）里本来有两株一米高的小椿树，其中有一株在一夜之间暴长到三米多高，一围粗。更令人害怕的是长成一个外族人的样子，头部、眼睛、胡须都有，栩栩如生。

就这两件事搞得人们紧张兮兮的，仿佛上天真的要抛弃大汉帝国似的。

在这样一个举国上下紧绷神经的时刻，曹操同学终于找到自己的工作，成了一名公务员。

这一年曹操刚满二十岁。

我们都知道，现在要想成为一名公务员，非得参加挤爆脑袋的全国公务员考试，经过几轮残酷的淘汰，最后的优胜者才能兴奋地宣称："我现在是一名光荣的公务员了。"

但在古代通过考试踏上仕途，始于唐朝铁娘子武则天时期的殿试。东汉时候要想参加考试连门儿都没有。那时候最注重的是你的身份，地主还是农民？

东汉时候选拔人才不靠手下的笔墨文章，而是靠地方郡守的一双眼睛，这个被唤作察举制。察举制的名目很多，有一个叫举孝廉，就是看看你对长辈孝顺不孝顺，生活检点不检点。

像曹操这样的败家子无论如何是算不上"孝廉"的人才。但是你别忘了，凡事皆有可能。经过一系列官场潜规则和曹嵩的暗箱操作，曹操很快就上了豫州郡守的孝廉名单，成了洛阳北部尉。这个相当于洛阳北分区的刑警队队长，属于当时低级别的公务员。

当时政局混乱，洛阳治安特差，地痞流氓满天飞，豪强子弟遍地行。几乎每天都有数十起案件要处理，所以一旦当上了洛阳北部尉，叫你吃不了兜着走。

但这对曹操来说，已经是翻天覆地的变化。万丈高楼平地起，只要干得好，再加上老爹撑腰，提拔机会多多。况且曹操原是流氓中的头儿，拳脚功夫十分了得，对付那些小混混可谓得心应手、绰绰有余。先在基层历练历练，对日后立志要干大事并没有坏处。不经历风雨，怎么见彩虹？

曹操的优点是综合素质超强，四肢发达，头脑灵活，胆大心细，简直就是半个超人。在任洛阳北部尉期间曾经私自闯入中常侍张让的住宅（大概是为了办案需要吧）。

这个太监非常受汉灵帝的宠信，汉灵帝多次在公开场合宣称："张常侍就是我的老爹。"连皇帝也低声下气，自甘堕落，屈称龟孙儿子，可见张让的巨大威力，绝对不亚于一颗原子弹。

狗仗主人势，张让狐假虎威，十分蛮横。

而曹操却明知山有虎，偏向虎山行。

冒着掉脑袋的风险去私闯一个权臣豪宅，首先需要超强的心理素质，还需要过硬的手脚功夫，更需要灵活应变的机智。不然是肉条落入狐狸嘴里，进得去出不来。

显然曹操对自己的综合素质非常自信。

果然张让很快就发现这个不速之客，一声令下，侍卫如涌泉般冒出来，但是曹操同志只拿着一对短戟，左冲右突，几下子就把那些侍卫打残，随后逃之夭夭。

这是曹操一生中创下的第一个以少胜多的战例。

## 2.再起再落

强人就是强人，即使在洛阳北部尉这么一个不起眼的工作岗位上，曹操也干得有声有色、惊天动地。

曹操一上任，就把一个破破烂烂的办公楼装修得大大方方、威风凛凛，让人敬而畏之。先把门面气势造出来之后，再使出铁腕手段，以对付日益恶化的洛阳治安状况。

对于那些有暴力倾向的不法之徒，只有以暴制暴才能解决问题。

为此曹操特地打造了二十多根五色棒，并下令，只要触犯法律，无论贵贱贫富，一律棒杀，大有一副铁面无私的模样。正如人们喜闻乐见的那样，首先以身试法的肯定是一位权贵人物，要么是官二代，要么是皇亲国戚。

这回前来寻死，为曹操一举成名而献身的是一个太监的叔父。这个太监叫蹇硕，是汉灵帝身边的一个红人。蹇硕虽然失去了男性的标志，但是仍然健壮异常，真正的男人很少能打得过他的。他的叔父仗着蹇硕的权势，竟然触犯禁夜令，马上就被乱棒送进了地府。

消息传出，那些小混混立即蒸发得一干二净，洛阳城出现了东汉末年罕有的夜不闭户、路不拾遗。由此曹操名声大噪。

皇帝身边的宠臣听到“曹操”二字，个个心惊肉跳，再也不敢肆意妄为。大家对曹操很是头疼，于是群策群议，终于脑洞大开地想出一个好办法，假意向皇帝推荐，把曹操调到洛阳东边七百里之外的顿丘去当县长。

曹操因祸得福，成了一个百里侯，年薪六百石。

当然凭着曹操的才干，他这个县长也当得津津有味。这时候曹操已经是个大男人了，娶了丁家的女儿做县太婆。丁太爷看到女儿无法满足曹操的需求，干脆买一送一，把陪嫁过去姓刘的丫头也赠送给曹操做小妾。

这样一来，一家三口和和睦睦，日子过得越来越红火。很快地曹操就当上了爸爸，那个刘氏先后为他生了两个儿子：曹昂、曹铄。而丁太太却患上不孕之症，肚子一天也不见大。但是丁太太一点儿也不吃醋，本来就和刘氏情同姐妹。在刘氏死后，丁太太视曹昂、曹铄如己出，百般疼爱地抚养。应该说，丁太太是一个很正派的女人。

顿丘在曹操的治理之下境内一片安然，曹操成了全帝国最悠闲的县长。

除了看书、逗儿子玩、治理县内的杂事以外，曹操还把目光投向七百里之遥的朝廷。这时候的曹操应该说是怀着满腔的爱国热忱，不断地为那些受到迫害的忠良志士伸张正义，为此多次上奏折给汉灵帝，替陈武等人喊冤。

尽管曹操的奏疏写得非常精彩，句句恳切，字字露出忧国忧民的情怀。但是昏庸得一塌糊涂的汉灵帝，视曹操上奏折如狗拿耗子——多管闲事。奏疏一封封地送到洛阳，又一次次地被积压下来。

就在曹操刚去顿丘上任不久，汉灵帝下了一道很令曹操头疼的诏书。

自虎贲寺谣言和右校别作的怪异之后，全国各地民心浮动，日益混乱。汉灵帝把这些都归罪于地方官无能，于是下诏，叫大家举报那些政绩差的地方官，凡是被老百姓编成歌谣讽刺的一律罢免。

这个诏书的用意本来是好的，但是朝中的权臣太尉、司徒、司空三公趁机排斥异己，向各地官员大敲竹杠。

那些朝中有人、贪赃枉法、鱼肉百姓的地方官，在金钱的铺路下，官反而越做越稳；那些朝中没人、爱民如子、安分守己的地方官，一个个被安上莫须有的罪名，说是老百姓在作歌嘲讽他们，于是都掉了乌纱帽。一时间地方官员人人自危。

曹操看在眼里，急在心里。于是又上了一道奏疏给汉灵帝，痛骂太尉、司徒、司空等胡作非为，乱了朝纲。这回皇帝破天荒地信了曹操一次，把那些被罢免的地方官员都叫回来，让他们在朝中当议郎，为闲职官员。

随着越来越多腐败事件的发生，使得曹操确信，帝国已经从枝叶腐烂到根基，那几道于事无补的奏折根本就是在浪费笔墨。从此之后，曹操只想平平安安地当一个县长，也懒得去理朝廷大事了，反正天塌了有人顶着。

但是事与愿违，曹操很快就连一个七品芝麻官也当不成了。

事情发生在光和元年（178），汉灵帝把不感兴趣的宋皇后给废了。皇后一废，家族必然遭殃。于是牵涉很多人，包括国丈宋邦以及几个国舅爷，纷纷成了刀下鬼。倒在血泊中的有一个叫宋奇的，是曹操的堂妹夫。

城门失火，殃及池鱼。曹操连坐罢职，风风光光地当了四五年的父母官之后，终于黯然退出仕途了。

被炒鱿鱼之后的曹操显得很郁闷，甚至有点忧伤。像他这么个有前途的年轻人，就因为一次突发性事件，把一切理想就都毁了。

书到用时方恨少，曹操这才觉得太对不起在学校的那段时光。于是，下岗之后的曹操日夜不停地读书，恶补在学校里落下的那几门功课，把能找到的书本都塞进自己的脑袋壳里。曹操博闻强识，胸藏韬略，初步具备了叫板天下的资格。

曹操的用功精神也感动了汉灵帝，这时候他正需要大量的知识分子。

随着宋皇后事件的逐渐平息，汉灵帝也做了一些安抚人心的工作，以彻底消除宋皇后事件带来的负面效应，于是曹操幸运地被聘任为议郎。尽管是个闲职，但是在皇帝的眼皮底下办事，总比被抛到遥远的顿丘好。

## 3.必须解释的历史事件

曹操能够再次踏上仕途，这与汉灵帝重新调整对知识分子，特别是对青年学生的政策是分不开的。

的确，对于国家的命运，没有一个阶层能像青年学生那样，与时政大局同呼吸、共命运、心连心的了。铁肩担道义，妙手著文章。青年学生轰轰烈烈地登上政治大舞台的历史，同样是源远流长的。每当面临深重的民族危机或政治危机时，青年学生们总会吹响急冲锋的号角，不惜用生命和鲜血去捍卫心中的真理、正义。在中国五千年的历史长河中，令人振聋发聩的青年学生运动有这么几次，东汉末年的党锢之祸、靖康之难时以陈东为首的学潮、明代万历时期的东林学士、《马关条约》签订之际的“公车上书”，等等。

与陈东、康有为等带头大哥类似，在东汉末年的党锢之祸中，涌现出了振臂一呼，立即群起响应的极具凝聚力的领袖——郭泰。

有关党锢之祸的来龙去脉，如果详考可以写成一篇厚厚的博士论文，所以，只能简扼地解释一下。

东汉初年的“光武中兴”以及其后的“明章之治”，国家确实风风光光了半个多世纪。但是从汉章帝之后，就逐渐走下坡路了。史学家们把衰落的原因归根于外戚专政。东汉的外戚专政开始于汉章帝的老婆窦皇后，汉章帝死后，窦氏模仿刘邦的老婆吕后，公开临朝理事，于是窦氏一门权倾天下，不断地把尚未断奶的娃娃捧上皇位。

一个极具权力欲的女人，一旦她的野心毫无节制地膨胀下去，就有可能对社会生产力造成极大的破坏作用。这在历史上有许多案例，最明显的是吕后与慈禧。

其后，虽然这个坏女人死去，但是皇帝仍然无法揽回大权，因为这时候的皇帝都是一些幼儿园里的小孩子。窦太后死后，另一个女人梁太后继续把外戚专政的大棒接过来。梁太后的哥哥跋扈将军梁冀依仗国舅公的赫赫权势，独断朝政。在他的眼里，皇帝就是他的嘴边肉。胃口好就吞下去，胃口不好就吐在地。

于是书写了古代皇权史上最悲惨的一页。据统计，在东汉的十三个皇帝中，十五岁以下的小儿皇帝就占了八个。这时候的皇帝走马灯似的更换，活得还不如乡下的一个小孩。不但尊严无存，连生命也难保。可以随意被唾骂、践踏，乃至于被肆无忌惮地毒杀。

本来外戚专政可以绵绵不绝地延续下去，所幸梁太后还有点良心，生前培养了一批宦官来平衡外戚的势力，而她死前还政于汉桓帝的一张诏书让外戚专政得以止步。随着梁太后走进地府，汉桓帝与梁冀拉开了国家领导权争夺战的帷幕。

多行不义必自毙。

汉桓帝忍受不了梁冀的专横，秘密联络了单超等五个跟梁冀有怨仇的宦官，暗暗地在厕所里策划了一次成功的倒梁运动，连根拔除，清除了梁氏的势力。由于梁氏的触角伸到国家的每一个角落，整个朝廷成了一个空架子，汉桓帝变成光杆皇帝。才赶走虎豹，又招来了豺狼，昏庸的汉桓帝没有提拔一批国家的栋梁，却把灭梁有功的一大批宦官拉进了领导阶层。于是，宦官势力大炽，那时候太监成了最为火爆的职业。

于是，真汉子们挺身而出，以李膺、陈蕃为首的官僚集团，与以郭泰为首的青年学生结成反太监联合阵线（朋党），向宦官开战。宦官势力则依靠手中既有的权力，不断地反攻倒算。于延熹九年（166）向党人发动第一次大规模的残酷迫害运动，让大部分党人禁锢终身，也就是一辈子都不能当官，这就是“党锢之祸”。但是清高的青年学生秉持“头可断，节不可失”的信念，发挥读书人大无畏的牺牲精神，前仆后继，英勇战斗。三年后，宦官又进行了第二次党锢之祸，并在熹平五年（176）达到高潮。宦官疯狂地血腥屠杀，让青年学生数量急剧减少，几乎到了濒临灭绝的地步，去朝廷当官不再是香饽饽，而是成了所有忠义之士的噩梦。

黄金的一代眼看就要绝迹了，这时候汉灵帝似乎也有点着急，再这样下去，朝廷将彻底变成一个空壳子，国将不国。于是皇帝下令，硬拉一大批年迈的老儒生，完成了连白痴也能顺利通过的简单测试之后，急匆匆任命了一百多人，让他们去做官。次年，皇帝又搞了一个令人震惊的举动，把“孝子”的头衔硬安在一

汉桓帝
梁冀

些奸商的头上，给他们一些小官做。

这两个荒唐的举措表明，汉灵帝已经对青年人才在党锢中消耗殆尽产生严重的危机感。于是在光和元年(178)，皇帝做出了一个旨在恢复教育、重新凝聚青年学生的举动，建立一个崭新的太学——鸿都门学，标志着汉灵帝开始检讨之前残害青年学生的错误政策。也正因为如此，使得因宋皇后事件而被罢免在家的曹操才有重新获任的机会。

第二次党锢之祸时，与大多数青年学生一样，曹操揣着一颗扑腾乱跳的心，满腔热血，针砭时弊。熹平三年(174)，正是党锢之祸泛滥的年头，阉党横行，大地笼罩着一层恐怖。与生俱来就无惧暴虐的曹操写了一封奏折给皇帝，即《上书理窦武陈蕃》，声援因计除宦官恶势力而被杀害的窦武、陈蕃。但是汉灵帝的漠视与反复，使得曹操对当权者彻底绝望。也许就在这时候，曹操升腾起一颗取而代之的雄心。论才智、论眼光、论胆略，此时世上尚无人能比得上他。曹操需要的是一个能让他施展英才的历史大舞台，而几年之后的黄巾大起义为曹操驰骋天下提供了契机。

# 第三章 初露峥嵘

黄巾大起义

卷入漩涡之前

桥玄的一双慧眼

# 1.黄巾大起义

黄巾大起义并不仅仅是一伙庄稼汉为了填饱肚子起来闹事那么简单。如果汉灵帝有心腹在起义军中卧底，他一定会吓出满身冷汗。黄巾起义的组织者张角是一个非常懂得如何将宗教理论切实运用在革命实践中的鼓动家。这场起义有坚实的群众基础，有明确的斗争纲领，有成熟的理论体系。整个过程谋划已久、精心酝酿、组织完善，如果不是出现告密者的话，可以称得上完美。

东汉末年，统治腐败透顶，老百姓贫困不堪，加上疫病横行，水灾、火灾此起彼伏，使人们在人生的道路上一片茫然、无助，把一切希望都寄托在他们的信仰上。此时，基督教刚刚成形，在罗马帝国就被禁止流行，别说能传到中国来了；佛教虽然存在了五六百年，但这时候才尝试敲开中国的大门。于是，一个专为这批绝望者定制的本土宗教太平道产生了。太平道其实是道教的早期形态，跟同时期张鲁在陕西散布的五斗米道一起，被称作道教的创立与完成阶段。我们的曹操就是靠镇压与收编这两支道教信徒起家发迹的。可以说，曹操是历史上单挑道教的唯一者。

由于太平道是当时苦难人民的唯一选择，所以信徒众多，遍布华北大地、黄河南北。在洛阳城内随机抓几个人，也许都是太平道信徒。再加上布道者张角有他独特的个人魅力，善于演说与医术。他用灌输太平道理念来代替收取医疗费，这样使得患者在肉体康健的同时，精神上也得到洗涤。很快地一传十、十传百，在十年里，太平道信徒的数量几何倍增到数十万人。正当党锢之祸大兴时，民间已悄然形成一股异常强大的反政府逆流。

张角是在什么时候开始酝酿这股逆流？十年前。熹平二年(173)洛阳虎贲寺东墙的黄怪人谣言散布者，张角就是最大的嫌疑犯。因为张角宣传黄天为至上神，认为黄神开天辟地，创造万物。这个黄神就相当于佛教的如来佛、基督教的上帝。

经过十多年的精心布道，太平道信徒像天上的繁星一样多。为此，张角在全国各地建立三十六个大教会，称作大方；下属六七千个分教会，称作小方。密集分布在河北、山东、河南一带，构成天罗地网。只要某一天张角一声高呼，这些

张角

大大小小的教会同时发难，各地官员就会像大海里的鱼虾，纷纷落网。最后张角慢慢地收拾渔网，天下就变成太平道的天下了。

这一天有个精准的日期：甲子年三月初五。

为什么要选在这一天起事？

因为太平道的《太平经》卷三十九中有这么一句话："甲子岁也，冬至之日也，天地正始起于是也。"又说："三五气和，日月常光明，乃为太平。"

甲子岁就是农历干支纪年中一个循环的第一年，在这一年起事，意味着开拓新纪元，走向新时代。在术数中，三五是搭配最多的一对数字，如三皇五帝、三辰五星、三生五死、三令五申、三纲五常，等等。甲子年三月初五起事，就是顺应天道事理，遵循万物规律，是太平道日历中最为吉利的日子。于是，张角在布道过程中，编了一句振聋发聩、朗朗上口、抑扬顿挫的口号："苍天已死，黄天当立。岁在甲子，天下大吉。"

口号很快就在信徒中流传开来，成了他们心中无比坚定的信念。这一天，万能的黄神降临人间，向大地撒播了美满幸福，撒送了欢乐太平。这对处于水深火热之中的苦难者来说，就是一缕缕明媚的阳光、一丝丝温柔的轻风。

正当张角与他的几十万信徒沉浸在无比奇妙的兴奋之中时，一个叫唐周的可耻告密者打破了他们的美丽幻想。朝廷调查了数以千计的人，其中竟然包括信奉太平道的皇宫卫士，可见太平道确实是无孔不入。于是恐慌的朝廷很快就逮捕了洛阳的教会头领马元义，在闹市将他分尸，并进一步部署镇压太平道的工作。三月初五发难的计划也被泄露出去，于是张角果断决定，提前行动。

中平元年(184)二月底的某一天，大地一阵颤抖。华东、华北各地的州郡，几千个太平道教会，数十万信徒在同一时刻揭竿而起，他们高呼："苍天已死，黄天当立！"像洪水一样，冲刷各州郡的官府，杀死贪婪的官员，烧毁森严的衙门，掠走罪恶的赃物。中国历史上第一次壮观的宗教起义爆发了。

## 2.卷入漩涡之前

黄巾起义爆发时，曹操在做什么？

记得这时候的曹操身份还是议郎，也就是说不必要天天去上班，只是在朝中有事情的时候才把他唤去，跟其他的官员聚议一下。也领着朝廷的俸禄，跟任顿丘县令一样，都是年薪六百石。尽管曹操在谯的家中时间远多于在洛阳上班的时间，但是由于家道殷实，自己又有工资，根本就不愁吃不愁穿。而且在二十五岁的那年，曹操又添了一房姨太——卞氏，也就是后来的卞皇后。她是一个标准的传统型女人，生活俭朴，脾气温和，而且在任何时候都能表现出稳重、沉静的神态，简直就是母仪天下。所以卞氏很受曹操的宠爱，大部分在家的时光，都泡在卞氏那里。于是引起原配丁氏的强烈抗议，难免激发家庭战争。

丁氏凭着自己是原装配件，又有刘氏留下的儿子曹昂和曹铄，于是以大欺小，屡屡对卞氏恶语相向，甚至言行粗鲁。面对女人之间的战争，曹操奉行不干预政策，不闻不问，任其自然发展。

但是卞氏的表现一点也没有叫曹操失望。她能够清醒地认识到自己在曹家的地位不如丁氏，处处小心谨慎，避免激怒丁氏，委曲求全，以求得曹家的安宁。就这样，在张角发动起义的前夕，曹操的家庭生活至少可以说是幸福美满的。

在光和六年(183)，曹操还出席了在洛阳开阳门外太学讲堂举行的“熹平石经”落成仪式。那是汉灵帝时期最重要的文化盛会。“熹平石经”是由当时最博学的哲人——议郎蔡邕在熹平四年(175)倡导竖立的四十六块石碑，上面刻满了蔡邕亲笔书写的儒家典籍“五经二传”，旨在为青年学生提供一套最权威的、最标准的儒学教材。

曹操与蔡邕的关系甚为密切。蔡邕比曹操大二十二岁，知人善任，乐于奖掖后进，他是第一个发现曹操是匹千里马的伯乐，并和曹操结成“管鲍之好”。

得益于蔡邕的宣传、推介，曹操的知名度越来越高。人们不再把曹操看作浪荡弟子，逐渐地用积极的眼光去重新挖掘曹操的潜能。而曹操也不负众望，勤奋好学，博览群书，不但诗歌作得优秀，儒学也颇为精通。如果不是张角的干扰，曹操本应该是一个伟大的文学家、诗人，甚至成为一代儒学大师。

当然，曹操也念念不忘蔡邕的知遇之恩，所以在三十三年后，才有流传千古、脍炙人口的“文姬归汉”的历史美谈。

建安二十一年(216),当时已跻身于东汉唯一的异姓王——魏王曹操,不但苦心积虑,把蔡邕的女儿蔡琰从千里迢迢之外的荒漠接回中原,而且还重新安排了蔡琰的婚姻,把她嫁给一个叫董祀的军官,让她过上美满的家庭生活,这时候蔡琰恐怕也有四五十岁了吧。但好景不长,董祀犯了死罪,曹操的砍头令已经发出。眼看自己将再度陷入孤苦伶仃的处境,蔡琰决定向曹操求情。可是大家都知道,曹操治军从严,执法如山。要想把老公从刀口下救出来,那确实得下一番苦心。于是,蔡琰连夜跑到魏王府去见曹操。当时曹操正在举行一个宴会,大家都喝得正起劲。蔡琰赤着双脚,披头散发,跪在地上,莺语残红,满脸憔悴,不断地哭诉求情。曹操看到蔡文姬的伤心劲儿,不禁想起蔡邕对自己的知遇之恩,鼻子一阵酸楚,最后竟然破天荒地赦免了董祀一死。

曹操之所以能够如此悉心照料蔡琰,并没有蔡邕生前的嘱托,而是出于对蔡邕的一片崇敬与感恩之情。可见,曹操也是一个有血有肉的男儿。这也是为什么曹操有时候冷酷无情,甚至令人发指的残暴,却仍能够像磁石一样不断地吸引着众多的优秀人才前来投效的缘故。

当然,在谯的家里,曹操并没有只顾陪着成群的妻妾寻欢作乐。他时时刻刻警惕地关注着朝廷的一举一动,就像一只雄鹰躲避在巢穴里并不是为了睡觉,而是等待着地面上蹦出可以猎取的野兔。

很快地,曹操那颗不安分的心得到满足。

## 3.桥玄的一双慧眼

高喊"苍天已死,黄天当立"口号的黄巾军有五大支,从北到南,依次是河北广宗的张角、山东昌邑的卜己、河南汝南的彭脱、颍阳的波才、南阳的张曼成,他们形成一道弧线,向帝国的心脏——洛阳发起扇形攻势。

这些狂热的太平道信徒像火山爆发出的滚烫岩浆,一旦落入地面即成摧枯拉朽之势。于是,无辜的老百姓、清贫的儒生,连同那些可憎的贪官污吏,良莠不分,玉石俱焚。苦难的人们眼里露出的神色,就像一大群被饿狼追赶着的羊,惊慌失措,到处寻找避难所。黄巾军所到之处,犹如饥饿的蝗虫,烧杀抢掠,无数豪强的住宅在一夜之间变成一堆灰烬。从地方郡治到乡村集市，无不一片荒芜。

人们本来是怀着美好的愿望参加起义，现在却抛掉了所有的太平道信仰，失控的黄巾军像一阵飓风，疯狂地肆虐着大地。现在，这阵飓风也刮到了谯——曹操的家乡。

但是，曹操不但没有惊慌，反而显得无比的兴奋。因为他知道，能让他彻底改变命运的机会来临了。

朝廷的诏书很快就下来了，任命曹操为骑都尉，拨给他一队骑兵，协同皇甫嵩的步兵，向颍阳的波才进攻。

这是真刀真枪的第一战，而且一任命就是机动性极强的骑兵大队长。

经过短短几句令人热血沸腾的动员之后，曹操急匆匆地跨上战马，高喊："向颍阳进军！"骑兵们挥舞着紧握拳头的右手，雷鸣般地呼声响彻上空："歼灭黄巾，报效国家！"

对于曹操来说，这是他献给自己多年埋头苦读、隐忍不发的见面礼。

毫无疑问，这是个大大的见面礼。

在长社之战中，曹操小荷才露尖尖角，尽管初出茅庐，但是冲杀的勇猛程度丝毫不亚于老将皇甫嵩、朱儁。在惜墨如金的史书中，对这次战役的描绘仅仅是轻描淡写的一句话："大破之，斩首数万级。"

一切尽在不言中，这是一场斩获累累的大捷。

当骑兵们的枪刀尖口挑满了流淌着鲜血的人头，呼啸着迎风而去，曹操这才感觉到人生是如此的美好。此时此刻，最让曹操想念的不是他的老爸曹嵩，也不是围着身边团团转的一大群美艳少妇，而是已经离开尘世一年多的一位德高望重的老人——大汉帝国前任太尉桥玄。

要不是桥玄的慧眼识珍珠，恐怕这时候曹操还在谯的街头溜达着。

桥玄，字公祖，梁国睢阳人。睢阳就是现在的河南商丘，离谯不过几十里之远。与曹家是远亲近邻，再加上跟曹嵩同朝当官，所以关系不错。

太尉这个官职，虽然只是名义上的国防部长，徒有虚名，但是威望极高，位列三公之首。所以令不少野心家趋之若鹜，不惜一切代价把这个官职弄到手。曹

曹操
桥玄

操的老爸曹嵩就是倾其家产，耗费一亿钱，过了五个月的太尉瘾。

东汉一亿钱相当于现在的多少元？天涯论坛煮酒论史的一位同志根据米价测算，东汉的一钱相当于现在的十元，那么曹嵩耗费十亿元才当上了五个月的太尉，平均每一天要烧钱六十七万元，这个数据足以令人目眩。

所以说，能够混到太尉这个职位，绝非等闲之辈。不是富得流油，就是具备过人之处。这个桥玄的过人之处，就是目光如炬，能从一大堆废铁中一眼就发现黄澄澄的金块。

别人视曹操如烂草、似粪土，独在桥玄眼中，曹操才是货真价实的黄金、灿烂耀眼的钻石。

桥玄到底看上了曹操的哪一点？

曹操貌不惊人，而且品行不端、好色贪婪。但是那个时代，有几个人真正是洁身自好、出淤泥而不染呢？而曹操，就是裹在混凝土中的钢筋，刚健老练。刚中有柔，能文善武。果断而稍带毒辣的办事风格，圆滑而又略显正义的处世谋略，这一切都是让日渐衰微、危机四伏的大汉帝国重振雄风所必需的品质。

由此看来，在老桥眼中，曹操真乃是稀世珍品。

每次曹操从眼前经过，老桥的双眼就显露出无比敬佩与期许的目光，深深感叹说："当今天下快要大乱了，能够匡扶济世的，恐怕只有曹阿瞒这小子了。"

如果这句话还不能引起人们对曹操的重新审视，那么桥玄在临终前的几句话，足以让世人为之震惊呼号。

一位曾经威名赫赫的一代英才，竟然向一个被人们定义为混蛋、流氓的小子托付身后之事："我见过的才能之士比吃过的大米还多，但都比不上阿瞒你这个人。你的前途无量，要好好把握啊。老夫老矣，希望你能代老夫照顾一下家中的妻儿老小，拜托了。"

此话一出，曹操犹如丑小鸭变白天鹅，身价顿涨数百倍。一时间，"曹阿瞒"这三个字家喻户晓、童叟皆知。

有心抬举曹操的老桥就把曹操推荐给汝南"平舆渊二龙"之一的许劭（还有一个是他的堂兄许靖）。许劭是一个远近闻名的人才鉴定家，他每个月初一举行一次公开的人品鉴定大会,称作月旦评,最为人关注,只要有人能让许劭口中飞溅出赞美的唾沫,他必定红极一时。在人们看来,许劭就是唯一的善恶道德标尺,许劭赞美的必定是美好的事物,许劭批判的必定是丑陋的东西。所以月旦评就是君子们扬名的机会,而恶人们对此则避之不及。

桥玄的本意是想借花献佛,借着许劭的金口把一个完美无缺的曹操推荐给世人。我们有理由相信,桥玄一定给许劭事先打了招呼,或许还有一封亲笔信。

曹操满怀希望,径自登门造访,许先生说说我阿瞒是怎样的一种人?

但是许劭似乎一点儿也不领情,紧缄其口,不发一词。任凭曹操如何央求,就是不开金口。最后惹恼了曹操,利用极端手段逼迫许劭开口。至于是什么办法,史书只有两个字"劫之",或许是刀枪要挟,或许是揭露许劭的隐私,都有可能。总之,许劭最后是开口了,说了一句极其精准、恰到好处、一针见血的评论:"子,治世之能臣,乱世之奸雄。"

能让许劭吐出这么一块大象牙,无疑令曹操惊喜异常。

识阿瞒者,真许劭也!

除了桥玄之外,对曹操无限看好的还有南阳名士何颙。这个人的鉴赏水平一点儿也不输给许劭。一次,他看到曹操,两眼无比羡慕,惊叹道:"大汉气数已尽,能让天下安定的,非曹操莫属。"

在一个人的成长过程中,有可能会因一句话而毁了他的前程,也会因一句话而让他平步青云,直上云霄。

曹操就是因为桥玄的一句话,被任命为骑都尉,开始了他那波澜壮阔的一生。对此,曹操终身难忘,感恩不已。

曹操,尽管变幻无常,但是他怀着一颗感恩的心,这是永恒不变的。公元202年,在官渡击溃袁绍之后,曹操特意准备牛、羊、豕,隆重祭祀桥玄之墓。还亲自写了一篇感人肺腑的祭文:

故太尉桥公,诞敷明德,汎爱博容。国念明训,士思令谟。灵幽体翳,邈哉晞矣!吾以幼年,逮升堂室,特以顽鄙之姿,为大君子所纳。增荣益观，皆由奖助，犹仲尼称不如颜渊，李生之厚叹贾复。士死知己，怀此无忘。又承从容约誓之言："殂逝之后，路有经由，不以斗酒只鸡过相沃酹，车过三步，腹痛勿怪！"虽临时戏笑之言，非至亲之笃好，胡肯为此辞乎？匪谓灵忿，能诒己疾，怀旧惟顾，念之凄怆。奉命东征，屯次乡里，北望贵土，乃心陵墓。裁致薄奠，公其尚飨！

这已经是桥玄死后二十年了！

也许，蔡邕和桥玄是曹操一生中最为敬重的两个人。

# 第四章 联盟讨董

不想当皇帝

一次未遂的政变

肥仔董卓

成皋血案疑云

一切从这里开始吧

猎杀董卓

决裂

## 1.不想当皇帝

千百年来，曹操一直是人们心目中最最标准的一个反面人物，教科书式的逆臣、奸贼。曾经流传一个故事说，有一个响当当的戏子演了一场戏，他的每一句唱腔都极具震撼力，他的每一个手势都令人如痴如醉。然而，演戏结束之后，这个戏子不但没有见到雨点般的鲜花，反而是冰雹般的拳头。唯一的理由是他在演戏中扮演了曹操。

由此可见，曹贼的负面形象已经深深植入了每一个喜爱三国的人心中。

然而据我看来，曹操是那个动荡时代最最忠诚于大汉帝国的纯爷们儿。更令人颇有感触的是，装在曹操心里的并非某一个高高在上的皇帝，而是大汉帝国这一块招牌，还有就是普天下的芸芸众生。而那个整天高喊“翦灭汉贼，兴复汉室”的刘皇叔，反而显现出他虚伪、贪婪，甚至叛逆的一面。

曹操在《让县自明本志令》中对自己进行了剖析：“设使国家无有孤，不知当有几人称帝，几人称王？”言为心声，一句朴实无华的话，令那些自命为大汉纯臣、自称天下庶民的大救星感到无比的汗颜。更难能可贵的是，曹操不但说到了，而且也做到了。

以曹操的谋略，以曹操的威望，以曹操的胸怀，他完全可以明目张胆地废掉汉献帝，大摇大摆地坐到皇位上，过一过皇帝瘾。哪怕是一个月也好，甚至一天也好。然而，曹操却没有这么做。不是不敢做，而是不想做。

曹操临死之前，江南的霸主孙权给曹操戴上一顶红彤彤的高帽子，低声下气地向曹操称臣，并说这是天命。

天命，就是指天道的意志，主宰芸芸众生的命运。古今中外，无数的野心家无不在“天命”两个字的遮羞之下，干起了极其肮脏的勾当。但是“篡汉曹贼”对孙权的拍马屁并没有一丝的沾沾自喜，或者丧失理性，而是把孙权的信件拿到太阳光下去晒晒，看看这个孙权小子，他想把我推到火坑里烤焦！

这时候，一位著名的政治家站出来了，他的地位相当于宰相，时任侍中的陈群。以他的高见，干脆就让曹操名正言顺地做起皇帝老子来。

陈群说，大汉气数已尽，到今天早已是奄奄一息、气若游丝了。殿下威望如日中天，高高照临。万物生长靠太阳，天下苍生，无不心怀此意。所以孙权的话也不是信口胡诌的。殿下早日登位，已是人心所向，大势所趋。还望殿下心中不要疑虑，让民心大失所望啊！

陈群不单单出于私心，也出于公心。这时候的大汉帝国简直就是一堆草灰，轻风稍微拂来，立即无影无踪。这个，曹操知道，陈群知道，老百姓也都知道。而刘备早知大势已去，却仍在玩弄文字游戏，编造了一个"兴复汉室"的谎言。

如果这时候曹操真的如陈群所说，干脆一屁股坐在龙椅上，当起魏国的开国皇帝，也许不会招来延续了数千年的臭骂声。第一他有当皇帝的本钱，第二他有当皇帝的理由。

但是偏偏曹操什么也不做，只说了一句话："若天命在吾，吾为周文王矣！"

这句话不说还好，一说什么都完了。

人言可畏，短短一句话让曹操陷入难以逃脱的漩涡当中。如果这时候曹操废汉称帝，势必像伪仲家皇帝袁术那样，沦为世人的公敌，"野心家""阴谋家"等各种污名扑面而来。如果不称皇帝，让曹氏子孙取代大汉天子，曹操势必将陷入另类非议——既要颠覆大汉帝国，又想捞取千古美名，果然是蓄谋已久的篡汉逆贼、一代奸雄，等等。

就这么简简单单的一句话，结果大家越想越多，越是把曹操往黑暗深处猛推。

说者无意，听者有心。这又使我想起一个古代的寓言——疑邻窃斧。如果这句话出自刘备之口，或者孙权之口，那又当是什么情形？可惜曹操不是刘备，也不是孙权。曹操就是敢于表达自我、敢于自我解剖，我走我的路，我说我的话，至于别人怎么看待，从来就不当一回事。

"若天命在吾，吾为周文王矣！"这句话本身就是对篡汉的反对，假如真的有那个命，那我就当周文王吧！人们恨就恨在曹操没有把话全说完，让后人浮想联翩。"吾为周文王"，那儿子曹丕就是伐纣灭商的武王了。所以尽管我没有篡汉，但还是让儿子夺权了。这是一个解释。

但我认为，曹操已经把话说完整了。"吾为周文王"，我就不篡汉，至于以后儿子篡汉不篡汉，那就看他的造化了，而未来是变幻莫测的。好比如两个恋人，一个说："如果还有下辈子，那我们就在一起吧。"说这句话的人，本身就是对这个恋爱的否定。

## 2.一次未遂的政变

自从投身从戎，效命国家，致力于镇压黄巾起义之后，曹操的仕途似乎不是那么一帆风顺的。虽说曹操的血流沙场，换来了一个东郡（濮阳）太守。但是在那样一个黑白颠倒的世道，当上一个太守，并不等于你的生命就安上了一个保险栓。权臣专朝，贵戚横恣，朝堂上的血腥风雨一点儿也不逊于战场上的厮杀。一不小心，不但你的生命难保，还会牵连九族。

曹操的心直口快，无疑得罪了许许多多的权贵。于是，曹操厌烦了，甚至感到恐惧。也许明天天一亮，脖子上的脑袋就不是自己的了。

曹操感到，只有在皇帝眼皮底下才是安全的，所以他坚决辞掉东郡太守，宁愿当一个皇帝的警卫。天天看着皇帝安心睡下，自己的生命也获得了保障。

汉灵帝觉得，让这么一位征战英雄当一个侍卫，简直是暴殄天物。既然不想当太守，那就做议郎吧。

当上了议郎，曹操也乐得逍遥自在，借口生病，身体不适，经常不上班。无比的失望，无比的痛恨。"对酒当歌，人生几何。譬如朝露，去日苦多。"干脆连议郎也不当了，回家去过太平日子了。

于是，曹操无官一身轻，回到谯之后，购置地产。一年四季忙个不停，春夏的气候不是沉闷，就是炎热，就躲在家里读书，陶冶情操，自得其乐。秋冬时候正是游玩的好季节，于是天天打猎，玩得不可开交。

日子就这样一天天过去了，可是这期间发生了一件惊天动地的大事，差点儿让曹操卷入杀身之祸。

事情是这样的，汉灵帝的无道让越来越多的人感到失望，甚至痛恨。他不但沉湎酒色，整天和女人鬼混，而且更可恨的是一味宠幸那些不是男人的男人，对他们的话信若神明。他公然无耻地宣称："张常侍是我老爹，赵常侍是我老妈。"在汉灵帝的统治之下，大汉帝国的腐败到了无以复加的地步，一时间天怒人怨、人神共愤。不但老百姓活不下去，就连朝中的官员也是怨声载道，如果让皇帝一直胡作非为下去，大汉帝国就要灭亡了。

于是，朝廷暗潮涌动，忧心忡忡的官员开始行动了。

冀州刺史王芬、南阳许攸、沛国周旌等人结成反对党，准备把汉灵帝赶下皇位，拱上合肥侯。他们像章鱼一样，把触角伸到全国各地，邀请各路豪杰之士，加入他们的队伍。而闲着在家没事干的曹操成了他们第一个争取的目标。只要把曹操拉下水，再一声号令，群起拥之，大事可定。

由于曹操是个难得的人才，所以拉拢他的事由冀州刺史王芬亲自出马。一番小道理之后，又是一番大道理。摆上各种利害关系，又进行了摊牌。但是曹操就是无动于衷，义正辞严地拒绝了王芬的诱惑。

曹操还说出了一番颇有见地的话，并成功地预测了王芬等人的计划必将失败。

曹操说，废、立皇帝，是天底下最最危险的一件事。自古以来，有成功的，也有失败的。如伊尹、霍光二人，他们都能权衡轻重利害，所以成功。伊尹怀着一颗无限忠诚的心，加上身兼重位，掌令朝政，所以废立之事轻而易举。至于霍光，先受先帝托国重任，又是皇室重臣，内秉承太后之意，外有群臣同欲之心。再加上昌邑即位不久，根基浅薄。所以霍光行事，计行如转圜，事成如摧朽。现在你们几个不知天高地厚，擅自结众连党，势力比得上七国王侯吗？合肥王的显贵，比得上吴、越二王吗？不审时度势，一味轻举妄动，依阿瞒之见，非常危险。

曹操的话让王芬很恼火，哪里听得进去。道不同，不与谋就算了，干吗满口跑乌鸦？

显然王芬对这次行动很有信心，再加上一位河北的术士襄楷，说他夜观天象，天文上不利于那些太监。黄门、常侍必定灭族。于是王芬更加兴奋，日夜与许攸商谈。

时机终于来了。汉灵帝要去老家看看，王芬趁机说黑山贼寇四处为虐，自请带兵征讨。一旦皇帝允许，王芬就会得逞，起兵造反，逼迫汉灵帝退位。

眼看皇帝的发兵令就要下发了，孰料人算不如天算，这时候北方突然一道红光，横贯东西。天文学家们预测说："北方将有阴谋大祸。"汉灵帝头脑很灵活，立即收回发兵令，并且很快地将那道红光与王芬联系起来。于是召来王芬，准备审问。王芬做贼心虚，自行了断了。

从这件未遂的叛乱可以看出，曹操还是忠诚于大汉政权的。即使想搞政变，也要在一颗红心的前提下，顺应天理人心，方能取得成功。联想到曹操的“若天命在吾，吾为周文王矣”那句话，可以这么认为，曹操内心就算有贼心，也没有贼胆。公道自在人心，如果真的苍天属意于曹家，那就让儿子阿丕去做吧。我还是老老实实当个汉室臣子。

## 3.肥仔董卓

王芬叛乱事件之后，曹操身边发生了许多事。当然有好事，也有坏事。

中平四年(187)十一月，老爸曹嵩当上了太尉。虽说官做得很不光彩，但是曹家总算有个当太尉的子孙了。

是年冬天，卞夫人又给曹操添了一个聪明活泼的儿子——曹丕。眼看着曹家的日子越来越红火，孰料中平五年(188)四月，曹嵩被罢官了，一亿钱打水漂了。

第二年，金城的边章、韩遂杀掉刺史发动叛乱，拥兵十万。一时间朝野哗然。如果是黄巾军大乱，大家同舟共济，可以共渡难关。现在是地方州郡官搞兵变，这个问题非同小可，恐怕很快就会波及皇宫了。

慌慌张张的汉灵帝赶紧任命非常信赖的曹操，赏一个典军校尉，也就是禁卫军的头头。皇帝以后的生命安危就靠曹操了。

当个地方官，曹操很不乐意。但是一旦手里有兵，而且是首都最精锐的禁卫军，简直让曹操一阵疯狂。于是他兴高采烈地赴任去了。

可是这时候，汉灵帝却意外地停止了呼吸。汉灵帝的驾崩，就像一个线头，拉扯出了一大团麻烦。大汉帝国的种种弊端、问题，现在集中爆发了。

汉灵帝在即将断气之际给外地的两个人发出了两道命令。一道是给北方幽州的刘虞，这是个好人。汉灵帝加封他为太尉，这是第二次任命京师以外的人为三公。皇帝希望通过加爵，让刘虞为他分忧。另一道命令是给西方凉州的董卓，这是个坏人。看到金城的边章、韩遂叛乱，董卓竟然也蠢蠢欲动，率领大军杀气腾腾地奔向洛阳。汉灵帝封他为凉州牧，希望董卓能够安分守己，待在西北好好过日子，不要来京城凑热闹。

但是一个凉州牧显然不是董卓的最高理想，于是他接受汉灵帝的册封之后，继续向东。当汉灵帝断气的那一刻，董卓正风尘仆仆地赶到了洛阳西北一百八十千米的地方。

这个董卓给人的第一印象就是胖，坐在那里简直就是一大堆肥肉。但是我们也不要小看这个肥仔，史书上说他粗猛有谋，膂力过人。身体两侧挂满了弓箭，能够在马背上左右驰射，让那些羌人看得心惊胆战。在大汉的大西北，可算是一个猛人，深得少数民族的敬服。董卓几度奉命出征羌人叛乱，身经百余次战斗，屡屡奏捷。

董卓东来，显然是有所图而来。而这时候，朝廷也是一片大乱。汉灵帝刚刚驾崩，一大帮人正为争权夺势闹得不可开交。洛阳简直就是快要烧焦了的一锅粥饭。肥仔一来，这锅粥彻底煳了。

中国历史上的宫廷内斗，无非就是为了一个皇位。要么是皇后与宫嫔之间的战争，要么就是太后与皇后之间的冲突，这已经成了一个定式。

汉灵帝临终之前，也给人们留下一个大问题——由谁来继承大位？

汉灵帝有两个儿子。

一个是何皇后生的刘辨。另一个是王美人生的刘协。

屠夫出身的何皇后继承了老爸凶横的性格，为了不让大权旁落，先发制人，将王美人鸩杀。但是刘协幸运地落在皇帝的母亲——董太后的手里。

于是汉灵帝一直纠结在老妈与老婆之间，立刘辨还是刘协？这个让皇帝无比苦恼的问题一直到闭目时还是悬而未决。只好在病重时把喜欢的刘协托付给蹇硕。

这个蹇硕虽说失去了男性的标志，但是地位非同小可。

汉灵帝为了制衡何进的大权而建立了一个军事组织——西园八校尉。这八个人是上军校尉蹇硕、中军校尉袁绍、下军校尉鲍鸿、典军校尉曹操、助军左校尉赵融、助军右校尉冯芳、左校尉夏牟、右校尉淳于琼。而蹇硕就是八校尉的绝对领导人。

董卓

结果汉灵帝一走，马上一连串的事情发生了。在皇位继承问题上乱成一团糟,刘辨当上了皇帝,刘协变成了陈留王。

蹇硕不甘心失败，想杀掉何进。于是为了共同的理想，何进与袁绍求同存异,终于在五月二十七日的混战中,这个曾经不可一世的小黄门命丧黄泉。

但是在混战的同时,何进也招来了虎视眈眈的董卓。董卓一来,接下去的事情完全乱套了,洛阳城内又是一片血雨腥风。

在这个肥仔的操纵下，城头变幻大王旗，眨眼间九岁的陈留王刘协成了皇帝,而少帝刘辨成了弘农王。再之后,何皇后被毒死,何氏一门无不纷纷落马,大汉帝国的最后一个外戚专权势力被铲除干净。

朝中大臣从没有见过这么凶狠的恶魔,纷纷出走,袁绍跑回冀州,袁术出奔南阳,而曹操也扔下骁骑校尉不做,头也不回地往老家跑去。于是董卓成了一头孤独的野兽。

## 4.成皋血案疑云

当然曹操并没有从地球上消失。这次东逃,成了曹操一生中新的起点。不但自己的命运因此改变,整个大汉帝国的命运也将风云变色。

一路的逃跑无疑是失魂落魄的。

沿途所经,一张张通缉令狗皮膏药般贴满墙:曹操,男,字孟德,三十五岁,中等身材,面带胡腮。因触犯了太尉董,私自潜逃……

为了逃命,曹操只好夜行晓宿,在太阳光下打呼噜,在星月交辉下赶路。对曹操,董卓为什么不惜血本,四处捉拿,这在罗贯中的《三国演义》中有个交代,说是曹操为了除掉董卓这个大害,借献刀之名,企图来个斩首行动。

虽然罗贯中的这个添油加醋的版本有“本故事纯属虚构”的嫌疑,却也符合曹操天不怕地不怕、为了国家不惜搭上自家性命的个性。就连袁绍那样的豪门子弟,都敢冒着灭族的危险,当面跳起来跟董卓叫板。而历来就不怕天王老子的曹操,为什么不会来一个冲动?所以,董卓对曹操可谓恨之入骨,恨不能剥其骨抽其髓。于是一道关卡一堵高墙,简直要让曹操插翅难飞。

所以曹操东逃的每一程都是危机四伏，一不小心就有掉进地狱的危险。

这是一次为了国家大义的脱逃，也是一次谋求生存的本能反应。本来应该得到人们的深切同情，但是一件不可思议的事件发生了，让曹操这个"奸贼"又背上了千古骂名。

这件事就是成皋血案，有两个版本。

第一个版本是王沈《魏书》所说的，曹操跟几个随从逃到成皋。本来想拜访一下老朋友吕伯奢，没有想到老朋友见不到，却酿造了一桩人命案。吕伯奢的儿子看到曹操带了这么多财物（这是自然的，有钱走遍天下，无钱寸步难行，任何时候都一样），动起歪主意，结果成了曹操的刀下鬼。

第二个版本是《世说新语》和孔盛《杂记》提到的，大同小异。这个版本最为流行，说吕伯奢看到老朋友来，本想热情款待一番。结果反遭曹操猜疑，全家被杀。

杀了人之后，曹操才意识到自己闹了误会。

这是一个典型的激情杀人案。关于这类的案件，应该引入一个"激情杀人"的概念。所谓的激情杀人是这样定义的，本无任何杀人故意，但行为人在精神上受到强烈刺激，一时失去理智，丧失或减弱了自己的辨认能力和自我控制能力，失控而将他人杀死。

如果我们把曹操的这次命案归于激情杀人也未必不可。在生命随时都可能挂掉的威胁之下，脆弱的心理早已让曹操成了惊弓之鸟，任何的风吹草动，都能够激起强烈求生欲望而导致过度的自卫行为。

杀了人之后曹操的心态在《杂记》中用了"凄怆"两个字，随即蹦出一句"宁我负人，无人负我"。这是一句多么沉重的话，宁可让我背上世人的哀痛，也不要让世人分担我的悲伤。但是经过罗贯中的包装之后却大大走味了，变为一句千古至理名言："宁教我负天下人，休教天下人负我！"这成了曹操的口头禅。

在陈寿的《三国志》中，这个命案却踪迹全无。按理来说，陈寿是蜀汉的史官，开始写《三国志》时，西晋已经统一天下了。假如真的有成皋血案，陈寿完全没有必要替一个死人隐瞒下来。

但也不能说没有啊。因为陈寿开始写《三国志》时，王沈已经死去了十五年（死于西晋泰始二年即公元266年）。最大的可能是陈寿没有看到王沈的《魏书》。所以肯定的是，成皋血案的的确确是发生了。作为当代人写当代史，王沈对曹操给予了最高的评价："太祖御军三十余年，手不舍书。书则讲武策，夜则思经传。登高必赋，及造新诗，被之管弦，皆成乐章。"他是如此地崇拜曹操，绝对不可能为之杜撰血案。

至于血案的详情如何？王沈是否为尊者讳？那恐怕只有问曹操自己了。

## 5.一切从这里开始吧

不管是正当的自卫还是误杀，总之曹操的双手是沾满了鲜血，而且是故友的血。

那个时代可能一条人命还不如地上爬行的蚂蚁，而且官府接到报案不一定会马上立案、着手侦破。但是这回凶手正是董太尉志在必得的潜逃犯人，脆弱的神经让曹操成了惊弓之鸟，如果不想遭到肥仔的荼毒，最好还是趁着月亮未歇息，赶快逃吧。

曹操的脚步再快，也逃不过董卓长了翅膀的通缉令。结果在逃出虎牢关之后，曹操还是落网了，被一个亭长（乡长）扭送到中牟县。眼看着曹操就要落入虎口，这时候出现了一颗救星。功曹（县令的助手，负责选拔官吏）早已听到曹操的大名，为了拯救黎民苍生，也为了不想让自己留下千古骂名，所以不假思索，就把曹操放了。

放了曹操，无疑就是放一条龙回到海里去。曹操马不停蹄地跑到陈留，两眼怒火直烧，径直跑回家，不顾妻儿老少的哀号，翻箱倒柜，把家里所有值钱的东西都倒出来。

曹操决定干出一番轰轰烈烈的事业，消灭董肥，为国除害，还给大汉帝国一片明亮的天空。

让熊熊的烈焰从这里开始燃烧吧！大胖子，你的末日来临了。曹操高声呼喊着，陈留的子弟们，为了大汉帝国的荣耀，为了庶民的胜利，让我们行动起来吧！

曹操的振臂高呼，唤起了陈留的穷苦百姓，也感动了一个叫卫兹的大富翁。

在一次宴会上，卫兹眼里闪着激动的泪花，孟德真是救世主啊！于是义无反顾地裸捐出上百万的钱财。

中平六年(189)十二月,曹操在己吾(今天的河南省宁陵县黄岗乡己吾城)起兵,开始了波澜壮阔的征讨生涯。而己吾这个偏僻的小村,因是曹操的发迹地,得以永载史册。

虽然只有五千人,装备落后,马匹稀少。战将盔甲不到二十领,而马铠更是少得可怜。但是却众志成城,上下一心。

曹操以身作则,在寒冷的冬天里,拉着风箱,不断地将一块块铁矿石变成一把把锋利的武器。再加上曹操深谙练兵之术,短短几天之内就把这五千人变成一支虎狼之师。

更令人羡慕的是,曹操手下战将如云,最有名的叫典韦,被称为当代的"恶来"(商朝的大力神),左右两手各拿着一把几十斤重的大双戟,能够把老虎追得满山跑。一吕二马三典韦,这是后人对他的最高评价。而另一个曹洪,曹操的从弟,也是浑身有着用不完的力气,侠肝义胆。

当然,曹操并不孤独。董卓的倒行逆施,让全国各地燃起了讨董的怒火。义兵此起彼伏,掀起了一股强大的反董潮流。董卓彻底成了惊涛骇浪中的一只破船,随时都有沉没的可能。

己吾起兵,不但是曹操一个人命运的开始,更是东汉末年大分裂的开始。作为一个忠心于大汉帝国的臣子,曹操万万没料到,这次的起兵不但没有将日益沉沦下去的帝国拯救上来,反而加速了汉帝国的灭亡,最终被自己所取代。尽管那时候同时起兵讨董的有十几路人马,但是命运之神只垂青了曹操。这不是偶然的选择。

## 6.猎杀董卓

东汉末年,董卓是第一个将"挟天子以令诸侯"这条理论运用于实践的人物。他把皇帝弄到手,成为无敌挡箭牌。而自己则安心地躲在皇帝的身后,为所欲为。在那个时代,儒家思想盛行,读书人的口头禅就是"忠孝"两个字眼。

乍看起来,董卓的想法很美好,但是却很天真。最多算是一个手里有枪,但缺少头脑又非常凶狠的劫犯。

他本以为,只要绑架了汉献帝,天下所有的强人都会拜倒在他的面前。但是董卓错了,在那个人心浮沉、世道黑暗的年代,皇权早已失去了应有的价值。“大汉帝国”这一块金字招牌,早已经失去了它耀眼夺目的光芒。人人都想取而代之,所以劫持了皇帝,不但没有给董卓带来安全,反而让他变成一只叼着金块的饿狼,成为无数人追赶的猎物。

除了曹操起兵之外,自初平元年(190)正月开始,相继打出讨董旗号的队伍超过了十支。

当时主要是来自东面的强大压力:河内有渤海太守袁绍与河内太守王匡;酸枣有陈留太守张邈、兖州刺史刘岱、东郡太守桥瑁、山阳太守袁遗与济北相鲍信,曹操就在张邈军中;鲁阳有后将军袁术,江南霸主孙坚正急急地从长沙赶向袁术;颍川有豫州刺史孔伷;而冀州牧韩馥就留在邺城,专门为反董盟军提供后勤补给。更令人振奋的是,洛阳城内的河南尹朱俊虽然表面上忠诚于董卓,但早已是反董盟军的人了。

而遥远的东北部、西南部、西北部的军阀们要么闪烁其词,要么坐山观虎斗。与董卓保持关系的有徐州刺史陶谦、辽东太守公孙度、凉州的马腾和韩遂。闪烁其词、不置可否的有益州牧刘焉、幽州牧刘虞、中郎将公孙瓒。

而那位无比仁慈、长相奇异、心怀天下、有皇室后裔之荣的鞋贩——刘备,此刻正待在丹阳,依附徐州刺史陶谦,由于力量薄弱,在讨董大业上根本就没有发言权,所以只好识趣地待在陶谦军中,乐呵呵地看着千军万马你来我往。

当然,董卓的日子绝对是不好过的,虽说手下有号称“三国第一猛将”的吕布,但是天天坏消息不断,让董卓失去了信心。这时候所能做的只有远走高飞了。

董卓的判断很准确,西方无疑是最安全的。于是,东汉末年一次最为惨绝人寰的迁都开始了。一度繁华的洛阳成了一片废墟,那些富豪再也无法守住财富,很快就被董卓没收干净。更可怜的是数百万无辜的平民,不得不背井离乡,踏上凄苦的迁徙之路。

但是能不能走到长安是个问题。由于饥渴、疲劳,双脚已经无法再迈出一步了，背后的骑兵们却像索命鬼一样，不断地鞭挞，甚至肆无忌惮地从难民身上踩过去。于是，一路西行就是一路的尸骸累累，其景象惨不忍睹。

当然，嗜杀、贪婪成性的董卓是不会放过任何发财的机会的。于是，吕布被派去搜寻各个皇帝以及官员的葬墓，掀起了东汉末年盗墓的高潮。

一旦捉到反董盟军的士兵，那些人简直是生不如死。董卓把所有的怨恨都往这些俘虏身上发泄，由于董卓很喜欢吃猪肉，所以他就命令用涂满猪油的布匹，把战俘裹成一个"粽子"，然后放在火上活生生地把他们烤熟。

惊恐不安的汉献帝简直就要崩溃了，虽说自己的身份是一个皇帝，但是现在连一个囚徒都不如。到了长安之后，只好勉强住进了略微装修的宫殿，与豪华气派毫不沾边。但是董卓却享受超凡的待遇，离长安二百六十里的郿城一片金碧辉煌，每走一步，都要乘坐金华青盖车，左拥右呼。那种气派，绝对是让汉献帝想都不敢想。

## 7.决 裂

董卓的日子过得那么潇洒，而反董盟军貌似强大，但很快就变成了一盘散沙。证明了除曹操之外，各路军阀嘴巴里高喊"反董伸张正义"，实际上心里都在想做第二个董卓。只不过大家都想做董卓，但谁也没办法把自己变成第二个董卓而已。

当然，如果十几路军阀齐心协力，打倒董卓那是轻而易举的。问题在于大家没办法心往一处想，劲往一处使。有来自江南的，有来自河北的，形形色色的人都有。虽然说共同推举了袁绍做盟主，但是袁绍也慌恐，能不能把那些兄弟搞得服服帖帖，心里一点儿谱也没有。

对那个只长肉不长骨头的大胖子，袁绍心里有点发毛。更令他不寒而栗的是董卓手下的吕布，还有那一个个蛮横的西凉兵。虽说袁绍嘴巴上整天喊着"杀！杀！杀！"，但自己比任何人都清楚，那是为自己鼓气。于是虎牢关成了一道难以飞越的鬼门关，谁也不敢过去。大家你看着我，我看着你，没有一个愿意成为讨董试验的牺牲品。

这让曹操很不满。自己吾起兵，慷慨激昂而来，本以为马上就可以见到董卓的人头了，没想到董卓的人头看不到，却看见了一个个猪头在虎牢关前晃来晃去，谁也不敢伸进去。

于是曹操有点气愤，大家替天行道的口号喊得噼里啪啦响，现在我们人多势众，个个却鼠头鼠脑的。那个肥仔也差不多要完蛋了，如像先前那样他把皇帝推在前头，我们拿他没有办法。但现在他像强盗似的，到处实行三光政策，把皇帝又绑架到长安去了。这样下去，肥仔的日子没有几天了，大家再努力一下，他就彻底完蛋了。

尽管曹操说得唾沫满天飞，但结果是袁绍他们一个个嘻嘻哈哈的。阿瞒你说得这么轻巧，那这个带头大哥非你不可了。

曹操绝望了，这帮人好像是在跟董卓比长寿，如此下去恐怕是等到天荒地老也等不到胜利的那一刻了。于是曹操做出了一个英勇的决定：不顾袁绍他们的嘲笑，带着几千陈留子弟兵，直冲洛阳方向，要跟董卓拼命。

这在当时是何等忠烈、何等英勇啊！然而一直视曹操为汉贼的人不但对此没有大吹特吹，反而忽略不计。从这就可以看出，曹操无疑是那时候最最忠诚的大汉纯爷们儿。

当然，曹操的冲动也给自己带来了惩罚，走到荥阳汴水时，遭到董卓部将徐荣的袭击，差点儿搭上性命。跟随曹操冲锋的虎将曹洪毅然把战马让给了曹操，还说了一句可以让无数人吧嗒吧嗒掉眼泪的话：天下可以没有曹洪，但不可以没有你！

当曹操全身挂彩，手下的队伍也是伤痕累累地回到酸枣时，他看到了奇特的一幕。

酸枣的十万大军不但没有枕戈待旦的斗志，反而整日在军营里摆下酒宴，大碗喝酒，大口吃肉，个个喝得四脚朝天。

曹操的脑袋嗡的一声。什么话都不要说了，跟这帮人在一起，简直就是耻辱。于是曹操走了。

曹操走后不久，酸枣的反董盟军也走了。当然不是董肥仔杀来，而是酒喝光了，肉也吃光了，一粒米也没剩。于是大家像无头苍蝇，哄哄而散。

曹操
曹洪

曹操跑到河内去找袁绍。袁绍不但没有进攻董卓的意思，反而动起歪主意了。董卓把皇帝劫持了，我们可以另立一个皇帝，幽州牧刘虞贤惠仁慈，又是刘家后裔，把他拱上皇位，董卓不就没戏唱了。

这时候，曹操又说了一番让人无比感慨的话：我们都是奉着替天行道而来，皇帝被奸臣劫持，本来就可怜兮兮的，现在大家又要搞两个政府，那天下岂不是大乱？你们回到北方去吧，我还是要往西而去。

本来从小就在一个学校里出来的，曹操对袁绍还有点敬佩之情，但是袁绍的打算让曹操心寒。

紧接下来发生了一件事，彻底让曹操跟袁绍决裂。

一直怀着取代大汉雄心的袁绍，根本就不把什么张邈、刘岱、桥瑁之流放在眼里。可是对于曹操这个死对头，袁绍从小就跟他斗过，而且从来没占过上风。怎样斗得过曹操很让袁绍头疼。

袁绍坚信，只要斗得过曹操，天下就是他的了。

无巧不成书，汉献帝这一年刚刚更改年号，叫做初平。这正与袁绍的字——本初暗合。看来是老天注定要把天下送给袁绍了。

更让袁绍惊喜的还在后头，他得到一个玉玺。至于玉玺是捡来的还是袁绍自己打造的，那就无法考证了。于是他在宴会上得意洋洋地向曹操炫耀。天意属于老袁，你曹操要拜下风了。

但曹操根本就不买他的账，一半是笑，一半是怒，我就是不听你的了。

袁绍没辙了，又派人好心奉劝曹操。现在袁绍兵强马壮，两个儿子又如狼似虎，普天之下，还有谁是他的对手？

曹操难以抑制心中的愤怒，但是此时无声胜有声。于是他用沉默回应了袁绍的威胁。从那以后，曹操与袁绍彻底决裂了，两人视对方为敌。

曹操与袁绍一决裂，讨董联盟顿时土崩瓦解。事后曹操对此无限伤感："关东有义士，兴兵讨群凶。初期会盟津，乃心在咸阳。军合力不齐，踌躇而雁行。势利使人争，嗣还自相戕。淮南弟称号，刻玺于北方。铠甲生虮虱，万姓以死亡。白骨露于野，千里无鸡鸣。生民百遗一，念之断人肠。"

这真是有心杀贼，无力回天！

# 第五章 乱世英雄

曹操的第一桶金
大耳朵刘备
东汉末年的大混战
刘皇叔的机遇
天下第一谋士
第一与第三的较量

## 1.曹操的第一桶金

讨董盟军瓦解之后，十几路军阀各自做各自的事，玩女人的玩女人，盗墓的盗墓，抢地盘的抢地盘，大家都忙得不可开交。这时候不趁乱弄点不正常的事情做做，以后秩序恢复了，那你就被人看作不正常的异类了。

所以袁绍在初平二年(191)这一整年里非常的忙。当然，以他的雄心，要做就要做最好的事。而对他来说，夺取天下就是这辈子最高的理想。

人的生命是有限的。在漫长的历史长河中，人的一生只不过是短暂的一秒钟。但是有一个办法可以让短暂的一秒变成无限长，那就是干出轰轰烈烈的一番大事业，让后人永远记住你。

袁绍就有这样的野心。而实现野心的第一步就是另立皇帝，跟董卓分庭抗礼。只要手里有了皇帝，就可以发挥"四两拨千斤"的作用，号令天下，收放自如。

于是袁绍频频向幽州牧刘虞抛媚眼，这样一个软弱、仁慈的人无疑就是自己能够操纵的最佳对象。

但是刘虞却丝毫感觉不到做皇帝有什么幸福可言，一旦自己当上了皇帝，可能落得比汉献帝还要惨。

袁绍却满脸横肉："你不做皇帝可不行！我连年号都替你想好了。"暗下跟韩馥派遣做过乐浪太守的张岐去见刘虞，说只要他一个点头的动作，马上在这个至高无上的尊号前面写上"刘虞"二字。

古往今来只见过逼人承认自己是皇帝的，从未见过被人逼迫当皇帝的。对这样荒唐的闹剧，显然刘虞没有半点心理准备。被逼急了的刘虞甚至准备自残，扬言说再逼他当皇帝，就准备逃到匈奴去。

一逃到匈奴，无异于摔破坛坛罐罐，什么好处也捞不到。袁绍气急之下，把冀州牧韩馥赶走，霸占了"民殷人盛，兵粮优足"的冀州。走投无路的韩馥忍受不住天天的担惊受怕，结果在厕所里一刀结果了自己，成为东汉末年死得最臭的人。

袁绍的所作所为，让世人一眼瞧出了他的狼子野心。

济北相鲍信惊呼,这简直是董卓的克隆版。这时候他做出了一件足以改变整个格局的事——奉劝曹操走出袁绍的阴影,向东发展,积蓄力量,以待其变。

鲍信的话,一下子让陷入黑暗之中的曹操看到了前方的灯光,拯救大汉,从我做起。

虽然说历史上对曹操献策的人数不胜数,但我觉得鲍信无疑是影响曹操布局天下最最重要的一个人。短短几句话,就让曹操开始了霸业的第一步。

偏偏在这个时候,老天爷又给曹操送来一份大礼。黄巾军的一支——黑山起义军有几十万人把濮阳城围得水泄不通。眼看城池就要沦陷了,这时候曹操风尘仆仆地赶来了。黑山军马上溃不成军,而曹操也取得了立足之地。袁绍巴不得曹操从自己的眼前消失,于是顺水推舟,给了曹操一个东郡太守,让曹操安心经营东方,省得在河北与自己闹纠纷。

接下来对曹操来说,东征扩地一帆风顺。初平三年(192)春,以围魏救赵的奇谋粉碎了黑山军的反扑,并乘势追过黄河,大败匈奴于夫罗的部队。

就在这时候,发生了一件惊天动地的事。那个嚣张跋扈的董卓被干儿子吕布谋杀了,终结了他可耻的一生。史书对董卓之死的记载非常传奇,说他由于肥得流油,结果被人们点了天灯。尸体内积聚的肥油非常可观,一连几天,通宵达旦,亮如白昼。

谋杀董卓之后,吕布的日子也不好过。不但妻儿生命有危险,他也是泥菩萨过河。董卓的部下李傕、郭汜四处追杀吕布,吕布虽然勇猛如虎,但是老虎也有落入平阳遭狗欺负的时候。于是吕布割下董卓的脑袋之后,挂在马前,往东投奔袁绍去了。吕布不但勇猛,而且聪明。他意识到董卓的脑袋就是他畅行天下的无敌通行证。

## 2.大耳朵刘备

当董卓的烂头颅"啪"的一声扔在袁绍眼前时,袁绍是绝对恐惧多于惊喜。虽然说董卓的死去为自己今后横扫天下除去了一个大障碍,但是眼前这个虎背熊腰、英姿勃发的吕布的破坏力绝对不亚于十个董卓。再加上两眼冷光闪闪和让人捉摸不透的内心，袁绍不禁浑身打了个冷战。

凭着吕布的虎狼之心，留在自己身边绝对是颗烈性炸弹，早晚有一天会让自己粉身碎骨。如何让吕布无声无息地从地球上消失，成为袁绍眼前最急迫的大事。

于是袁绍派出武装到牙齿的三十多名肌肉男，日夜守护在吕布的卧室前。当然吕布也不是只会大碗喝酒大块吃肉的莽汉，他也精心设计了一个骗局，让人在卧室内大奏古筝。美妙动听的音乐扰乱了那些刺客的计划，结果让吕布悄无声息地金蝉脱壳。

此地不留爷，自有留爷处。身为当世第一虎将，论武功，绝对是打遍天下无敌手。偏偏这么一朵盖世奇葩却落了个天涯芳草无归路的下场。但是吕布并不感到悲哀，因为很快地就找到了知音——刘皇叔。

刘备是个传奇人物。不但长相出众，据称“大耳垂肩”，而且两只手臂也很长，笔直站立就可以摸到自己的膝盖。

耳朵长绝对是件好事，在古代被视为命大福大的人。所以当刘备“吧嗒”一声出现在眼前，绝对会让人感到无比的震撼。如果没有发生意外，刘备长命百岁绝对没有问题。

独特的外表、深藏不露的性格，再加上“皇室胄裔”这一个极具想象力空间的概念，刘备像一块磁铁深深地吸引了无数人。许多人一见到刘备，马上产生了“我就是他的人了”的念头。

当然，刘备的发迹史也是一部血泪史。很小的时候就成了孤儿，这点与曹操可以说是同病相怜。刘备不得不在无数人的漠视甚至鄙夷之中，度过一个又一个卖鞋日子。这段生活经历让刘备养成了沉默寡言、喜怒不表于外的性格，同时也铸就了刘备今后驰骋天下的坚忍个性。

人穷志不穷，从贫民窟里走出来的刘备从小就梦想着当皇帝，坐上“羽葆盖车”。尽管这样的话在当时绝对可以致人于死地，甚至带来诛族灾祸。但是一向沉默的小刘备还是不经意地说出了口。可见，在一个儒雅温柔的外表之下，隐藏的是一颗让人无法想象的心。刘备的理想之高、雄心之壮，永远让曹操无法与之媲美。

我分析了刘备与曹操两个人的发迹史，发现两人存在的最大不同就是，刘备从小就树立了远大的理想，此后不断地为这个理想而拼搏，即使遭受挫折也毫无惧色；曹操就不同，不断地东征西讨、南征北战，好像步伐很凌乱，走一步看一步，但却是踏踏实实地做好每一件事。

乱世造英雄，刚刚二十出头的刘备怀着一颗出人头地的雄心，与拜把子兄弟美髯公关羽——一个逃犯和白面书生张飞——一个地主，开始了极具传奇色彩的人生旅程。

可惜，命运不济的刘备，前半生一直坎坎坷坷，成了上天的弃儿，四处流浪。先后服务过的主人有毌丘毅、公孙瓒、田楷、陶谦，成了东汉末年最能忍辱的人。

当刘备不断地跳槽，从这山跳到那山时，吕布也忙于东藏西躲，四处寻求庇护所，最后投奔晋阳侯张扬。而这时候，刘备也成为公孙瓒帐下的一个红人。

本来这时候的情形是这样的：刘备躲在公孙瓒帐下，吕布躲在张扬帐下，尽管都怀着一颗不安分的心，但是我相信此时他们只想老老实实地当一个配角，因为还没到他们上台表演的时刻。

没想到，此后的事接二连三，让刘备、吕布、曹操不断地卷入纷扰的恩恩怨怨，东汉末年的混乱局面也一步步地走向清晰。

## 3.东汉末年的大混战

初平四年（193）对曹操来说，是一个悲伤之年、愤怒之年。这一年，他的父亲，大太监、大长秋曹腾之子，无比尊贵的、一生勤勤恳恳的、原太尉曹嵩，不幸遇难。

这一年的气候非常特殊，本来六月应该是炎炎热夏。但是初平四年（193）的六月天却是个寒风萧索、飞霜如雪的月份。

气候的反常，让本来就混乱不堪的人心增添了许多焦虑。

尽管十多年过去了，黄巾大起义的余波依然十分凶猛，惯性地冲击着大汉帝国的每一块土地。这时候皇帝满天飞，随便有人挺身而出，占山为王，拉扯一面旗帜，他就能变成一个皇帝。

在那个时代，人们不再讲求奉献、无视忠君报国。争权夺势、掠取财富成了强者活在世间的唯一追求。父子感情、兄弟亲情都虚无缥缈，更甭谈朋友之情。

打虎亲兄弟，上阵父子兵。袁绍与袁术本来就是同父异母的亲兄弟，两人为了共同的理想——打倒董卓，走在一起了。

随着董卓的死亡，两人的手足之情也冰消雪融。在要不要立宗室刘虞为帝这个大是大非的问题上，两兄弟同床异梦，终于闹到了翻脸的地步。翻脸的兄弟成为最可怕的敌人，袁氏兄弟都恨不得立马把对方置于死地，于是各自请来外人做帮手。

这时候的形势是这样子的，在袁绍与袁术之间隔着曹操与陶谦，在袁绍的背后，是北方的公孙瓒。看到自己的势力不如那个庶出的“家奴”，于是袁术远交近攻，跟公孙瓒联合起来，从背后狠插袁绍一刀。公孙瓒迅速做出部署，派出帐下红人刘皇叔南下山东高唐，跟徐州的陶谦，对袁绍形成了北、南、东三面包围圈。

面对袁术的咄咄逼人，袁绍不敢掉以轻心。再说他也不是一个只会拦路打劫的盗贼，袁绍首先祭出了曹操这张王牌。

袁氏兄弟搞内耗，无疑是曹操最高兴看到的。尽管在袁绍眼中，曹操还不是那么令他牵肠挂肚，但毕竟也是一股不可忽视的力量。于是，继反董之后，袁绍再次与曹操志同道合。同时，袁绍以其人之道，还治其人之身。他也联合荆州的刘表，从侧背狠踢袁术一脚。袁术早料到袁绍的这一手，赶紧调来江东小霸王孙坚，去抵挡刘表。

事情越闹越凶，雪球越滚越大。由袁氏兄弟的窝里单挑变成了打群架，酿成了东汉末年的最大一次混战。这次混战卷入的势力有七八股，战火遍及大半个中国。混战中，形成了以袁绍、袁术为中心的两大集团。站在袁绍一边的有曹操、刘表，站在袁术这一边的有公孙瓒、陶谦、刘备、孙坚，甚至吕布。

可惜两大集团的成员也并非齐心协力，尽管在战场上看起来很拼命，大家都出了力，也死了很多人，但是大多数是浑水摸鱼、坐收渔利。当然收获最大的绝对是曹操，而刘备只能算是足球场外的热心观众，不停地跑来跑去，忙得满头大汗，其实是在凑热闹。

这时候由于在混战中出了两条人命，缔结了两对仇家。

第一条人命，刘表部下抛出的大石头砸碎了孙坚的脑袋，结果江东孙氏与荆州刘表结成了世仇。而荆州这块无比重要的战略之地，从此成为英雄豪杰们的关注焦点。

第二条人命有点可怜，甚至还有些误会。这条人命，对曹操来说是刻骨铭心的，更把刘备这个枭雄推上了风口浪尖，成为时代的弄潮儿，极大地影响了东汉末年的时局走向。可以说，三国之所以能够形成鼎足之势，应该从这条人命扯起。

这条人命就是曹嵩。

曹嵩是个好同志。除了喜欢当大官之外，曹嵩一直兢兢业业，不辞辛劳地为大汉帝国做事。董卓胡作非为，曹嵩绝不低头，再加上儿子被通缉，于是忍心抛弃了多年奋斗而来的政治地位，逃到山东琅邪去避难。

看到老爹东逃西躲，整天过着担心受怕的日子，曹操心里很难过，如果连老爹的命都保不住，那还谈什么扫荡天下？于是派出泰山太守应劭，要他护送曹嵩到曹操的大本营兖州。由于老爹要来了，所以曹操也显得很兴奋。这一回一定让他看看这个他一向瞧不起的儿子如今是多么威风，帐下的队伍是多么雄壮。但是让曹操万万想不到的是，应劭送来的并不是一个快乐老爹，而是两个装着尸体的大袋子，其中一具是曹嵩，另一具是异母弟曹德。

曹嵩的惨死，关系徐州刺史陶谦的清白。当时最流行也是最有可能的说法是曹嵩出行是一次大搬家，自然金银珠宝数不胜数，史载共装了满满的一百辆大马车。由于从琅邪到兖州要途经徐州境内，而这一路绿林好汉多如牛毛，一旦发生什么意外，陶谦怕是吃不了要兜着走。于是陶谦派出都尉张闿带领二百骑兵，沿线担任保镖，让曹嵩平安过境，省得曹操找碴。

孰料，令陶谦整天担惊受怕的事，还是成真了。当曹嵩金银珠宝队路经华县、费县时，一看到灿烂耀眼的宝物，脑中立刻一片空白，那些穷疯了的骑兵立即像刮起的一阵旋风，很快地把金银珠宝扫荡一空。张闿见闹出事端，干脆一不做、二不休，杀人灭口，一并把曹嵩和小儿子曹德斩草除根。自己带着几

曹嵩

辈子都花不完的财物躲到淮南去了。照这个说法，陶谦并非曹嵩命案的嫌疑犯。

但是还有一个说法,让陶谦成了曹嵩命案的主犯。陶谦得知曹嵩躲在泰山华县,于是秘密派了数千人的骑兵特遣队,前去捉拿曹嵩。这时候,曹操派出的应劭误点了,结果演变成一场屠杀。曹德在屋里被杀,曹嵩匆忙之间从后门逃出,由于他很爱后娶的老婆,让老婆先走。没想到老婆是个肥婆,无法挤出狭小的后门,只好躲入厕所里。最终全部遇害,满门遭到不测。但是这个说法是站不住脚的。

当然后果非常严重,无论陶谦怎么解释都无法平息曹操心中的愤怒。血债只有血来还！曹嵩命案,成了曹操东征绝佳的借口。

## 4.刘皇叔的机遇

对曹操来说,曹嵩之死不是简单的死,而是让曹操在天下人面前受尽耻辱。失去理性的曹操野性骤发,开始了疯狂的报复。

杀红了眼的曹操恨不得把陶谦蒸着吃,在统帅的鼓动下,士兵们怒吼着如飓风般席卷徐州地区。

曹嵩之死,命运不济的陶谦就是跳进黄河也洗不清。如今什么都别怨了,只能怨恨爹娘为什么生下自己。陶谦这才真正意识到“宁可做牛做马,也不要做人”的真谛。在曹操的猛追之下,陶谦连失十多座城池。不甘失败的陶谦在彭城组织了一次大会战,要与曹操决一生死。结果一败涂地,不得不溃退到郯城。一躲进郯城,陶谦赶紧下令紧闭城门,连气也不敢喘一口。

满身怒气的曹操来到郯城下,一看城池高耸,固若金汤。尽管士兵们蚂蚁般爬满了城墙,但是很快又像落叶似的飘下来。

屠城未果的曹操把怨恨转移到那些为了逃避董卓而来的数十万无辜百姓身上。本来以为东方的徐州乃是一片乐土,事实上也是如此。陶谦廉政爱民,让百姓们尝到安居乐业的甜头。没想到天降奇祸,一个曹嵩之死换来了数十万男女的悲惨遭遇。

曹操这时候已经完完全全蜕化成一头残忍的野兽，于是无数的男女老少在泗水边被坑杀，尸骨累累，血流成河。

尽管如此虐杀，曹操还是觉得很不满足。从郯城撤退之后，沿途再次大肆掠杀。所经应、睢陵、夏丘三地，几乎所有的生命都成了曹操屠戮的对象，哪怕是一只鸡、一条狗。一时间徐州地区一片荒芜，寸草不生，“千村薜荔人遗矢，万户萧疏鬼唱歌”，废墟间根本就看不到一个活人的影子。

第二年夏天，曹操余兴未了，留下荀彧、程昱守鄄城，再次率兵屠戮徐州。这一次东征一举击破陶谦的五座城池，一直打到东海边。

就在这时候，战场上开始看到了刘备的身影。陶谦让部将曹豹与刘备在郯城以东包抄了曹操的退路，结果螳臂当车，很快地就被曹操的铁骑踏成碎片。虽然刘备遭到惨败，但是他很快就占了大便宜。曹操走后不久，陶谦惊惧交加，终于一病不起。在眼睛快要闭上的那一刻，陶谦仍然挂念着徐州百姓的安危。他想到了那个大耳朵的刘皇叔，他的谦逊与仁厚给陶谦留下了深刻的印象。于是他把徐州留给了刘备。

刘备得到徐州，其过程尽管没有像罗贯中所写的那样反复啰嗦，但是至少刘备对自己能否保住徐州缺乏信心，所以有些犹豫，不敢马上接下这个烂摊子。因为这次与田楷前来徐州抗曹，刘备只有稀稀拉拉的一千人马，还有些许幽州的乌丸杂胡兵，力量之小，就是给曹操塞牙缝也不够。虽然以后也有数千饥民加入了刘备的队伍，但是这些人的战斗力很成问题。

正当刘备扭扭捏捏的时候，一个叫陈登的下邳人，说了几句让刘备茅塞顿开的话：当今大汉遭到厄运，国家几乎倒台，战乱不息，刘皇叔要想建功立业，现在正是时候啊。徐州富庶，人口百万，足够刘皇叔成就一番匡主济民的霸业。即使霸业不成，刘皇叔也可以据守徐州，保境安民，从而流传千古，永载史册。

陈登的话让隐藏在刘备内心深处的一股雄心壮志涌上心头。回想起儿时差点儿掉脑袋的那句要坐“羽葆盖车”的豪言壮语，又想起长年征战，东躲西藏，到处寻求避难所，一旦得到徐州这么一个战略要地，那么四处流浪的日子将一去不复返。从此，在天下人面前大可以自豪地宣称，我，汉景帝子中山靖王胜之后，当今皇帝之叔，将有自己的根据地，成就霸业指日可待。

最后，那个以谦让闻名于世的北海孔融又说了一句让刘备心服口服的话："今日之事，百姓与能。天与不取，悔不可追。"

大家甭说了，刘备下定决心，这个徐州刺史我当定了。

当然，假如这时候曹操突然来攻，刘备要不要再跑恐怕还是个未知数。三分天注定，七分靠打拼。当刘备正忧心忡忡能否扛得住徐州时，老天爷为刘备称霸创造了一个机遇。为了复仇一时冲动的曹操受到了惩罚，后院起火了，老巢兖州被吕布给端了。

## 5.天下第一谋士

吕布夺取兖州要从一次偶然的相遇讲起。逃离袁绍的虎口，对吕布来说无疑是获得重生。在袁绍看来，吕布是一只凶恶的野狼。但是在许多人眼中，吕布成了一个响当当的英雄好汉。所以在吕布奔向张扬的途中，路经陈留，太守张邈很快就把吕布当成知己，两人紧紧握住双手，对天发誓，结成同盟。

在自己的眼皮底下张邈竟然与吕布相勾结，让袁绍如坐针毡。但是陈留不是自己的势力范围，于是气急败坏的袁绍责令曹操让张邈从地球上消失。袁绍显然过高估计了自己的影响力，曹操还巴不得天下的人都成了袁绍的敌人，何况张邈还是曹操最有交情的朋友之一。

但是曹操在徐州的暴行让张邈忧心忡忡，再加上前九江太守边让因为说了几句不好听的话，结果连累到妻儿，都被曹操砍头，一时间兖州人人自危。更让张邈寝食不安的是，早晚有一天曹操会提着自己的脑袋去巴结袁绍的。于是在兖州形成了反曹集团，这个集团的代表人物有足智多谋的陈宫、从事中郎许汜、王楷和张邈的弟弟张超。可是这一些人聚集在一起时，发现自己根本就不是曹操的对手，于是陈宫想到了吕布。

以陈宫的设想，所谓的天下英雄无非就是那些懂得怎样从石头缝里挤出来的小草。这时候曹操的军队都跟随他东征徐州去了，如果有一个强人趁虚夺取兖州，很快地就会在中原长成一棵参天大树。而这个强人，只有吕布才能够胜任。

陈宫的策划显然很成功。智者千虑,必有一失。即便曹操掐断手指,算尽了每一步,也万万料不到陈宫会背叛他。这次背叛让他几乎失去根本,陷入困境。把镇守濮阳的重任交给陈宫,实在是曹操犯的第一个大失误。

按照自己的构想,陈宫偷偷地把吕布接到濮阳来。这时候陈留的张邈又派心腹刘翊去鄄城(兖州的治所)哄骗守将程昱说,吕布正在帮助曹操攻打陶谦,请速速运来粮草。鄄城里头慌慌张张的,正忙着为吕布装载粮草。

这时候走出一个非常的人物——荀彧,一眼就看破了张邈的阴谋。

这个荀彧非同小可,号称曹操智囊团的首席参谋。也许有句话大家不喜欢听,这个荀彧的智商堪称天下第一,超过了刘备的卧龙诸葛亮。曹操之所以能够纵横天下,荀彧的出谋献策功不可没。三年前,荀彧离开不看好的袁绍,做出了一生中最正确的选择——投奔曹操。曹操一看到荀彧来了,竟然乐呵呵地笑说,我的张良来了。拿荀彧跟刘邦的张良相提并论,可见曹操对他的倚重。

这次曹操倾巢而出,东征徐州,只在兖州留下区区的几千人马。兖州的治所鄄城简直是曹操的命根子,所有的军粮、家眷全都留在这里。如果让人抄了鄄城,那就是釜底抽薪,断了曹操的活路。曹操却放心地在徐州肆意妄为,一点儿也不关心鄄城的安危,因为他早已在鄄城安置下了一根定海神针——荀彧,曹操坚信,只要荀彧在,鄄城稳如泰山。

荀彧果然不辱使命,他立即悟出张邈的用意——想造反。可这时候鄄城里面,都是些老弱病残,能拿得动兵器的也只是数百名勤杂人员。如果张邈来了,恐怕只有乖乖投降了。高手就是高手,别人下棋只考虑下一步怎么走,但是荀彧已经料到了四五步之后的变幻了,他立刻招来防守濮阳的东郡太守夏侯惇。夏侯惇一来,一切都解决了,那些朝三暮四,想当张邈内应的人马上被扫荡一空。

待城中安定之后,人们松了一口气。可是城下很快又来了黑压压的几万人马,原来是豫州刺史郭贡受了吕布的挑拨来围城了。守军的心一瞬间被提到了嗓子眼儿,妈呀,看来今晚鄄城要成为我的葬身之地了。

奇怪的是郭贡并没有架起云梯下令攻城,而是在城下喊破喉咙说要跟荀彧谈话。正当荀彧忙着准备出城时,大家都为他捏了一把汗。夏侯惇提心吊胆,先

夏侯惇

生是一城之主，一出城必然凶多吉少。

荀彧不愧是曹操的第一谋臣，笑呵呵地回答，郭贡与张邈怕是尿不到一个壶里去了。今晚他来得这么快，未必有攻城的准备。现在应该趁着他心神不定，给他讲讲道理。即使没办法招降，至少也应该让他保持中立。于是大摇大摆地出城去了。

荀彧一出现在郭贡的马前，立即让他一阵紧张。荀彧既然敢在刀枪林立之中谈笑自若，肯定是城中有所防备，鄄城恐怕是一粒硬桃核。于是他夹着尾巴灰溜溜地撤走了。鄄城神奇地保住了。

一谈起诸葛亮，人们必定会联系到他的空城计。凭着一曲古筝，司马懿的十几万大军竟然吓得屁滚尿流。诸葛亮的空城计已被无数的历史学家考证是一个美丽的传说，而荀彧在鄄城下忽悠郭贡，却是史书明载，不争的事实。

由于荀彧调来夏侯惇，鄄城是保住了。但是濮阳成了一座空城，很快就让吕布占了便宜。这个东躲西逃的三国第一虎将如今也有了自己的一块地盘。濮阳一到手，兖州的郡县除了鄄城、范、东阿三城外，纷纷倒向吕布。形势一片大好，于是吕布趁热打铁，对范、东阿发动心理攻势，要把鄄城变成一个孤岛。

这时候，荀彧又出招了。他派东阿人程昱去东阿、范争取民心。老乡见老乡，两眼泪汪汪。果然东阿、范两地百姓看到程昱回来了，无不激动地热泪横流，发誓要永远忠于曹操。

紧接着，程昱又使出关键的一招，派了一队骑兵守住仓亭津。这是黄河边的一个渡口，是陈宫进攻东阿的必经之道。当陈宫风风火火赶到黄河边时，发现曹军已经像一个瓶塞紧紧地堵住了渡口，让陈宫在岸边气得直跺脚。

接到老巢被端的消息，曹操日夜不停地赶回来。当他急冲冲回到东阿时，只见城头上曹字大旗迎风招展，士兵们正整装以待。此情此景，令曹操大为感动，他紧紧握住程昱的双手，深情地说："没有你，我今天成了孤魂野鬼。"马上任命程昱为东平相。

就这样，荀彧凭借着自己在智商上的优势，跟程昱一道，守住了曹操的基业，为曹操日后反攻吕布，乃至统一北方，做出了贡献。

## 6.第一与第三的较量

对于曹操来说，吕布夺城等于是让自己在天下人面前脱掉裤子，羞恨难当。当然面子问题还是次要的，更要命的是让吕布在兖州地盘胡作非为，简直就是鱼刺鲠喉。于是吕布成了曹操的心腹大患。曹操一度担心吕布绕道北上亢父、泰山，再从东平袭击自己的侧背后。如果这样，曹操就彻底丧失了地形上的优势，势必节节被动。

但是曹操的担心是多余的，尽管吕布浑身是劲，就是缺乏一个东西——智谋。吕布奔波了好几年，一旦得到濮阳，高兴都来不及，所以把濮阳看成生命中最宝贵的东西，一味躲在黄河天险背后。吕布的有勇无谋让曹操捡回了战场主动权，于是进攻、进攻、再进攻，成了曹操的行动主旋律。

兴平元年（194），曹操开始了对吕布的大反攻。反攻首先从濮阳西侧的一次战斗开始。吕布在那里有一队人马，结果在一个月黑风高的夜里遭到曹操的袭击。曹操这个人，厉害就厉害在他绝对不会跟你正面冲突。他最喜欢趁着黑夜袭击敌军的屁股，这个战法总是收到奇效，成为曹操百战百胜的法宝。

但是这一次夜袭行动并不很顺利，吕布从濮阳城内一看到西边火光冲天，马上率领一支大军掩杀过去，结果撞上得胜撤退的曹操。这时候黑夜结束了，曹操的法宝不灵了，马上要面对十分头疼的正面厮杀。

当然对于吕布这样四肢发达、头脑简单的人来说，面对面单挑是他的强项。所以天亮之后不久，两军就陷入苦战。尽管曹操的青州兵都是血性男儿，不怕死勇往直前是他们的一贯作风。但是面对吕布这样的猛人，青州兵的连续几十次冲锋，都无法冲破吕布的封锁线，残酷的战斗从清晨持续到中午。

曹操的队伍交战了一整夜，饥肠辘辘，眼看就要败下阵来。曹操只好使出绝招，悬赏招募了一支敢死队，让典韦率领，实行最后的冲击。虽然在三国猛将排行榜上典韦只排到第三位，落后于第一位的吕布，但他一点儿也不觉得害怕。

我们对典韦在战场上的表现，只有一个评价：绝对优秀！

尽管吕布的弓箭手射出来的箭像雨点般落在典韦的前头，但在典韦的眼里，

吕布
典韦

甚至还不如毛毛细雨。他一人冲锋在前，很快就把其他人抛在身后。看到典韦这么嚣张，吕布不敢大意，赶紧下令做好迎战的准备。但是这时候的典韦完全杀昏了脑袋，全然不顾前方是什么东西，双手拿着一对短戟，没命地往前冲锋。

他边跑边吩咐身边的勇士，离敌人十步的时候提醒一下。那人大叫，十步了。典韦又吩咐，离敌人五步的时候再提醒一下。那人已经吓得尿裤子了，惊叫，敌人杀来了。典韦抬头一看，果然面前黑压压的一大片。于是典韦大喝一声，手中挥舞着大双戟，很快就消失在吕布的队伍中。

典韦的拼杀情形如果叫金庸来描绘，足足可以写满一个章回，可是惜墨如金的史书只有八个字，“所抵无不应手倒者”。也就是说凡是碰到典韦的，没有一个能够保持站立的姿势超过五秒钟。至于吕布的大方戟有没有跟典韦的大双戟直接碰撞，史书上也没有记载。但无疑这一回第一和第三的较量，典韦是获胜者。很快地，吕布的队伍潮水般退了下去，曹操最后的赌博成功了，安然撤回大营，这时候已经日落西山了。

冷静下来想想今天的战斗，让曹操回味无穷，特别是典韦的英勇行为证明了自己的价值，更让曹操惊喜万分。对于这样的一个猛人，曹操再也舍不得用他去冲锋陷阵。于是下令叫他带领一支几百人的禁卫队，担负着最光荣的任务，那就是保护曹操的人身安全。

第一次战斗虽然曹操受到了挫折，但他并没有灰心。典韦的表现让整个队伍沸腾起来，谁都渴望再来一次血性的表演。偏偏这时候濮阳城内一个姓田的大财主准备做内应，于是曹操决定对濮阳发起总攻。

又是一个黑夜，姓田的打开东门，让曹军鱼贯而入。进城之后，曹操下令放火焚烧东门，向部下宣示有进无退。但这回曹操弄巧成拙，吕布看到火光，又冲杀出来。吕布吃一堑长一智，利用骑兵的强大战力对曹操的步军——青州兵发起冲击。结果在铁骑的践踏之下，青州兵溃不成军，彻底打乱了曹操的阵势。溃败的队伍不顾东门的熊熊烈火，纷纷夺门而出。结果，烧焦的、自相践踏的、被吕布骑兵砍倒的人，不计其数。

这是一次真正的败战，由于大军被冲散了，曹操成了孤家寡人，再也无法控制住队伍。在一片混乱之中，典韦早已不知去向，周围杀声四起。谈什么死地则战，没有成为吕布的俘虏就很幸运了，于是曹操不顾一切，冲向自己放火的东门。这回真的是玩火自焚，受惊吓的战马把曹操掀翻在地上之后就冲出城去了。结果曹操的左手掌被烧伤，痛得哇哇大叫。

更危险的还在后头，吕布的骑兵马上追了过来。眼看曹操真的要落入敌手，戏剧性的一幕上演了，吕布的骑兵没有一个认识曹操的，反而逼问曹操：曹操那小子去哪里了？这句话一出来，曹操马上就意识到了该怎么回答。曹操指着前头一个骑黄马的说道：那就是曹操。当然接下去毫无悬念，吕布的骑兵急着要活捉曹操，都朝那个骑黄马的追去。

总算有惊无险，司马楼异赶紧把曹操扶上战马，冲出烧得正旺的大火，曹操最终捡回了一条命。

自起兵以来，还没有遭受到这么大的惨败。曹操实在咽不下这口气，于是一回到军营，马上下令速速准备好各种攻城器具，杀回濮阳城。

又是冲动的惩罚，战斗形成僵局，跟吕布相持一百多天。双方都很倔强，谁也不肯让步，结果闹了蝗灾，把稻谷吃得干干净净。米价暴涨，一斛高达五十余万钱。老百姓们饥馑不堪，只好过起蒸人肉吃的残酷日子。

将士们也饿得前胸紧贴后背。大家都没得吃，这回扯平了，于是各自退兵。

至此，曹操在兴平元年（194）的反扑行动宣告结束。忙了三个月，没有取得任何战果。

第六章

# 迁都许昌

荀彧的大战略

伤心东归路

袁绍的失算

乱弹『挟天子以令诸侯』

董昭的厚礼

## 1.荀彧的大战略

本以为吕布犯了战略上的错误，很快就会跪在自己面前求情。没有想到吕布的勇猛抵消了智力上的缺陷，让曹操彻底丧失了谋略上优势。从濮阳撤军回来，看到队伍疲惫不堪，个个瘦得只剩下一张皮，曹操大为泄气，几乎不想再干了。

更让曹操惊慌的是，回到东阿，已经是兴平元年（194）的深秋十月了。打开粮仓一看，除了几粒臭烘烘的老鼠屎之外，什么也没有了。

正当曹操紧皱眉头，长声哀叹之际，河北财大气粗的袁绍伸出了友爱之手。

来吧，孟德，把家迁到邺城，我这里应有尽有，谷物堆积如山；来河北吧，帮我消耗那些白花花的大米，不要让它们都烂了。

面对袁绍的频频诱惑，肚子饿得咕噜叫的曹操招架不住了，准备向袁绍投降。

眼看曹操就要沉沦下去，这时候四大谋臣之一——东平相程昱站出来拯救曹操。他不客气地说道，将军是不是害怕了？不然，怎么会做出这么一个弱智的决定？那个袁绍是什么人你不知道吗？他野心昭昭，想得到整个天下，只因头脑简单，才没有变成现实。难道你甘心堕落下去，整天跟在那个笨蛋的屁股后面，为他做牛做马吗？将军有龙虎之威，怎么可以变成第二个韩信或者彭越？虽然现在失去了大部分地盘，可是还有三座城池啊！能够为将军打拼的勇士不下一万人，更有荀彧和老程随时供你召唤。只要将军振作起来，我们的前景还是灿烂无比的。

程昱的纠偏产生效应，曹操断了投靠袁绍这个念头。

兴平二年（195）五月，曹操打起精神，重新西讨吕布。这回总算报了去年濮阳大败之辱，在巨野击溃吕布的军队，并砍下统将薛兰的头颅。当他在巨野西南的乘氏休息，一个令他无法忍受的消息传来，陶谦死了。本来准备消灭吕布之后，再东征徐州，亲手摘下陶谦的脑袋，祭奠亡父的在天之灵。没想到陶谦竟这么急切，先去阎王那里报到了。从此之后，将在心里留下永远的遗憾。

但是让曹操最不能容忍的不是这个，而是那个自称为皇叔的大耳朵竟然不劳而获，霸占了徐州。这个刘备，表面上温柔，内心深不可测，现在虽然还是条蚯蚓，但是早晚会进化成一条巨龙的。

于是，曹操又产生了第二个危险的念头：先清除刘备，再回头跟吕布决斗。当然在曹操看来，他的决定并不愚蠢，因为自己就是一个无比聪明的谋略家。但是还有一个人超过曹操，他就是天下第一谋士荀彧。

荀彧的目光看得很遥远，分析得很精辟。

首先从历史经验来看。汉高祖刘邦、光武帝刘秀之所以能够成就帝业，在于他们有一个坚固的根据地，而不是在打游击战。刘邦有关中，刘秀有河内，有了立足之地进可攻、退可守，伸缩自如。

高明，实在高明。古往今来，凡能成大业的，无不先做到不败，然后再求胜。孙武不是有句话吗，先为不可胜，以待敌之可胜；不可胜在己，可胜在敌。

从这个角度来说，兖州，就是曹操的关中、河内，尽管只有三座城池，但都是战略要地。目前要做的是必须收复全部的兖州地盘，打造一个坚不可摧的发展基地。

过去讲完了，荀彧再把曹操的目光引到现在的形势。收复兖州，并不是问题。巨野之战，李封、薛兰大败，吕布已经吓破了胆。如果能分出一队人马东击亢父一带的陈宫，让他乖乖待在军营内。这样我们就可以放心地收割熟麦、积蓄粮草，然后再一鼓作气，吕布必破。消灭吕布之后，再与江东的孙策联手，夹击袁术，我们的势力范围就可以伸展到淮、泗一带。这个目标达到了，三分之一的天下就收入了囊中。

当然，如果舍近求远，后果是可怕的。去打刘备，怎么打？兖州怎么办？留守兖州的人马多了，进攻徐州的力量就不够了。可是留守兖州的人马少了，又容易被吕布袭击。恐怕那时候连砍柴的人都找不到。

刘备也不是傻瓜，不会一下子就竖起白旗。那一带的稻麦收割早已结束，我们去了，刘备就会躲起来，坚壁清野，让我们野无所掠。不出十天，我们粮草就吃光了。况且去年在徐州杀了那么多人，这个仇恨他们一定不会忘记。到时候跟我们来个鱼死网破，就算是攻下徐州，人都死光了，那还打什么？

经过荀彧这么一分析，曹操恍然大悟。真正有种“听君一席话，胜读十年书”

的感慨。曹操的优点，虽然聪明，但是并不盲目自信，更乐于听听聪明人的意见。这样子的回报率无疑是巨大的。

尽管吕布有陈宫这样的谋士，但还是不敌荀彧。结果吕布中了曹操的埋伏，连鼓车也被缴获。吕布逃回营去，曹操又趁夜袭击，攻克定陶，至此将吕布驱赶出兖州。

走投无路的吕布只好一溜烟儿跑到徐州去找刘备。

兖州安定了，接下去的行动应该对吕布和刘备赶尽杀绝，从而兵临淮河、泗水，称霸东方，与北方的袁绍分庭抗礼。但是事态的发展大出曹操的预料。曹操发现了一个无比绝伦的宝物，一旦拥有这个宝物，称霸天下绝非空谈，统一全国也是指日可待。这个宝物董卓曾经拥有过，就是汉献帝。

## 2.伤心东归路

如果是在太平盛世，汉献帝绝对是一个能够承前启后的好皇帝。他仁慈、聪明。他很想重振大汉帝国的雄风，让百姓生活得快乐些，也让自己活得有尊严。

他是一个奇特的皇帝，一生充满了屈辱，但他并未自暴自弃。他总是在不断地努力，能做到的都做了，不能做到的也做了。如果要写汉献帝的传记，只能是一种忧伤的笔调，无法幽默，更无法嬉戏。

中平六年(189)九月，风雷激荡，东汉帝国到处燃起战火。当皇帝已经不再令人羡慕，除了每天可以自由自在吃上大鱼大肉之外，所有的动作都必须严格按照某些人的意志来做。

就在这时候，西部来的强人董卓把年仅九岁的刘协拱上皇位，成为东汉末代皇帝——汉献帝。如果大家只把他当成一个九岁的小男孩，那就大错特错了。就在几天前，身为陈留王的刘协竟然用脆亮的童音对人人畏惧如虎的董卓怒声呵斥。

只可惜有威仪、聪敏好学的皇帝在这个剽悍的关西大汉眼中连只小狗也不如。从当上皇帝的第一天开始，汉献帝就如同动物园里的稀有动物，除了观赏的价值之外，一无所有。

从洛阳到长安，沿途所见，他脚下的大地竟是如此荒废，他的臣民竟是那样的困苦。到处是杂生的荒草，到处是累累的尸骸，这就是伟大的光武帝留给他的帝国。

于是汉献帝立志要当一个好皇帝。对他来说，当一个好皇帝意味着将会失去宝贵的生命。

那就把我的生命拿去吧。

初平四年(193)九月，当上皇帝四周年，控制他的人由董卓变成了李傕。由于朝政被李傕把持，汉献帝只能当一个教育部部长。他组织了一次考试，有几个白发苍苍的老人是大字认识不到一箩筐的文盲。年仅十三岁的汉献帝对这些满头白发的老生非常同情，他学着孔子那样哀叹说“学之不讲”，于是那些落第的老人全部当上了太子舍人。这件事情很快就成了长安城内的热门话题，人们还编了歌来赞颂汉献帝：“头白皓然，食不充粮。裹衣褰裳，当还故乡。圣主悯念，悉用补郎。舍是布衣，被服玄黄。”

用圣主这个名号来奖赏一个十三岁的皇帝，这在历史上是罕见的。

第二年，由于旱灾、蝗灾，粮食严重减产，长安城成了一座饥饿之城。汉献帝下令侍御史侯汶打开太仓，救济饥民。但是不久后发现，人吃人的现象依然不减。汉献帝猜疑是侯汶贪污了米、豆，于是在大殿上亲自做了熬粥的试验。试验的结果让皇帝震怒，果然是侯汶在捣鬼。在责罚了侯汶之后，汉献帝继续施粥救济，这才救活了全城的饥民。其宅心仁厚与聪明可见一斑。

大家有饭吃，每一天都平平安安的。恐怕这是汉献帝的唯一期盼了。看到李傕、郭汜在朝堂之上大呼小叫的跋扈样子，汉献帝开始想念起董卓了。虽然董卓也很可恶，但是住在二百里外的郿坞，很少干涉自己的私人生活。

现在的汉献帝只希望能够度过清静的一天，让他安安心心读点圣贤的书籍。但是他绝望了，李傕、郭汜为了争夺大权，闹得天翻地覆，长安城内鸡犬不宁、民不聊生。

汉献帝就像电视剧里痴情的女孩，最终发现感情被一个臭男人欺骗了一样，痛苦地高声叫道，为什么，为什么会这样？

尽管皇帝为了调和李傕、郭汜之间的矛盾累到吐血，两人之间的公开决裂还

李傕
郭汜
汉献帝

是在一个女人的催化之下产生了。

在兴平二年(195)二月之前，虽说李傕恨不得把郭汜一手掐死，而郭汜也巴不得把李傕一脚踢爆。但是在朝堂上大家都表现得很有绅士风度，谁也不愿意丢人现眼。李傕更是时不时邀请郭汜过去聊聊天、喝喝酒。毕竟都在董卓的旗帜下战斗过，如果说没有一点儿感情那是骗人的。

当然，郭汜那是有请必去，这并不是说他对李傕的真情动了心。让郭汜动心的是李傕家里的那位萝莉女仆，而李傕对此也睁一只眼闭一只眼。如果这样一直下去，也许矛盾就会逐渐化解。日子久了，即使偶尔一两次恶语相向，也不会发展到拔剑相杀的地步。

眼看着李傕、郭汜二人手拉手走下殿堂，汉献帝也开始感到欣慰。朕这个皇帝虽说没有指望，但是只要国家安定，不再刀光剑影，还给朕一个宁静的空间，朕就会天天去烧香拜佛，保佑李傕、郭汜二人健康长寿。

汉献帝的美好愿望还是落空了。李、郭二人公开闹翻了脸，起兵对杀，其导火线却很荒唐，原因是郭汜老婆的挑拨离间。老婆看到老公为了那个低贱的女仆，天天往李傕家里跑，打翻油瓶全是醋，长此以往，恐怕自己将永远被抛到爱情的角落。恰逢李傕赠给郭汜一盒礼品，郭汜老婆拿出解毒药豉酒，这个李傕怕是黄鼠狼给鸡拜年——没安好心。这么一说，郭汜心里真的起疑了。几天后，郭汜又去李傕家鬼混，结果喝酒之后，浑身不适。郭汜赶紧跑回来，马上弄点绿花花的粪汁解毒。

郭汜大怒，立即发兵攻打李傕。数万人马把长安城搅得天昏地暗，没几天就白骨累累。李傕见无法取胜，就劫持了汉献帝做挡箭牌。郭汜不甘落后，也劫持了六十位朝中大臣，两人肆无忌惮地混战，经过了五十多天的残酷厮杀，长安城成了一座鬼城。

到了六月，镇东将军张济率兵赶来和解，于是李、郭二人罢兵。看到长安城残破不堪，就将都城迁回故都洛阳。

这时候汉献帝也思念洛阳城，于是开始了漫长的东归之旅。

一走出长安，汉献帝彻底沦为孤家寡人。李傕、郭汜二人像大张血口的饿狼，随时准备把皇帝一口吞下。就这样战战兢兢地走了半年，终于在十二月到达弘农。

没想到张济跟李傕、郭汜同为一丘之貉，三人反悔，竟然联合起来追赶汉献帝。在弘农东涧与誓死保卫皇帝的董承、杨奉展开惨烈的血战，结果文武百官死不胜数，皇帝的物品，包括典籍、书策丧失殆尽。

东归的道路被堵截了，汉献帝被迫渡过黄河，逃到北方。在渡河的时候，恐慌的士兵一窝蜂拥入汉献帝的坐船。

眼看船就要沉没了，董承挥舞着手中的武器，把士兵们赶下水。这是一场惨不忍睹的屠杀，史书记载，士兵们被斩断的手指大把大把地被捧起来，扔到黄河中。

汉献帝永远忘不了这一幕，当他拉着伏皇后，跟着几十位官员登上渡船时，从背后的河岸传来了一阵阵揪心的惨叫声。成千成万的宫女、官吏要么被乱兵砍死，要么被乱兵掠走。衣服被扯破，头发被拉断，寒冬之中，冻死的、饿死的不可胜数。

惊魂不定的汉献帝渡河之后，一路向北狂奔，杨奉、董承借助了黄巾旧部和匈奴人的力量，这才逃到闻喜，进入袁绍的势力范围。

老天爷给袁绍送来一份大礼，要不要收下就看袁大爷了。

## 3.袁绍的失算

如果提起"挟天子以令诸侯"，人们的条件反射马上就是曹操。但是第一个说出这句话却是沮授。

沮授，袁绍的谋士，如果评选东汉末年十大谋士，他也可以入围。

沮授为他的主子出谋划策：袁氏一门世代重臣，满门忠烈，如今却眼睁睁地看着皇帝被一大群野狼追赶得无路可逃，朝廷名存实亡。各路诸侯嘴巴上叫得漫天响，什么仁义道德，什么替天行道，实际上心比炭还要黑，整天忙着算计别人，把国家和人民完全抛在脑后。冀州也算是一片净土，不但境内安绪，而且兵强马壮。如果能够把皇帝接到邺城来，定都于此，挟天子以令诸侯，那么天下都会唯将军马首是瞻，哪个吃了豹子胆敢不听将军的话？

此话一出，立即把袁绍推上了历史大舞台，一个超级霸主即将横空出世。

但是袁绍的另一个谋士郭图却把准备登上历史大舞台的袁绍又拉了下来。虽然郭图心里很羡慕沮授的眼光，但是绝对不容许沮授的功劳超过自己。郭图总是跟沮授唱对台戏，凡是沮授赞成的，他就反对；凡是沮授反对的，他就赞成。

于是郭图对沮授的"挟天子以令诸侯"嗤之以鼻：大汉帝国早已被老天爷抛弃了，现在要重振雄风，恐怕比登天还难。各地的强权势力风起云涌，皇帝成了大家的抢手货。但在我看来，皇帝却是烫手山芋。家里供养着一个皇帝，碍手碍脚的，动不动就要启奏、遵旨，反而让将军失去了英雄的风范。而且稍有不慎，马上又落下个蔑视皇权、抗旨不遵的恶名，实在是自寻烦恼。

袁绍一听，不由得紧皱眉头，要是听了沮授那小子的话，那我岂不成了缩头缩脑的鼠辈人物？

近水楼台先得月，以袁绍如今的实力，只要抢在别人之前把汉献帝劫持到邺城，那么离君临天下的日子也就不遥远了。这是在适合的时间、适合的地点，做了一件适合的事。有句话说，男人由性格决定命运，女人由外貌决定一生。好大喜功的袁绍最终白白浪费了问鼎天下的机会。

对此沮授深深感到惋惜，如果不早早做出决定，很快就会被别人夺取先机。

而对汉献帝来说，他在河北闻喜一待就是大半年。一则天下未定，回到洛阳还不是目前最急迫的事；二则汉献帝在静观天下，寻找一个可靠的忠臣。

他屈着手指头数着这时候的风云人物，从辽东的公孙度，到河北的袁绍、淮泗的袁术，从西北的马腾到江南的孙策，甚至徐州的那个刘皇叔。

每点到一个名字，汉献帝就摇一次头。公孙度太遥远，袁绍和袁术都有不臣之心，马腾会不会是复制董卓的叛逆，至于那个刘备虽然口碑甚好，只是目前实力不济，怕是远水解不了近渴。

最后他的目光停留在"曹操"这两个字上。先帝的宠臣，祖辈效命于皇室。更难能可贵的是，在东来的路上，曹操还特意献上山阳出产的甜梨两大箱、丝缕十斤，等等。虽说这一些都不足为奇，但那是李傕、郭汜正准备把自己嚼成碎片的危难之际，曹操能如此体贴，也算是尽忠尽孝了。

郭图
沮授

所以，汉献帝对这个大太监的后代还是蛮有好感的。在建安元年(196)二月，按曹操的要求，赐封其为建德将军，四个月后又升任镇东将军，封费亭侯。

曹操也不失时机地上了四封语气异常谦卑的谢表《让费亭侯表》《谢袭费亭侯表》《让增封武平侯表》《让增封表》。汉献帝把四封谢表读了一遍又一遍，最终发现每个谢表都写着两个大字“忠孝”。

特别是看到了曹操的一句话，“日以臣为忠孝之苗，不复量臣才之丰否”，十六岁的皇帝不由得热泪盈眶，当今天下，有几个是朕的忠孝之臣？

汉献帝也曾经亲笔书信一封给吕布，请这个世界上最勇猛的人来护驾，还特意赐他为平东将军，封平陶侯。这时候吕布已被驱赶出兖州，寄身于徐州刘备门下，就以缺粮少食为由，婉言谢绝。曹操得知汉献帝招吕布的事，为了早日把皇帝迎回洛阳，特意低下高傲的头，给吕布写了一封非常诚恳的信，劝他去迎接汉献帝，平定天下大乱。并发书四方，缉拿公孙瓒、袁术、韩暹、杨奉等叛臣。

吕布大喜，书信一封给汉献帝，大赞曹操的忠心：“臣本当迎大驾，知曹操忠孝，奉迎都许。臣前与操交兵，今操保护陛下，臣为外将，欲以兵自随，恐有嫌疑，是以待罪徐州，进退未敢自宁。”又一封给曹操，感激他的一番好意：“布，获罪之人，分为诛首，手命慰劳，厚见褒奖。重见购捕袁术等诏书，布当以命为效。”

为了能够让皇帝早日归都洛阳，曹操甚至不计前嫌，与吕布频繁书信，往来热络。汉献帝看在眼里，记在心里。于是快马加鞭，不到两个月，从闻喜直奔洛阳。

当他进入阔别已久的洛阳城时，距逃出长安整整一年了。

回到洛阳的日子无疑是艰辛的。曾经金碧辉煌的皇宫现已见不到一座完整的宅院。放眼过去，满目疮痍，杂草丛生。文武百官只得在残垣断壁之间露宿，由于没有一路诸侯肯送来粮食，为了填饱肚子，大家把所有的精力都用来寻找食物。尚书郎以下的官员都亲自拿起锄头，到处去挖掘野菜、瓜薯。

汉献帝有时候也亲自去采集野生稻，虽然日子过得很清苦，但是比起在长安天天担惊受怕要强多了。物质是匮乏的，精神却很充实。

不久之后，好日子来临了。曹操把汉献帝接到许昌去了。

## 4.乱弹“挟天子以令诸侯”

自甲骨文发明以来,《三国演义》和金庸的武侠小说，可谓是极其畅销的文学作品。而《三国演义》和金庸的小说给中国人一个如痴如梦的虚幻世界。

尽管《三国演义》挂着《三国志》的名号,但是跟金庸的小说一样,只能归类于幻想小说。一个把曹操幻想成了历史上最冤枉的人,塑造了神仙般的诸葛亮形象。而金庸的武侠小说却让无数人津津乐道,沉溺其中。让中学生最喜欢说的就是“欲练神功,必先自宫”,老人们最喜欢谈的确是“孔明火烧赤壁”。虽然二者的读者群不同,但是对人心的潜移默化却都有异曲同工之妙。

唯一不同的是,对金庸武功的认识只是停留在娱乐层面上,什么纵云梯,什么九阴白骨爪,那一些都是娱人的玩意儿。但是对三国的认识,却取代了正史《三国志》,深入人们内心底层。一谈到诸葛亮,一定是智慧的化身。一说起曹操,他不是奸贼,我不罢休。

如果说曹操是忠臣、刘备是奸雄,一定会有人拔出小刀见生死。

但是历史不是任人打扮的小妞儿。

我坚信,从小到老,曹操的最大理想是当周公。周公是谁?周公是西周初期最最忠诚的纯臣。曹操之所以把汉献帝接到许昌去,归根到底就是出于对天下战乱的忧虑之心。

当曹操提出这一设想时,底下是反对声一大片。当今的世界很不安宁,吕布跟刘备时不时制造麻烦,韩暹、杨奉更是居功自傲,自以为老子天下第一。现在接来皇帝,怕是招人现眼。

这时候,天下第一谋士荀彧又挺身而出。春秋时期晋文公打着恭迎周襄王的旗号,打遍天下,终成一霸。汉高祖刘邦为楚义帝之死举行悼念大会,结果人心思归。从董卓乱世的那一天起,将军就率先揭竿而起,由于陶谦与吕布的干扰,将军的西征化为泡影。现在皇帝已经回来了,暂寄在那个不是人待的洛阳城里。这时候接来皇帝,有三大好处:第一是大顺,国家衰落了这么久,人心思涨,迎来皇帝,正是紧跟时代步伐;第二个是大略,尊奉皇帝的谕旨,征讨那些狂妄之徒;第三就是大德,秉持天下为公的理念,各种人才必然蜂拥而至,纷纷投靠曹字大旗之下。有此三大,必能横扫四方。韩暹、杨奉小菜一碟,还不够我们吃一口。如果现在不抓紧时机,以后就要猛吞后悔药了。

英雄所见略同,曹操马上紧握荀彧的双手,谢谢先生的教诲。

经过统一认识之后,一个庞大的战略计划在曹操阵营中产生了。按另一个重要的人物毛玠所说,就是"奉天子以令不臣"。

古为今用,照搬历史上无数英雄的成功经验,如晋文公、刘邦等人,实践证明,这一策略的实施屡试不爽。这本来是曹操扫荡群小、平定天下的雄才大略。

但是史书是人写的,你高兴怎么写就怎么写,只要写得好看,有粉丝。于是从罗贯中开始,"奉天子以令不臣"演变成"挟天子以令诸侯",成了曹操阴谋篡汉的最大罪证。

实际上,曹操集团的任何人士从未说过"挟天子以令诸侯"这句话,因为他们不想,也不敢说出半个"挟"字。只有曹操的死对头,袁绍、孙权、刘备,等等,才用这个贬义字对曹操肆意地进行人身攻击,抬高自家的身份。

悠悠中华五千年,你方唱罢我登台,无数的英雄豪杰纵横驰骋,上演了一幕幕胜者为王、败者为寇的荒唐戏。曹操也好,刘备也好,孙权也好,无不打着兴复汉室的旗号,进行着掠夺财富、扩张地盘的勾当。

不同的是,刘备和孙权炒作的只是一个概念,而曹操却是不断地走向实质。当然,炒作概念的风险很大,这就是刘备、孙权不敌曹操的最根本原因。

杂七杂八地扯了这么多,真有点儿替曹操打抱不平。一个献身于一统大业,一个胸怀天下的大豪杰,受到了后人的曲解,实在是委屈了曹阿瞒。一千多年来,曹操一直孤独地活在人们的心中。只有滚滚的江水,在向世人不断地倾述着历史的每一个细节。

## 5.董昭的厚礼

当然,曹操绝对想不到身后会有这么复杂的冤假错案。此刻的他也没有心思去考虑恭迎汉献帝的是是非非了。

为了让苦命的皇帝能够过上安定幸福的生活，曹操派了旗下悍将——扬武中郎将曹洪，率领一支队伍前往洛阳。

一开始，汉献帝的老丈人董承很不愿看到曹操夺走女婿，理由很简单，一旦到了许昌，这个皇帝的老丈人再也威风不起来。于是与曹洪展开了抢夺皇帝的拉锯战。

当然除了董承之外，最大的阻力来自杨奉与韩暹。这个不难理解，杨奉与韩暹为了保护汉献帝顺利东走，几乎流干了血。

用鲜血和生命捍卫的成果必定是最宝贵的。因此，杨奉与韩暹一直把汉献帝当成自己的私产，绝对不容许别人前去染指，哪怕有非分的念头也不行。

在董承、杨奉、韩暹三人的联合阻击下，曹洪寸步难行，又不能滥开杀戒，否则还没有见到汉献帝，就把他吓跑了。如果这样一直下去，曹操恐怕不得不动用武力，把汉献帝从董承、杨奉、韩暹手里强抢出来。洛阳城内难免一场血腥风雨。一旦如此，那么曹操高喊的“奉天子以令不臣”口号，将变成“杀群臣以抢天子”，曹操也将彻底沦为千夫指。

但是我们不得不佩服曹操的磁吸力，能够像黑洞一样把周围的物质吸进去。当时的人才市场就跟现在一样，微软混得不好就跳到诺基亚去，诺基亚混得不好又跳到谷歌去。到了谷歌看到苹果的股价不断往上蹿，于是又投入了乔布斯的怀抱。这时候，有一位叫董昭的大谋士，他原本是袁绍旗下的参谋人员，由于受到排挤（估计是郭图这小子捣的鬼），投靠张杨。后来随着张杨迎接汉献帝，汉献帝看到此人忠心耿耿，给他一个议郎的职务。

当然在这个自身难保的皇帝手下，就是当个将军、太尉也怕是性命堪忧。以董昭的目光与智慧，很快就发现，曹操便是乔布斯，市场前景无比宽广，那才是他的归宿。所以他存心要献一份大大的见面礼给曹操，这个礼就压在汉献帝身上。

在董昭看来，虽然董承、杨奉、韩暹三人手牵手，抵抗曹军，但是并没有心连心，只要找准一个突破口就可以把他们拆散，而这个突破口就是杨奉。杨奉力量最强大但是朋友最少，只要策反了杨奉，董承和韩暹就会乖乖举起双手。

于是董昭伪造一份赝品，假冒曹操的笔迹和口吻给杨奉写了书信：曹某早闻杨将军的大名，有心要与将军结交。杨将军甘冒千辛万苦，保护皇帝安然归都洛阳。辅佐之功，千秋万载，永入史册。可惜现在凶徒四起，海内动荡，让尊贵的皇上惶恐不安。必须联合杨将军这样的帅才，共同保护祖宗社稷，单凭曹某一人绝无此等能力。依曹某愚见，杨将军主内，曹某外援。曹某有一点儿粮草，而将军兵强马壮，正可以互通有无，同生共死，共渡难关。

杨奉根本就没有鉴别能力，一拿到这份赝品，竟比中了五百万的体育彩票还要兴奋。曹操远在天边，近在眼前，粮草堆积如山，真是大汉帝国的坚实后盾啊！于是跟伪造者董昭一起报告汉献帝：曹操如此可靠，当为镇东将军，袭父爵费亭侯。

董承跟杨奉、韩暹各怀心思，但是胳膊拧不过大腿，就给曹操一封密信，说愿做内应打开城门，献出洛阳城。

曹操乐翻了，二话没说，率领大军在建安元年（196）八月十八日，浩浩荡荡进入洛阳城。一进城，洛阳收归囊中，曹操不待皇帝的许可，就给自己安上司隶校尉、录尚书事的头衔。

曹操做的第一件事就是招来董昭，两个屁股坐在一起。

曹操对董昭的行为充满了无限的感激，孤家到了这里，接下去应该怎么办？

当然，董昭的回答毫无悬念。曹将军高举义旗，讨伐叛逆，朝拜天子，辅佐汉室，就是春秋五霸也不过如此。只是洛阳的那班人马，成分复杂。如果让将军留在洛阳，辅佐陛下，多有不便。唯今之计，恐怕只有迁都许昌了。

曹操大喜，本来孤的心里就这样打算。只是听说杨奉兵精马壮，怕成了迁都的绊脚石。

董昭把胸脯拍得啪啪响，杨奉这小子早已在我的掌控之中。镇东将军、爵费亭侯，就是他想出来的主意。这个人四肢发达，头脑简单，只要好言抚慰、重金相赠，说京城缺粮，准备让皇帝暂住鲁阳。鲁阳靠近许昌，交通便利，可以暂解饥饿之苦。这么一说，杨奉必然上当，说不准这块绊脚石还会成为铺路石。

事态发展果然如董昭所料，在杨奉迷迷糊糊之中，汉献帝早已到了许昌。九月初七，满怀借助曹操重振汉室的期望，汉献帝紧跟董昭迈进了曹操的军营。一进大营，汉献帝如曹操所愿，命曹操为大将军，封武平侯。

这一天，是汉献帝苦难人生的新起点。经历了百般磨难，这位十六岁的少年已渐渐成熟。他在许昌的城内建立了宗庙、社稷，对着列祖列宗起誓，在曹大将军的忠心辅佐之下，大汉帝国一定能够在高祖的第十六代孙手里浴火重生。

史书对曹操迁都许昌稳定了汉朝的统治秩序做了如此评价："自汉献帝西迁，朝廷日乱，至是宗庙社稷制度始立。"

初来乍到许昌的那段日子，无疑是汉献帝一生中最幸福的时光。曹操怀着巨大的崇敬心情，不断进献各种各样的皇家必备用品，汉献帝第一次找到了当皇帝的尊荣。

在曹操的文书档案中，详细记录了他进献的各种物品名称及数量，绝大部分是曹家的祖传御赐宝物。

其中有汉顺帝赏赐大太监曹腾的生活用品：

四石铜铛四枚、五石铜铛一枚——大容量的平底带耳环盆形锅，这个在寒冷的冬天用来温酒。当然如果拿来水煮活鱼也不错。

御物有纯银粉铫一枚——开水壶。药杵臼一具。

文化用品：

纯银参带台砚一枚。纯银镂带漆画书案一枚。上车漆画重几大小各一枚。

化妆用品——人靠衣装，美靠靓装。要当一个威仪的皇帝，面子问题很重要，所以这类东西必不可少。有的还是后宫的梳洗品：

纯银澡豆奁，纯银括镂奁。油漆画严器一，纯金参带画方严器一。银镂漆匣四枚。

卫生用品：

纯金唾壶一枚，贵人有纯银参带唾壶三十枚。漆圆油唾壶四枚——大殿之上不得随意吐痰。

纯银盘，五石铜澡盘。

休息用品：

漆画韦枕二枚——绝对是纯天然皮胎漆器。贵人公主有黑漆韦枕三十枚。

多种功能用品：

纯金香炉一枚，下盘自副；贵人公主有纯银香炉四枚，皇太子有纯银香炉四枚，西园贵人铜香炉三十枚——熏衣、陈设、祭祀，甚至驱赶蚊子。

根据文书记载来看，曹操为皇帝甚至皇室成员提供了从嘴巴到屁股，从头发到脚跟，一整套琳琅满目的用品，涵盖生活、学习的方方面面。

虽然在许昌这样的中等城市，各种皇家御品不如六朝古都洛阳那样配备齐全，但是在那样一个动荡的时代，曹操如此费心费力，总算让汉献帝找到了一种亲切之感，真正把许昌看作自己的家，从未有过的温暖的家。

除此之外，曹操还把自己最喜欢喝的家乡特产——亳州春酒，献了九大罐，让汉献帝品尝。

尽管后人对曹操迁都的居心有种种揣测，但是我们不能否认，是曹操让汉献帝过上了无比幸福的物质生活。与之前的洛阳、长安、东迁途中的生活相比，简直是天上人间。

根据史书的记载，迁都的初期，是汉献帝与曹操相处的黄金时光，君臣无猜，上下和睦。无疑，这样的情况对曹操最有利。人心倒向曹操，就像流水源源不断地向漩涡汇集。

这时候，有一位掌管天文律令的太史令——王立，破天荒地建议汉献帝，把政权移交给曹操，“能安天下者，曹姓也，唯委任曹氏而已”。

在那个时代，一向崇信天命，动不动就把老天爷抬出来，而人们也总是心甘情愿地拜服在天命之下。所以太史令的说话是有一定分量的，汉献帝也开始感到惶恐不安，从这一刻起，与曹操的和谐关系宣告动摇。

曹操马上就意识到问题的严重性，他赶紧派人告诉王立，曹某知道你是忠心的，但是天道有常，绝不能违逆，你还是管住那张臭嘴。

# 第七章 走出坎坷

「奉天子以令不臣」
曹操和他的谋士们
刘备和吕布的恩怨
兵败淯水
「伪仲家皇帝」袁术
三征张绣

## 1."奉天子以令不臣"

迁都一事,让曹操耗尽精力,到汉献帝心满意足地待在许昌的宫殿里时,已经是建安元年(196)的十月了。虽然一年多来,小打小闹不断,但是让一直习惯于打恶战、大战的曹操颇觉得不满足。这一年来,全国各地的形势也发生了重大的变化,河北的袁绍实力与日俱增,东逃的吕布正在跟刘皇叔会合。还有南阳的张绣、淮南的袁术、荆州的刘表,以及更遥远的西北马腾、汉中张鲁、四川刘璋、江南孙策,再想想自己,已经进入不惑之年,一个袁绍就够自己打几年了,这样一来,一个统一的大帝国恐怕到闭上眼睛的那一刻也无法看到。

人生能有几回搏?一万年太久,只争朝夕。

如今,汉献帝已入掌中,等于迈向成功的大路已经走了一大截。接下去最重要的事就是寻找实现雄才大略的突破口。只要突破口找准,那么统一全国就会迎刃而解。

打开东汉末年的争霸形势图,展现在眼前的是一片乱局。这时候割据一方、自命为土皇帝的势力超过十支。具体说来:

辽东公孙度,此人正是东北亚的霸主,但是由于力量被高句丽王朝牵制了大半,所以南进中原的可能性几乎为零。

幽州易地区的公孙瓒。此人一度横行北方地区,但是被袁绍逐渐挤压,不得不卷退到易这个小地区。在袁绍消失之前,公孙瓒与曹操交战的概率几乎为零。

河北的袁绍。此君实力最强,占据肥沃的华北大平原,补给不成问题,兵多将广,野心不断地膨胀。如果不出意外,最后跟曹操争夺天下的必是袁绍。因此,袁绍成了曹操扫灭各路诸侯的突破口。只要闸门一开,洪水就会凶猛地将所有的障碍物激荡一空。

关中的李傕、郭汜。二人曾系董卓部下,继承了董卓的所有特点,贪婪、残暴、多疑。虽然占据关中要地,但是两人相互猜忌,玩的是零和游戏。根本不是曹操的对手。

汉中的张鲁。此人跟黄巾军的张角是同门师兄弟，都信奉道教。割据汉中形胜，但最可怕的还是张鲁有利用五斗米道发动战争的能力。这个只好慢慢解决。

南阳的张绣。《评书三国》胡扯张绣很会使用一杆虎头金枪，号称"北地枪王"，跟四川的张任、常山赵子龙竟然是同门师兄弟。虽然是评书家的胡言乱语，但是占据要冲南阳，挡住了南下攻打荆州刘表的去路，所以要想取荆州，必先破张绣。

荆州的刘表。从基因遗传上来看，刘表比整天自吹是皇室后裔的刘备更正统。正因为正统，一旦攻打，汉献帝必定为他说话。看起来棘手，但是刘表的特色就是"外宽内忌，好谋无决，有才而不能用，闻善而不能纳"。麻木不仁，对任何事物都无动于衷，史学家范晔给他一个精准的定义：一具木偶。既然是木偶，那就留在最后解决。

淮南的袁术。虽然叫袁术，其实不学无术。好高骛远，这种人就是纸糊的灯笼，一戳即破。

江东的孙策。号称小霸王，据说是伟大的军事家孙武的后代。曹操很喜欢孙武的兵法，所以一提起孙策，钦佩之情油然而生。对这个小霸王，最好是把老祖宗孙武的策略"不战而屈人之兵"用上，争取和平解决。

再看看徐州的大耳朵刘备，还有投效刘备的吕布。那个刘备表面仁慈，内心广阔，也算是一代豪杰。他还有两个好兄弟：关羽和张飞。听说关羽的胡须很漂亮，如果剪掉很可惜。据说张飞不但勇猛，而且写得一手好字。如果能遇到，肯定要跟他比试一下书法。那个吕布领教过他的厉害，如果跟刘备合二为一，一加一大于二，那就麻烦了。从二人性格来看，一山不容二虎。刘备与吕布火并的概率非常大。

最后曹操看了看自己的形势，拥有许昌、洛阳二城，占据天下的枢纽。东西南北，无论从哪个方向发动进攻，都能伸缩自如。再加上手中的筹码——汉献帝，可以说是占尽了天时、地利、人和等各种便宜。

根据对时局的精密分析和准确判断，袁绍这一个儿时的好友正演变成曹操的头号敌人。对于袁绍这个志大才疏、好高骛远的玩伴，只能在战略上藐视、战术上重视。尽管他的性格存在傲慢、刚愎自用的缺陷，但是手下战将如云，拥兵百万。如果不讲究点艺术，百万大军横扫过去，扬起的尘土落下来就可以埋没了你。

在曹操面前，袁绍就是一个巨人，虽然头脑笨点，但是四肢特别粗壮。要打败这个巨人，只可智取。

于是，曹操小心翼翼地祭出他的法宝——“奉天子以令不臣”。

建安元年（196）十月的某一天，正当袁绍取笑曹操圈养汉献帝，将成为鸡肋时，突然从许昌来了一封皇帝签署的诏书。傲慢的袁绍打开诏书一看，脸上的笑容凝固了。说是诏书，其实就是一纸羞辱书。把袁绍骂成一个拥兵自重、不念国家、只顾私利、擅自用兵的自私之人。

袁氏系出豪门，家族的荣耀、地位的显赫，为所有的一切创造可能。偏偏皇帝把他骂得狗血喷头，一旦传扬天下，袁绍岂不是一下子从天堂摔落到地狱里去。

袁绍赶紧给皇帝书信一封，对自己的人生历程做深刻的解剖。他首先对自己遭受不公平的指责表示莫大的悲伤，说看过一句话，邹衍受冤的哀叹感动了天地，下起冰霜；杞人之妻的痛哭摧毁了一切，让城墙崩坏。以前每见过这些话，都奉为圭臬。现在看来，根本就是荒唐的话。为什么呢？我为了社稷，几乎是以整个家族破产的惨痛代价去换取忠君报国。如今却把我满心的忠诚变成了叛逆，满怀的信义变成了虚伪。所以我夜夜失眠，哀声痛号，剖肝泣血，却根本不见有什么下冰霜、坏城墙的效应。所以古书上提到的邹衍、杞人之妻怎么会有那回事？

然后洋洋洒洒千余言，都是痛陈自己怎么呕心沥血、保家卫国。

袁绍本以为自己的悲情可以让十六岁的皇帝泪如雨下、回心转意，收回那纸诏书。以自己的功劳，可以说是高居他人，当时第一。

果然过了不久，汉献帝又一道诏书下来，赐自己为太尉，封邺侯。这个太尉虽位极人臣，但并无实权。不过想想曹嵩，花费了一亿钱才当上几个月的太尉，心里也就舒服了。

但又一想，自己一向鄙视的太监后裔，那个叫曹阿瞒的小流氓竟然成了大将军，权势远超自己，心里又不舒服了。

袁绍再笨也不会想不到这一切安排都是曹操的暗箱操作，这时袁绍想起了沮授苦劝自己的那些话。

简直是站在我的头顶上拉屎撒尿。要不是我袁本初，曹操早已死去一百次了。这小子狼心狗肺，今天竟然挟天子以令我。一阵愤怒的咆哮之后，袁绍把任命文书撕得稀巴烂。

袁绍一发飙，曹操心里一阵发麻。说不定一怒之下，袁绍还会杀奔而来。当然，这一次只是曹操的试探性动作而已，目的是检验一下“奉天子以令不臣”这个大法宝的威力。赶紧把大将军让给袁绍，自己退居司空。司空的地位，甚至比三公还低，跟司马、司徒这些人站在同一排。

为了平息袁绍的愤怒，曹操还搞了一个特别隆重的册封仪式。派遣将作大匠（掌管宫室建造）孔融前往冀州，按照礼节，以天子的名义赏赐袁绍弓矢、节钺这些象征性的权杖，曹操的迎逢拍马让袁绍陷入深深的虚荣之中而无法自拔。虽然悔恨不听沮授言吃亏在眼前，但是一向崇尚武力的袁绍也不当成一回事。什么“挟天子以令诸侯”，还不如自己的脸色一横。

## 2.曹操和他的谋士们

对袁绍的试验表明，“奉天子以令不臣”完全是纸老虎。这让曹操认识到了实力的重要性。在自己的实力没有得到大幅度增长之前，还是韬光养晦吧。但是实力的较量，归根到底就是人才的较量。在这点上，曹操的思想很超前。想一想山姆大叔为什么敢于恶狠狠地挥舞着大棒，在全世界耀武扬威，还不是家里有着数不清让人眼红的高精尖人才，转化成各种优势。

于是招聘人才的任务就交给曹军“参谋长联席会议主席”、天下第一谋士荀彧。曹操任命荀彧为侍中，兼尚书令。荀彧不辱使命，很快就给曹操两个惊喜。一个是荀彧的侄儿荀攸，一个是颍川人郭嘉。由于这两位天才的加盟，再加上荀彧、程昱，让曹操阵营首脑机关成为当时最卓越、最出色的智囊团，其运作之高效，令任何人望洋兴叹。在割据势力犬牙交错的时代，各种力量的较量就是脑细胞的较量。

如果要对曹操的四大谋士排座次，我个人认为荀彧应坐第一把交椅，不过以后让位于荀攸，郭嘉排第三，程昱排第四。

荀彧，有"曹操的张良"之美誉，深谋远虑，擅长从细微之处见成败。

荀攸，号称曹操的谋主，足智多谋，在变化多端的战场上算无遗策，妙计百出，堪称战术大师。荀攸本来在中平六年(189)应大将军何进的招呼，任黄门侍郎。后因谋杀董卓，银铛入狱。董卓死后，对自己悲观的荀攸宁愿跑回家去种田。但是不久又被任命为蜀郡太守，只是由于蜀道难，难于上青天，所以在荆州待了几年。

虽然荀攸是荀彧的侄儿，但是曹操唯恐请不来荀攸，亲自书信一封：现在天下大乱，正是聪明人的出头日子。你不是为了蜀郡的事，观察了好几年吗？

荀攸一接到曹操的书信，立刻登门投靠。初次会谈时大出曹操意外，简直比叔叔荀彧还要优秀。此人非同寻常，有了这样的奇才，还怕夺不了天下？马上拜为军师。

郭嘉，绰号"小太公"。他的早年经历类似诸葛亮，史称"少有远量"，但是不愿意出头露面，总是跟一些志同道合的人到处游山玩水，过着隐士的生活。所以他的价值也显现不出来。

后来他不甘寂寞，看到袁绍的势力如此之盛，天下早晚是他的了，于是郭嘉主动上门。袁绍跟他谈了几回，也是赞不绝口，以最高格的礼仪来招待他。但是袁绍的热情留不住郭嘉的心，郭嘉很快就看出了袁绍的致命弱点——不懂得用人，处事优柔寡断。与这种人共谋天下，无异于辅导一个白痴去参加智力竞赛，所以郭嘉准备走人。郭嘉走人之前，甚至也想把袁绍的谋士辛评、郭图一并带走。但是两人只贪图眼前的富贵，借口对不起袁绍的大恩，硬是不走。磨破嘴皮的郭嘉也不再说什么了，人各有志吧。

离开袁绍的日子空荡荡的，郭嘉也不急于寻找下一个东家，是金子总要发光的。

很快地，他的大名就从荀彧的嘴巴里出来，进入了曹操的耳朵。

曹操本来有一个谋士是郭嘉的老乡——戏志才，聪明伶俐，一直被曹操捧为至爱。可惜天妒贤才，没几天戏志才就归西了。戏志才之死，让曹操悲伤不已。爱屋及乌，他甚至认定所有的颍川人都跟戏志才一样，所以赶紧叫荀彧再推荐一个颍川人。

曹操向荀彧诉苦，戏志才死后，我很寂寞，就连个说话的伴儿也没有。我命令你再给我找出第二个戏志才。

荀彧马上献出郭嘉，就这样郭嘉成了曹操的座上宾。曹操迫不及待地召见郭嘉，结果一谈话，曹操竟然拍案大吼："不得了，能让我成就一番大业的，一定是这小子！"

郭嘉一出门也是满脸喜色，终于找到主人啦！

当然，郭嘉之所以能跟曹操两情相悦、一见钟情，主要是因为两人行事风格相同，谋划诡异，旁人不可测。这一点，走一步要看三步的诸葛亮远远不如郭嘉。

而排名第四的程昱简直就是曹操的关羽，不但身材高大，留着同样飘逸的胡须，而且性格也一样，暴躁不合群，但是这不影响他的智慧发挥。曹操赞他胆大心细。陈寿说他"筹画所料，是其伦也"。

有了这么四个谋臣，再加上董昭、满宠等人，曹操的参谋大本营可谓人才济济，每次开会的时候人头攒动，挤得整个军营连转个身也难，随便点一个名字，就是一个天才。行军议事时，奇招百出，招招克敌制胜，弄得曹操不知所措。

## 3.刘备和吕布的恩怨

有了这么一大帮人在出谋献策，曹操有恃无恐，该是雄鹰展翅的时候了。他首先把目光投向时刻威胁着许昌的吕布和刘备。只有除掉了这两个人，确保了后方基地的安稳，才能放心地北战袁绍，南讨张绣、袁术。

一切尽在意料之中，吕布很快就与刘备闹翻了。吕布刚刚投靠刘备的时候，就像丧家犬找到了新主人，见了刘备比见了亲兄弟还要热乎。一阵紧紧的拥抱之后，就是诉苦：我跟老弟都是出生在帝国的边陲小镇。虽然投靠了董卓，但是心里早有杀他之意。后来杀了董卓，出逃虎牢关之后，我悲哀地看到，天下如此之大，却没有我的容身之处。大家见了我，都想拿刀子砍死我。

几句贴心话拉近了吕布跟刘备的距离，在吕布的嘴巴里，刘备彻底成了吕布的亲弟弟。吕布硬是把刘备拖到床上去坐，还叫出老婆（当然不是貂蝉），见了刘备倒头跪地，差一点儿就献身了。之后又是大酒大肉，满口弟弟的称呼，简直让刘备如坠入云雾之中。

吕布疯疯癫癫的言谈举止，唤起了满腹城府的刘备的高度警惕。别看吕布这么谦卑，说不定内心早已埋伏了杀机。但是碍于一向宽容仁厚的好名声，刘备也不敢说什么，兄弟就兄弟吧。

再说吕布也不是好惹的，投奔自己已是穷途末路了。要是真的让他绝望，像这样的狼子野心，还有什么事做不出来？那就暂时安置在徐州西部的小沛吧，省的在徐州城内跟自己争长短，这种人一见面就恶心。当然，刘备也是老谋深算，吕布在小沛，可以替自己挡住西部的曹操，让小沛成为一个缓冲区，也成了淮南袁术头上的一把大刀，使他不敢打徐州的坏主意。

吕布一眼就看出刘备的用意，心里一阵恶骂：果然是一只狡猾的老狐狸，老子早晚会宰了你。但是初来乍到，有个栖身的地方就不错了，暂且委屈一下吧。于是乖乖地在小沛扎营下来。

只要耐心等待，时机总是会有的。

这时候，淮南的袁术急于打通跟淮北的联系，而徐州成了必经之地。于是袁术出兵攻打徐州，跟刘备在盱眙、淮阳对峙了一个多月。结果刘备的后方一片空虚，吕布趁人之危，一举夺取了下邳，把刘备的老婆、儿子都俘虏了。

老巢被端，刘备成了一只断了线的风筝，只好在徐州与扬州之间漂泊着，与杨奉、韩暹一番血战，终于将二人斩首。

吕布鸠占鹊巢，反客为主。在刘备的苦苦哀求之下，最后吕布答应讲和。讲和的条件很屈辱，刘备承认吕布对徐州的占领，作为交换，吕布把下邳及刘备的妻儿老小一并归还刘备。此外，还把小沛免费赠送给刘备，以报答先前刘备让自己屈居小沛的恩情。这样一来，吕布跟刘备的角色完全互换，刘备成了冤大头，除了自己驻守的小沛、关羽驻守的下邳，一无所有。

袁术看到吕布在徐州，紧张得夜里都睡不着，一旦这把大刀砍下来，自己非得断头不可。赶紧向吕布求亲，要儿子当他的乘龙快婿。吕布也巴不得女儿早点嫁出去，于是一口应允。

袁术见拉拢了吕布，不由得大喜。现在刘备孤立无援，正是消灭刘备、打通泰山交通要道的大好时机，让淮南与山东连成一片，就可以与袁绍、曹操三足鼎立了。于是派出勇将纪灵，率三万骑兵北上直取小沛的刘备。

一看敌人是自己的六七倍，刘备第一次吓得面如土色。拜把子兄弟关羽和张飞也是瞪红血眼，要杀个你死我活。刘备赶紧向吕布求救。

吕布的部下一想到曾经被刘备撂到小沛这个鬼地方，心里就不爽。将军你不是要除掉刘备吗？现在可以借助袁术之手把这个大耳朵杀了。

这时候吕布第一次表现出人性来。大家不要这么小心眼儿。一旦袁术破了刘备，势力大增，我吕布岂不成了汪洋大海中的一叶孤舟？话一说完，亲自率领一千骑兵，高喊："刘兄弟，大哥来也。"

只带一千人来，摆出的架势似乎不是来打仗的。纪灵猜不透吕布葫芦里面装着什么药，于是就停止攻击。

纪灵一停，刘备也停了，大家都在看吕布的脸色。结果大家都接到吕布的邀请，一起去吃酒。形势马上明朗，吕布要做战争的调停人。于是，刘备在关羽和张飞的陪同下，屁颠屁颠到了沛城西南的军营。

这时候的情形大家都可以想象出来，吕布坐在中间，把露出凶煞目光的纪灵和神情自若的刘备隔离开来。

正当纪灵纳闷地望着吕布时，吕布开口了：刘备是我的结拜兄弟，现在身陷重围，所以我特来相救。

纪灵一听，糟了，原来是来帮刘备的。又看见吕布叫人抬出兵器方天画戟，纪灵暗暗叫苦，怕是上当了。正准备起身就跑，吕布又开口了：我吕布最讨厌看到两个人私斗，最喜欢调解仇家。现在，我把方天画戟栽立在辕门之外，然后在这里射箭。如果能射中方天画戟末端的小叉，那么大家握手言和吧；如果射不中，那就不要怪吕布不帮忙，要砍要杀，我在一边凉快去了。

大耳朵刘备望着几百步之遥的方天画戟，我的妈呀，这个吕布怕是在拿我的性命做赌注吧！

这时候只听见两声，一声是吕布射箭时的“嗖”，另一声是辕门发出的“噔”。然后就是无数喝彩声，吕布竟然射中了。

纪灵吓得脸色发白，妈呀，真是天上的人。退兵吧！

而刘备也是目瞪口呆，人称吕布天下第一，这话果然不是闹着玩的。关羽更是涨得脸红，罗贯中说关羽脸如重枣，这是瞎说。其实关羽的脸蛋是白嫩嫩的还是黑黝黝的，连《三国志》的作者陈寿也不知道。张飞也是很激动，怕是一回去又要大练毛笔字了。

回到小沛之后，刘备痛心疾首，积极扩军，很快地队伍发展到了一万多人。吕布看得讨厌，是不是准备抢回徐州？于是先下手为强，袭击关羽的下邳。结果刘、吕大战于下邳，刘备大败，手下的队伍逃散了。

看到形势那么绝望，小沛也是朝夕不保。刘备恨自己引狼入室，又过上颠沛流离的日子，跟着关羽、张飞，三个难兄难弟无依无靠，只好往西投靠曹操了。

刘备来投，立即引起曹营人士的围观。

“简直就是稀有动物，世界上竟有这么长的耳朵！”

“看那满脸和善，器宇非凡啊！”

“但是手臂并没有传说中的那么长啊。”

“这个就是张飞啊！白面书生。听说主公要跟他比试书法。那一个就是关羽啊！果然胡子好看，程昱怕是要甘拜下风了。”

曹操对刘备的投靠备感自豪，又是酒又是肉，还封了他个豫州牧。但是马上引起了曹营人士的强烈不满，程昱更是对自己的胡须失去了自信，所以对关羽既羡慕又忌恨，他向曹操进谗言，我看刘备心比天高，又深得人心，金鳞岂是池中物，早晚会腾空而去的，不如现在就让刘备变成一只烂泥鳅。

曹操寻求鬼才郭嘉的意见，这也是郭嘉第一次就重大问题发表观点。

当然，郭嘉就是再怪异也绝对料不到几十年以后的事。他首先肯定了程昱的看法，不错，留着刘备终成祸害。但是主公高举替天行道、除暴安良的大旗起兵，巴不得把天下的人才都收归囊中。现在刘备头上戴着英雄的光环，脚下却无路可走，所以来投奔。如果把这样的大贤人杀了，那一些想效劳主公的人才就要冷静下来思考一下，是否还有必要来投靠主公？这样一来，主公靠谁来争夺天下？虽然除去一患，但是堵塞了四海归心，这是非常危险的，不可不谨慎的。

果然是一代鬼才，曹操兴奋起来，你说的很正确。于是，曹操不但没有杀了刘备，反而给他一队人马，再给粮草，让刘备回到小沛，召回旧部，对付吕布。

## 4.兵败淯水

送走刘备，曹操稍稍觉得安心。让刘备去牵制吕布，至少可以让吕布不敢蠢蠢欲动。这样一来，曹操就可以腾出手来做其他的事。公元197年，曹操正式启动了统一全国的程序。

由于袁绍、刘表、袁术都是硬桃核，能不能啃得动，不但荀彧等人没有把握，曹操心中也没有谱。既然大鱼抓不到，那就抓小虾吧。这时候的小虾只有河内的张扬、南阳的张绣、徐州的吕布三个了。河内的张扬打不得，一打就是打草惊蛇，引起袁绍的警惕。徐州的吕布有刘备牵制，在吕布筋疲力尽之前没有必要跟他搞消耗。这么看来，只有南阳的张绣了。攻打南阳，荆州的木偶人刘表是绝不会出兵相助的。

所以攻打张绣，获胜的概率大概不低于百分之九十九点九。正月，开始南征。曹操从许昌南下，到了南阳（又称宛）的东边淯水。曹操还没有来得及在江边布下阵势，张绣就举起白旗投降了。

半天时间就结束了这次南征，简直是跟他叔叔张济一样的混蛋东西，曹操心里痛骂着。

本来马上就可以班师回许昌，但是这时候曹操好色的老毛病发作了。虽然见过的美女多如牛毛，但是第一眼见到张济的遗孀（罗贯中说她姓邹，不知出处），曹操就觉得有一种抵挡不住的风韵。在曹操眼中，美女和奇才缺一不可。征服美女，就跟征服天下一样令人陶醉。

接下去的情节就省略了。

曹操接走婶婶的消息传到张绣耳边，张绣一下子从耳根到脑后火辣辣的一大片。

耻辱啊，张家的耻辱啊！

紧接着又传来让张绣浑身颤动的消息，曹操私下里赏了很多很多的黄金给张绣的悍将胡车儿，想把他挖走。

两条消息拧成一个决心，张绣决定复仇。复仇的时间选择在一个没有月亮的夜晚。曹操坚信，夜晚从来就是自己的。除了虎将典韦带领几百名近卫在帐前巡逻之外，由于再过几天就要回家了，所以大家都躲进帐篷冬眠了。

在张济老婆的身上损耗了太多的精力，所以曹操睡得像一头死猪。

这是一次奇袭，张绣在悄无声息中展开了复仇。典韦和他的近卫队很快就陷入重围，身边的人一个个倒在血泊之中，典韦仍然像一头蛮横的野牛，在乱刀之中左冲右撞，很快地张绣的士卒就倒下一大片。要想伤到典韦的一根毫毛，无疑是张绣碰到的最头疼的事。

结果越来越多的士兵被吸引到典韦身边，如同一个密实的铁桶，紧紧箍住了当今排名第二的猛人。虽然缺乏郭靖的降龙十八掌和张无忌的九阳神功，典韦还是让数百个张绣的士卒粉身碎骨。能死于典韦之手，无疑是荣幸的。当然，典韦的代价是全身上下数十个流淌着鲜血的伤口。最后，手中的大双戟没有了，失去武器的典韦只剩下力气和对曹操的牵念。

敌人发现自己占了便宜，纷纷围上去，准备跟典韦比赛拳头。这时候出现了恐怖的一幕，浑身是血的典韦左右手各提着一个人，挥舞得如同旋转的车轮，击倒了一大片敌人。

张绣惊呆了，天下竟有如此神勇之人。

突然典韦大声吆喝，两眼睁得浑圆，吓得张绣的士卒倒退数十步，但是典韦再也没有追上去。典韦死了，敌人蜂拥而上，刀枪齐下，把典韦剁成碎肉。典韦一死，敌人如同潮水般涌向曹操的营帐。箭雨如下，很快地，曹操的坐骑——跑起来连影子也没有的绝影马成了活动的箭靶，马颊、马腿插满了箭矢。马身上的曹操正忙于逃命，一支流矢飞来，射中右臂。

眼看着曹操就要死于乱箭之下，这时候长子曹昂、侄子曹安民拉着一匹马冲

曹操

了过来。曹操顾不上许多，一跳而上，在众目睽睽之下跑得无影无踪，留下了曹昂、曹安民两具插满箭像刺猬一样的尸体。

曹操率着溃兵逃到舞阴，脚跟还没有站稳，张绣就带着骑兵来追赶了。愤怒的曹操马上组织反击，一下子就把张绣打垮了。张绣见结下了梁子，一溜烟儿跑到穰（今河南省邓州市）去，投奔刘表。

第一次攻打张绣就这样落下了悲伤的帷幕。对于曹操来说，这次大败的教训无疑是惨痛的。曹操不但失去了凶猛的斗士典韦，也失去了爱子曹昂。

战后曹操总结淯水大败的教训是这样的，因为盲目自大，轻信张绣的投降，没有留下人质，结果被张绣耍了一把。请大家作证，这样的低级失误我曹操永远不会再犯。

胜败乃兵家之常事，只有跌倒摔痛，才能体会到站起来的伟大之处。一切都成往事了，曹操眼里噙着打转的泪水，垂头丧气地回到了许昌。

灰心的曹操再也没脸见到汉献帝。他清楚地记得，刚刚率兵南征向汉献帝告别时，宫廷卫士把刀、戟交叉架在曹操的脖子上，走进了朝堂。现在回想起来，这是不祥之兆，但是自己定下的规矩又不能轻易废除。从此之后，曹操再也没有去朝拜汉献帝了。

回到家中，全家男女老少紧绷着脸。由于长子曹昂的死，一场悲哀笼罩在曹家头上。更让曹操堕入悲伤低谷的是，有一个人永远不能原谅曹操了。

她就是丁夫人，曹操的正室、原配夫人。虽然曹昂不是己出，但是她从小就看着曹昂长大。曹昂就是她唯一的依靠，她的生命所在。失去曹昂，对丁夫人来说，就是天崩地陷。

她恨曹操品行无端，夺去了她一生中最珍贵的东西。于是她日夜哭哭啼啼，闹得曹操心神不安。终于有一天，曹操火了，离婚吧！

生活在曹家还有什么价值？丁夫人丝毫没有眷恋，头也不回地走了。

本来只是威胁的话语，只是让丁夫人镇定一下。没有想到真的闹出来了，曹操心有不忍，毕竟是糟糠之妻啊。于是曹操亲自驾着马车，想把丁夫人迎接回来。

离开曹操的丁夫人生活清贫，每天靠织布纺纱过日子。当马车来到了门外，曹操也没脸进屋去见人,他叫下人在外面大叫:"曹相公到啦!"本以为会看到丁夫人迈着轻快的步伐跑出门外,扑入怀里,狠狠地捶打曹操的胸膛,你真坏!你真坏!没想到叫了老半晌,却不见一个人影出来。

曹操只好放下身价,轻声走入门。只见丁夫人坐在织布机前"唧唧复唧唧",完全没有把曹操当作一回事。曹操悄然走到丁夫人身后,温柔地抚摸着她的后背,夫人受委屈了,是曹某的不对。好了,我们回家吧,我亲自为你驾马车。

丁夫人既不转头,也不说话,仍然是"唧唧复唧唧",看你曹操能站多久。

就这样沉默,沉默,再沉默。百无聊赖的曹操只好闷闷不乐地走了,离开前曹操实在舍不下,最后做了努力:"跟我一起回去吧,你说个话儿,行不行?"

仍然是沉默,沉默,再沉默。曹操绝望了,真的诀别了!回去之后,曹操仍是念念不忘,又担心丁夫人年老体衰,孤零零一个人,所以委托他人把夫人嫁了。但是曹操战斗过的地方有谁敢去染指,最后,丁夫人孤独地离开了尘世。

再后来,曹操也是大病不起。看到自己的日子无多了,曹操感伤地说:"我平生所作所为,从来都是问心无愧。可是到了黄泉之下,如果子修(曹昂字子修)问起我来,妈妈在哪里?我该如何回答?"

淯水惨败,给曹操留下了刻骨铭心的伤痕!

## 5."伪仲家皇帝"袁术

淯水惨败,对袁绍来说,绝对是好消息。这时候应该趁机出兵攻打曹操,但是袁绍是个讲究完美的人。本来整个华北地区都是自己的地盘,偏偏在西北的幽州一角,盘踞着一个公孙瓒。而且这个公孙瓒也不是个简单的人物,在与北方乌桓的交战中表现神勇,又跟青州、徐州的黄巾军大战一场,结果公孙瓒取得令人炫目的大捷,正式成为北边一霸。公孙瓒对袁绍也是不屑一顾,曾经出兵征讨袁绍,一时间在冀州刮起一阵旋风,地方各郡纷纷倒戈,闹得袁绍日夜不得安宁,甚至做出屈辱求和的打算。如果公孙瓒不解决,南下攻打曹操时,让公孙瓒背后给一刀,袁绍绝对是吃不了兜着走。

不过公孙瓒的好运很快就结束了。这时候，旱灾、蝗灾，谷物歉收，又加上白色恐怖统治，弄得幽州人心惶惶，公孙瓒的统治地位也是摇摇欲坠。

风水轮流转，现在公孙瓒好欺负了。于是袁绍留给一封羞辱曹操的书信之后，带兵北伐公孙瓒去了。

曹操接到书信，实在无法忍住愤怒，于是叫来荀彧、郭嘉，我想攻打袁绍这个逆贼，却又力量不够，该怎么办？

荀彧、郭嘉很清楚曹操的用意，于是拿楚汉之争的例子来对比曹操、袁绍之间的强弱。当然，主要是歌颂曹操有十大优点，什么道胜、义胜、治胜、文胜、武胜，等等。

这个马屁拍得很露骨，甚至连曹操都不好意思了，只好傻傻地笑着说，你们都这么赞扬，其实孤有何德何能？

说得曹操心花怒放之后，郭嘉才提出建议，趁着袁绍北攻公孙瓒，我们也东征，一举灭了吕布。最怕的是袁绍南攻，吕布趁火打劫。荀彧也附和说，吕布不除，袁绍也难打。

曹操对东征吕布还是有所担心，如果袁绍联合关中、西凉，让羌、胡往东打，南与西蜀的刘璋勾结。如此一来，我们以一打五，那该怎么办？

这时候天下第一谋士荀彧献策，西凉、关中一盘散沙，并不可怕。韩遂、马腾算是最强的，可以命侍中、尚书仆射钟繇镇守长安，他足智多谋，一定有办法按住韩遂、马腾。只要我们东征时，他们安分守己就可以了。

正当曹操为算计吕布忙得头昏脑涨的时候，风云突变，建安二年（197）二月，淮南的袁术竟然宣告脱离大汉帝国闹独立，定都寿春，建号仲家，袁术即仲家皇帝。半路杀出了一个仲家帝国，让曹操攻打吕布的计划搁浅了。

到了五月，仲家皇帝袁术派遣使者韩胤到徐州去，准备跟吕布结成儿女亲家。吕布一时头脑发热，女儿当了太子妃，那我以后岂不是仲家帝国的国丈了？于是让女儿跟着韩胤去寿春。

如果让仲家帝国的势力扩展到徐州、扬州一带，本来就混乱的天下必将永远没完没了。这时候，一个忧国忧民的人——陈珪站出来了。陈珪说，曹操奉迎天子，忠心为国，吕将军应当呼应曹操。如果跟随了仲家伪帝国，那么将军必将身败名裂，死无葬身之地。

吕布一听，吓得发抖，又想起当时逃出虎牢关时吃了袁术的闭门羹，于是后悔了，急忙派人把韩胤抓回来，捆成一个粽子，送到许昌去。

而在这时候，曹操为了瓦解袁术、吕布联盟，封吕布为大将军，还写了一封慰问信。大意是说，国家没有千足金，我自掏腰包，拿出千足金，给吕将军铸造了大将军印。国家没有系印的紫绶带，我也自掏腰包，拿出紫绶带，为的是表彰将军断绝跟仲家伪帝国的婚姻关系。

吕布一看，十分感动，立即派遣陈珪的儿子陈登，带去吕布的感谢信给曹操。

但是吕布万万想不到，这个陈登很快就变成曹操的人。他告诉曹操，吕布勇而无谋，消灭他易如反掌。

曹操高兴得就要跳起来了，简直是老天助我！于是马上下令增加陈珪的工资到年薪二千石，封陈登为广陵太守。当然，曹操的用意很清楚，就是叫陈登做卧底，里应外合，消灭吕布。

临走时，曹操紧紧握住陈登的双手：东边的事情，一切拜托陈先生您了！

陈登回去潜伏之后，曹操马上部署消灭仲家帝国的计划，拜江东小霸王孙策为骑都尉，袭爵乌程侯，领会稽太守，让他跟吕布、吴郡太守陈瑀从东面夹击袁术。

经过充分准备之后，曹操于九月亲征袁术。

袁术做皇帝正做得过瘾，一听到曹操杀来，吓得屁滚尿流，赶紧叫将军桥蕤守蕲阳挡住曹操，自己仓皇逃跑，渡淮河东去。

袁术没走几天，蕲阳失守，桥蕤成了曹操的刀下鬼。仲家帝国失去了大部分国土。再加上这一年九月汉江水灾、淮南旱灾，冬天又冻灾，结果江淮之间饥民累累于道。仲家帝国实力大损，根本就难以维持下去。

当然仲家帝国并非没有贤能的人，沛相舒邵就是一个。袁术给了他十万斛大米充当军粮，没想到舒邵竟然违背袁术的命令，拿去救济饥民。袁术得知后勃然大怒，准备将他斩首，舒邵却不慌不忙地说：我早就料到自己会死，能以我一人的性命，换来千千万万条百姓的命，我死而无憾。袁术听后，下马亲自给他松绑并说道，舒邵，难道你就这么自私，不想跟我分享好名声吗？也许，这就是这个荒唐的仲家皇帝一生中做对的唯一一件事。

显然，曹操并没有彻底颠覆仲家帝国的意图，让江东的孙策和徐州的吕布去解决吧！因为南阳、章陵在张绣的鼓动下发生叛变了，曹操派去的曹洪遭到张绣与刘表的联合打击，屡屡失利。

于是在十一月，曹操第二次南征张绣。这一次南征很顺利，没有美女的干扰，曹操一个冲锋就打到南阳。在淯水祭拜典韦、曹昂等阵亡将士时，曹操一想起他们的好处就哭哭啼啼，泪下如泉，弄得全军将士陪着掉眼泪。于是化悲痛为力量，一举攻克湖阳。

在攻坚战中，曹操刚刚得到的猛将许褚身先士卒，像一把尖刀直插城内，身后曹军蜂拥而入，俘虏了刘表的守将邓济。许褚的优异表现让曹操看到了典韦的身影，于是这个有“虎痴”称号的猛人从此之后就填补了典韦战死之后的空白——担任曹操的近卫军头领。

此后曹操一直打到舞阴，深入刘表的势力范围。由于速度过猛，后勤跟不上，曹操只好在建安三年（198）悻悻地回到许昌。

## 6.三征张绣

两次南征张绣，战绩平平，一度还吃了大败战。淯水之耻，曹操一直耿耿于怀。这次败仗，让曹操丢失了半个家庭，儿子曹昂死去，老婆丁氏闹离婚。如果再来一次淯水之战，那我曹某岂不成了光棍？到了那时候，就是取得了整个天下又有何用？

所以回到许昌不到两个月，曹操又大举发动第三次南征张绣。但是这一次南征遭到了谋士荀攸的反对。荀攸认为，张绣与刘表狼狈为奸，但是张绣的嘴巴一直寄在刘表身上。一旦刘表不给吃的，张绣就会变成一只白眼狼。我们不急着攻打，可以先设法让张绣与刘表出现窝里斗。如果急着攻打，张绣与刘表必然抱成一团。

但这一次曹操变得很固执，不听任何人的劝诫，毅然出兵，很快就把张绣困在穰里，围得水泄不通。眼看张绣这只瓮中之鳖很快就要成了曹操的下锅菜，这时候传来了让曹操恐惧的消息。据袁绍的逃兵泄露，谋士田丰劝袁绍袭击许昌。

自从曹操假天子之命，封袁绍为太尉之后，袁绍后悔得肠子都青了。更令人恼火的是，曹操没完没了，动不动就假借皇帝的命令，给袁绍下达了一次又一次的诏书。每接到一封诏书，就像一记响亮的耳光打在袁绍的右脸上。于是袁绍让人告诉曹操，许昌地势低下湿气重，长期居住，容易患风湿病。而洛阳破败，不是人居住的地方，不如把汉献帝迁到鄄城。

当然，如果无法领会袁绍对汉献帝健康的一片关怀，那么曹操就不是曹操了。袁绍会耍什么小把戏，曹操六七岁时就知道了。

遭到曹操的拒绝之后，谋士田丰建议，既然迁都不成，干脆长驱直入，把皇帝抢回来了。省得以后我们都成了曹贼的俘虏。

虽然优柔寡断的袁绍并没有做出任何袭击许昌的动作，但是这个担忧一直成了曹操心中挥之不去的阴影。

于是，曹操不待许昌方面荀彧的证实，就急急忙忙解了穰之围。结果张绣趁机发动反攻，紧紧尾追其后。

这时候，正如荀攸所料，荆州的刘表也派兵去拯救张绣这个难兄难弟。刘表的士卒直插入安众，断了曹操的退路。由于后路被抄，许昌的荀彧很担心。但是曹操却写信告诉他，我已经计算好了，到了安众，一定可以击破张绣的。言外之意就是要荀彧只管防备袁绍的袭击。

但是到了安众，形势很不乐观。张绣与刘表援军守住险要之处，前后夹击曹操。曹操像一只地老鼠被困在山沟沟里，但是曹操马上又像老鼠那样在夜里挖凿了一条地道，让辎重、粮车先行逃出，做出要逃跑的模样。

天亮之后，张绣的士卒大叫，曹操逃跑了。于是张绣急急忙忙追赶上去，谋士贾诩——人称“毒士”，后来成了曹魏最厉害的谋略家——劝阻说，不可追赶，追赶必败。张绣不听，结果追到曹操，突然左右两侧各杀出一支步兵和骑兵。张绣措手不及，大败而归。

七月，内心一直忐忑不安的荀彧终于放心地看到曹操安然回到许昌。荀彧不解地问，之前曹公预料敌人必败，是什么原因？曹操回答说，这要从小霸王孙策的老祖宗那里找答案了。《孙子兵法》说：归师勿遏，围师必阙，穷寇勿追。我军陷入死地而后战，必然取胜。

但是这样“皮洛士式的胜利”赢得一点儿也不光彩。三征张绣，耗时一年半，结果得不偿失。让曹操初次尝到了与南方军队交战失利的苦果。

考察曹操的征战历史，发现他有一个特点，就是在纬度越高的地方越容易打胜仗；在纬度越低的地区，越容易打败仗。曹操是一个适合华北平原大迂回作战的军事天才，无法适应南方丘陵山地、水乡泽国的交战。从他的这个特点来看，日后形成三国南北对峙，这是必然的趋势。

在此后的十年里，曹操的脚步基本上没有跨过北纬33度（南阳至汝南一线）。而十年之后的赤壁大战（北纬30度），再次让曹操尝到了低纬度地区惨败的苦果。

曹操，你还是老老实实去北方开辟你的一番天地吧！

# 第八章 纵横江淮

『背信弃义』的大耳朵

连和南方

神秘的射犬

『伪仲家皇帝』之死

大战的前夜

# 1.“背信弃义”的大耳朵

带着满身的南征疲惫回到许昌，曹操还没有来得及喘口气，就接到刘备发出的SOS紧急信号。吕布又跟伪仲家皇帝袁术狼狈为奸，派了中郎将高顺及北地太守张辽把刘备打得落花流水。

刘备满怀信心地前来投靠，如果被吕布吃掉了，那曹操岂不成了见死不救——也就是刘备的间接谋害者？所以曹操不敢迟疑，马上派了夏侯惇前去支援。没想到高顺很会打仗，不但把夏侯惇打得大败，而且在九月一举端了刘备的老窝沛城，再次害惨了刘备，老婆甘夫人和儿子阿斗被俘，关羽和张飞失踪。刘备变成一只离群的孤雁，赶紧往许昌方向跑，向曹操控诉吕布的暴行。

对吕布这个恶棍，曹操早已失去了耐心，所以没等刘备到来，就准备亲自出手，给吕布一记重拳。但是部下被张绣吓怕了，于是劝曹操，张绣跟刘表还在我们的屁股后面，如果远征吕布，螳螂捕蝉，黄雀在后。

这时候荀攸提出了自己的见解：刘表、张绣元气大伤，不足为患。倒是吕布骁勇，又有袁术这座靠山，如果任他横行淮、泗一带，说不定真的能够煽动一些人起来造反。现在应该趁着吕布未成气候，一举灭之。荀攸的话经常说到曹操的心坎上，于是曹操发动东征。

由于三次南征张绣，打得实在很窝囊，所以这次东征，曹操是志在必得。当然，曹操还有一个更加宏伟的战略，消灭吕布，让袁绍跟袁术这对兄弟永世不得见面。醉翁之意不在酒，打倒袁绍才是曹操真正的目的。

曹操往东，刘备往西，结果在路途中相遇。刘备像幼儿园中被同伴殴打了的小孩子，见到曹操如同见到家中的父母，领着他一起去寻找吕布出气。一到彭城，刘备马上指给曹操看，那小子就躲在城里面。

这时候，吕布的谋士陈宫主张迅速出击，以逸待劳，没有不胜的。如果陈吕组合能够配合得好，还是有一定的战斗力的。偏偏吕布只相信自己的力气，不相信陈宫的智慧，因此他把陈宫的话当作耳边风，以逸待劳，那就等曹操来攻城吧，把曹操淹死在泗水里。

十月，曹操开始进攻彭城。总攻信号一发出，在广陵的陈登马上响应，率部从东南直插彭城背后的下邳。吕布一看，侧背安全出问题了，赶紧亲自率一队骑兵去救援下邳。虽然夺得了下邳，却也付出惨重的代价，手下大将成廉也命丧疆场。

吕布才关紧下邳城门，曹操的大军就赶来了，跟陈登会师，围得下邳水泄不通。曹操下令在下邳城的周围挖了一条宽阔的壕沟，彻底把下邳城变成一座孤立的堡垒。

曹操给吕布写了一封招安书。布老弟，投降吧，你们已被包围了。上绞刑架与当大将军，你好好考虑。吕布看到下邳外黑压压的一大片，干脆投降算了。

但是陈宫看曹操很不爽，曹操大老远而来，嚣张不了多久。投降曹操不如求救于袁术。这样吧，将军率领骑兵在城外驻扎，我在城内守着。曹操打将军，我出城给曹操背后一刀。曹操攻城，将军就在城外给他一刀。不出半月，曹操粮食吃光了，不退也得退。

陈宫的那套理论听起来很美妙，吕布头脑简单，想了很久才答应陈宫的请求。于是让陈宫跟高顺守城，自己到城外去，打烂曹操的后勤补给线。

眼看陈宫的计谋就要得逞了，偏偏这时候吕布的老婆出来干涉了，于是一切都改变了。

老婆哭哭啼啼地说，陈宫和高顺不和，将军一出城，两人闹起纠纷，谁来负责？再说曹操本来待陈宫非常好，但是将军却不像曹操那样待他。现在将军把整座城，包括我交给了陈宫就出城了，一旦陈宫心怀不轨，恐怕到时我就不再是将军的老婆了。

吕布听得心酸，马上否决了陈宫的建议。暗地里派遣许汜、王楷向袁术求救。

袁术对吕布悔婚一直耿耿于怀，不肯把女儿嫁到仲家帝国，兵败了，活该！

许汜、王楷急了，我敬爱的仲家皇帝啊，现在不救吕布，是自断活路。吕布一破，仲家帝国也将危如累卵。袁术一听，还真有点悬，于是下令全军戒严，准备出援吕布。

竟然为了一个小女子，断了生存之路。吕布感到自己实在是愚不可及，于是做出了东汉末年一件最为奇特的事。吕布把女儿跟自己紧紧捆绑，骑着那匹赤兔马，准备亲自把女儿送到袁术手里。但是一出城门，立即遭到曹操密集刀箭网的封锁，只好又折回城中。

这时候，吕布的好友河内太守张扬看到朋友遇难，急在心里。但是远在河内，根本就救不了。只好象征性地向洛阳派出一小队人马，炫耀一下。这个搔痒动作根本就起不到威慑作用，反而被部将杨丑谋杀，想以此来投靠曹操。但是张扬的人头还没有拿稳，杨丑自己又掉了脑袋，眭固杀了杨丑之后，左一个脑袋，右一个脑袋，屁颠屁颠地去了邺城。就这样，天下掉了一个大馅饼给袁绍，河内成了袁绍的领地。

自己累得死去活来，结果被袁绍占了便宜，曹操气到吐血。而包围下邳城两个月后，曹操本以为城中断炊断水，吕布即使不会饿死，也会渴死。没想到吕布竟然这么顽强，下邳依然屹立不倒。

跟三国第一勇猛比精力，你阿瞒还没有这个能耐。士卒们整天就待在泥巴沟沟中，吃喝拉撒全在里边。首先那个臭味就受不了，又别说一下雨，双脚就踏进了臭水沟。当然，这些不算什么。要命的是，那时候没有可供娱乐消遣的，更没有收音机、报纸啊，士卒们无法忍耐寂寞，精神上极度空虚无聊，于是怨声载道。

士兵们一崩溃，曹操也跟着崩溃。南征张绣，虽然在淯水战败，但是那时候有美女陪着聊天，至少在精神上是快乐的。于是曹操打起退堂鼓，算他狠，我们回去吧。

两大军师荀攸、郭嘉见势不妙，赶紧出来劝解，吕布现在是每况愈下。将军是全军的风向标，将军一乱，全军群龙无首。陈宫虽然聪明，但是已经来不及了。趁着吕布士气低落，只要来一次急攻，吕布束手就擒。于是曹操下令，挖了水渠，把沂河、泗河的水引到下邳城外的壕沟里。几天之内，下邳城由一个堡垒，变成一个水中孤岛。这时候就是曹操走了，城中也没有小船渡过壕沟。

形势越来越绝望，于是下邳城里起了内讧。内讧的起因竟然是为了庆祝侯成找到他的那匹失而复得的千里马，大家给侯成送了点酒肉作贺礼。侯成是吕布的心腹，于是想借花献佛，分出一点儿孝敬吕布。结果好心没好报，遭到吕布的痛骂。我严禁喝酒，你们是不是想醉倒我，送给曹操？

就这么一句话葬送了吕布的性命。建安三年（198）十二月二十四日，侯成、宋宪、魏续造反，把陈宫、高顺五花大绑，献给曹操。曹军蜂拥而入，吕布无路可走，又不想投降，只好爬到下邳的最高处白门楼上。

结果，曹操的队伍都跑过去围观，又是射箭，又是嘲讽。

快跳啊，吕布！摔不死的！

要买赤兔马的来呀，正宗跳楼价！

一张嘴巴一句话，听得吕布脑中嗡嗡鸣叫。我不活了，谁要赏钱就砍下我的头颅向曹操邀功。身边的人感动得热泪盈眶，弄得吕布死也不是，部下死命拉着不让跳；活也不是，曹操在楼下等着。于是吕布投降了。

当然，吕布想得很天真。这个自恋狂以为"吕布"这两个字就是勇敢无敌的代名词，任何人都舍不得杀他。

于是，吕布用带有点儿玩世不恭的口气对曹操说，从今天起，天下太平了。

曹操很纳闷，地方割据势力布满了全国，每一天都见到刀光剑影，怎么说天下就太平了？

吕布解释说，吕奉先是曹公的第一号敌人，现在投降了。如果让奉先率领骑兵，曹公率领步兵，必将横扫天下无敌手。

这时候，吕布一眼瞥见了曹操身旁的刘备，只见他满脸的慈悲，一副敦厚样子，两眼温情脉脉地盯着自己。特别是那一对预示着将活到九十多岁的大耳朵，依然是那么显眼。

这是一尊活的菩萨，不，活的佛祖。记得寺庙里佛祖雕塑的耳朵就是这么长、这么大。

于是吕布向这尊"活佛"开口了，玄德老弟，你现在是尊贵的座上宾了。难道你就忍心看着绳子把我捆绑得像古埃及的木乃伊一样吗？

曹操哈哈大笑，你可不是一具木乃伊，而是一只凶猛的东北虎。

吕布紧张地盯着满脸柔情无限的刘皇叔，曹阿瞒这个贼头是不会放了我的。玄德老弟，念在辕门射戟的情面上，帮我说说情啊！

令吕布失望的是,刘备依然微笑着沉默不语,只有那对垂肩的大耳朵偶尔轻微晃动。

这时候听见曹操下令,给吕将军松绑!

吕布觉得一振,恨恨地望着刘备,看我自由了,怎样报复你个忘恩负义的小人。突然吕布看到刘备本来慈祥的脸色变得无比阴沉,眼睛里露出杀人的凶光,而那对大耳朵突然晃动得厉害。

吕布心头一颤,莫非这个大耳朵想……

吕布的不祥念头还没有想完,刘备开口了:不可松绑!难道曹公忘记了那个姓吕的是如何对待丁原和董卓的吗?

一句话让曹操悬崖勒马,轻轻点了点头。还是刘备狠,无毒不丈夫啊!于是下令把吕布推上断头台。

这时候,说不出来是愤怒还是痛苦,是悔恨还是绝望?吕布对刘备大吼一声,大耳朵最不可信!

刀起血溅,刘备的大耳朵猛地晃动,吕布人头落地。

剿灭吕布之后,从长安到洛阳,到许昌,到徐州,最后到浩渺的东海。这一大片广阔的地带到处飘扬着“曹”字大旗。

## 2.连和南方

天下第一勇猛的覆灭震惊了所有的人。令无数英雄豪杰为这个身高一米六十多的曹阿瞒而折腰。于是投靠的人络绎不绝,许昌的曹操宅邸门前每一天都排着长长的队伍。

今天你投曹操了吗?这句话成为有志之士见面时最常用的问候语。

于是,大汉帝国的前任尚书令陈纪、纪子群投靠了曹操,吕布的悍将张辽投靠了曹操,义气大侠臧霸投靠了曹操,也带来了泰山四寇:孙观、吴敦、尹礼、昌豨。可见曹操人气之旺,无人能敌。

吕布灭亡之后,地方各路军阀竞相猜测,谁将幸运地成为曹操的下一个打击目标?近水楼台先得月,毫无疑问,河北曾经的盟主袁绍、淮南的伪仲家皇帝袁术、荆州的刘表三者是最有希望的。

但是谁也不希望自己成为第二个吕布，所以刘表迫不及待地向袁绍暗送秋波。当然，荆州的有识之士都把刘表的这一愚蠢之举视为引火烧身。荆州的刺史助理邓羲实在看不下去，忍不住说了几句。刘表不服气地回应，对内没有失去臣子的义务，对外没有违背盟主的道义，这是普天之下最宏大的方略，你这个刺史助理怪什么怪？邓羲不想争论下去，干脆一走了之。但是长沙太守张羡就没有那么洒脱了，他对刘表根本就不屑一顾。刘表很恼火，也没把张羡当作人看待。于是张羡听从本地人桓阶的劝告，派人到许昌向曹操表忠心，发动长沙、零陵、桂阳三郡对抗刘表。

这也是南方地区投入曹操怀抱的第一人。

这件事很快就惊动了江东小霸王孙策，他赶紧派张纮向曹操送去一些地方特产。曹操非常欣赏大兵圣孙武的这个后裔，在他眼里，有资格跟自己较量的人只有1.5个，1个是孙策，0.5个是刘备。现在刘备已经归属自己了，而孙策也似乎有归顺的意思。于是曹操趁热打铁，赶紧上书汉献帝，让孙策当上讨逆将军，封吴侯。

同时曹操采取了拉近距离最流行的方式——和亲，力图把孙策跟自己牢牢地捆绑在一起。具体说来就是让自己的亲侄女嫁给孙策的弟弟孙匡，又让自己的儿子曹彰娶了孙策堂兄弟孙贲的女儿。

此外，为了更上一层楼，曹操还给孙策的弟弟孙权、孙翊各送了一份大礼，封张纮为侍御史。

就在这时候，孙策获得了两个重量级人物，三国第一帅哥——周瑜和东吴版诸葛亮——鲁肃。

说起周瑜，大家想到的第一件事肯定就是被诸葛亮气死。在那部充满了主观臆断和偏见，只顾娱乐轰动效应的《三国演义》中，周瑜成了一个小气鬼。当然这些都不值得一驳，周瑜气度之大，跟他的帅气外表一样，都是东吴的名牌。如果要选一个人当东吴的形象代言人，非周公瑾不可。历来美女爱帅哥，周瑜也是艳福不浅，娶了一个任何男人只要见了一眼，立即魂飞魄散的萝莉，她叫小乔。但是似乎小乔只是周瑜的小妾，不是正妻。这个小乔和嫁给孙策的姐姐大乔，都

孙策

是历史上的大牌明星。1997年出土的汉末皖县县志中，披露了大乔和小乔鲜为人知的真名。大乔叫乔莹，小乔叫乔倩。单看名字，就足够让你想入非非了。

再说说鲁肃。如果用一句话来评价鲁肃，那应该是东吴人民卓越的政治家、外交家、谋略家。其目光之远大、谋略之高深，直逼诸葛亮。而且在生活方式、处世哲学方面，两人都惊人的相似。鲁肃最脍炙人口的就是提出了"榻上对"，构想了一个三国鼎立的大战略。这个后来被诸葛亮复制，变成著名的"隆中对"。

上述的周瑜跟鲁肃都是家喻户晓、妇孺皆知的历史名人，对其生平及经历无须详述。总之呢，孙策得到这两个人，东吴马上变了天。

当然除了江东的孙策之外，曹操还拉拢了前会稽太守王朗。他本来有自己的一个小天地——会稽郡。在担任太守期间，王朗仁政爱民，深受群众的爱戴。但是他干了一件蠢事，袒护自称为"东吴德王"的山贼严白虎，结果被孙策打败。孙策很想利用这么一个勤政爱民的好官，曾经派了张昭前去招安。富有个性的王朗宁死不从，结果还是被曹操挖走了。

从灭吕布之后曹操的一系列动作来看，对南方的各种势力采取了"招抚"政策。他的用意很清楚，与北方的袁绍关系日益紧张，已到了非武力解决不可的地步了。为了减轻来自南方的压力，有足够的精力来对付袁绍，这个时期曹操的江南政策显得尤其重要。

## 3.神秘的射犬

曹操和袁绍就像两头怒目对视的野牛，尽管彼此从鼻孔中呼出大口大口的气，但是谁也不敢率先发起进攻。

事物发展总有个过程，那么曹操和袁绍是怎样走上火并之路的？

一句话说，性格决定命运，整个经过还是从袁绍这个人谈起。简单地说，袁绍是一个有着"自恋型人格障碍"的地方军阀。在他看来，他就是太阳，所有的行星、卫星，甚至灰尘，都要围绕着他运转。如果有物质企图脱离他的运转轨道，他就恨不得让它永远消失在黑暗的宇宙之中。

而前任太尉杨彪、大长秋梁绍、少府孔融就属于这样的物质，于是袁绍就想让他们永远地消失。当然，这三个人不值得，也没必要自己动手。袁绍把这个光荣的任务交给了曹操。

曹操马上领会到袁绍的一箭双雕之谋。借刀杀人，不但为袁绍排除异己，而且把自己推进舆论的火坑。曹操并没有如袁绍所愿杀了杨彪等人，而是跟袁绍讲了一大番道理，什么现在是多事之秋，人人自危，如果这时候随意杀人，大地就会蒙上一层白色恐怖等。

可惜，曹操的一番话不但没有唤起袁绍的良知，反而给袁绍留下了非常糟糕的印象。这个曹阿瞒，以为豢养了个皇帝，自己就是地球的中心了。别看平时说话满口仁义道德，实际上是一个内心无比阴暗的可恶之徒。曹操不除，袁绍不宁！

就这样，袁绍在心里已经将曹操杀死了上百次。

但是恶狼想吃小羊也是需要找借口的，所以袁绍需要一个讨伐曹操的理由。很快，老天爷就满足了袁绍的梦想，给了他一个发动战争的实实在在的借口。

事情就发生在曹操东征吕布期间，河内张杨的部下杨丑杀了张杨，想投奔曹操。可是亲袁绍派的眭固又杀了杨丑，河内这块战略要地无偿地成为袁绍的领地。袁绍带了一些兵在射犬驻扎下来。这个射犬在黄河以北，如果袁绍从这里南下，一下子就切断了洛阳跟许昌的交通线。所以在射犬存在着袁绍的势力，无异于在曹操背后刺了一刀。

于是在建安四年（199），曹操正式出师攻打射犬。四月，曹操下令史涣、曹仁带领着一支大军先行渡过黄河，进攻眭固。

没等曹军渡河，眭固就吓得浑身发抖。于是他留下薛洪、缪尚守射犬城，自己北上向袁绍求救。结果在城外遭遇史涣、曹仁，眭固措手不及，很快就人头落地。

于是曹操亲率大军，浩浩荡荡地渡过黄河，把射犬城团团围住。

很奇怪的是，平时那些只要一声令下，立即抄起武器冲锋的青州兵，一提到“射犬”两个字竟然中邪般吓得脸如土色。

曹操感到纳闷，于是抓了几个俘虏进行审问，但那些俘虏简直比曹军还要神气，满脸鄙夷，到处宣扬，说什么射犬城有神狗相助，曹操就是打一百年也打不下来。

经过一番严刑逼供，那些俘虏给曹操讲了一个离奇的神秘人物。射犬城中有个叫宋金生的神人，他煞有介事地对守军说，不要整天整夜躲进工事里边，都回去睡觉。我会派神狗替你们守城的。

守军们乐得像花儿一样，都回到营里呼呼大睡。

果然在三更半夜时分，守军们听见外头传来阵阵急切的跑步声，紧接着又是不绝于耳的“丁丁当当”的刀剑交接声。天亮之后，士兵们冲出一看，满地都是老虎的脚印。

当然，宋金生的传说吓不倒曹操。如果真有这么诡异，那我曹操就自己把自己捆绑起来，爬着去见袁绍。今天晚上我就把那些神犬都射了，让射犬城看不到一根狗毛。

于是曹操派了胆子最大的武猛都尉吕纳（单单看官职的名称就知道此人有多猛）率领一小队夜袭射犬城，结果除了带回那个神秘的宋金生外，一只小狗也没有碰见。

曹操二话没说，一支令箭摔出，宋金生的狗头落地。

第二天，曹军高举宋金生的脑袋，在射犬城外走来走去。看到神话被戳穿，守将薛洪、缪尚乖乖地打开城门，客客气气地把曹操请进去。

射犬一到手，等于拔掉了曹操背上的一根芒刺。但是却给袁绍的脚板钉上一个铁钉，于是射犬这个小城，成了袁、曹殊死搏斗——官渡大战的一条导火索。

## 4.“伪仲家皇帝”之死

如果说射犬是官渡大战的导火线，那么“伪仲家皇帝”袁术之死，就是给这颗炸弹喷洒了焦油。

自从逃过淮河之后，仲家帝国就成了袖珍王国。这时候江淮一带天灾人祸不断，仲家的子民们生活在水深火热之中。除了野菜之外，人肉就是填饱肚子最好的东西了。当人们拼命地诅咒仲家皇帝将不得好死时，袁术却过着有滋有味的皇帝生活。

几千年的漫长岁月，敢于称皇帝的有几个？人生苦短，既然坐上了皇帝宝座，就要做一个像样的皇帝，也不枉虚度此生。人活在世上，就像枝杈上的一朵花，至少要骄傲地盛开过。

所以接下去当皇帝的日子，是无比的豪华奢侈。当然后宫佳丽三千，是皇帝的最重要标志之一。于是，袁术下令在“全国”——其实只是在仲家帝国的弹丸之地内，进行选秀。当然只能凑个数，不一定要天姿国色、沉鱼落雁。结果无论老的、年轻的、没结过婚的、离婚的，只要她不是男人，都被拉进了寿春的“皇宫”。

既然是后宫嫔妃，即便仲家帝国的国力是如此的衰微，也要让她们过上像样的宫廷生活。于是，为了那些女人的体面，袁术不惜耗尽全国的国力，向她们供应了仲家帝国的优质布料——绫罗绸缎，还有最可口的食物——当然只有大米和猪肉。

结果不堪重负的仲家帝国很快就垮了，除了袁术和他的嫔妃之外，没有一个人能够填饱自己的肚子。但是那些嫔妃还是嫌弃大米有腐烂味，猪肉有臭味。

到了后来供不应求，寿春成了一座饥饿之都。这时候别说散发臭味的大米了，野菜都难寻了。饿得两眼发绿的袁术禁不住那些嫔妃的哀号，于是一把火烧毁了寿春的“皇宫”。不理那些嫔妃的死活，带上几个人跑到安徽的天柱山，他的部将陈简、雷薄正在那里落草为寇。

当然，投奔部下并非为了东山再起，重振仲家帝国的雄风，仅仅是为了填饱肚子。可是连这最低的请求也被陈简、雷薄所拒绝。

真是天绝我也！悲哀的袁术这才认识到，皇帝不是随便一个人就可以当的。但是自己辛辛苦苦创立的仲家帝国不能就这么短命，仲家的大旗要永远扛下去。他想到了同父异母的兄弟——曾经的盟主袁绍。

历史上父死子继，兄终弟及，屡见不鲜。于是袁术派人从曹操的眼皮下溜过，跑到邺城去见袁绍。使者带去了袁术的一封国书：大汉帝国早已被老天爷抛

袁术

弃了。如今刘氏衰微，袁氏当兴。无数个帝王受命的征兆，犹如天上的日月，昭然可见。老兄坐拥四州，人口百万，理当顺应天命，大兴袁氏。

袁术的一番话点燃了袁绍心中称帝的熊熊烈火。自古以来，皇帝都是兵强马壮的必然结果。袁绍下定决心，要让仲家帝国的旗帜插到大汉帝国的每一个角落。

虽然曾经有过龃龉，但毕竟都是袁氏的血脉。再说，袁术一到，自己就可以顺理成章地接受袁术的禅让，风风光光地当上皇帝。于是他派儿子袁谭亲自从青州南下，去迎接袁术。

袁术也准备从下邳偷偷过去，跟袁谭会合。但是曹操很快就得到了这一情报，他派遣刘备、将军朱灵前去阻拦。

北上的道路被切断了，袁术只好又折回来，想回到那座曾经的首都——寿春。结果到了江亭，袁术再也吃不到一粒腐烂的大米了。除了三十斛小麦磨成的细粉，袁术一无所有。

这时候是炎炎夏日，骄阳似火，如果能够有一滴甘甜的蜂蜜水，那就是人生的最大幸福。饥渴的袁术奄奄一息地坐在竹编的床席上，张开干裂的嘴唇，蜂蜜，我只要蜂蜜。但是这也成了难以企盼的奢求。于是他发出了最后的悲鸣：我袁术真的到了这样的地步了吗！

建安四年（199）六月，伪仲家皇帝——一代狗屎皇帝袁术，因满腔的愤慨郁结在心，不得舒展，终于吐血而死。那个极其荒唐的仲家帝国随之宣告终结，在历史上书写了可耻的一页。

## 5.大战的前夜

袁术一死，袁绍把所有的失望与怨恨转移到曹操身上，兼之已经吞并了幽州的公孙瓒，让袁绍过于自恋，误以为自己就是老子天下第一了，这时候许昌的那个汉献帝，在袁绍眼里，成了实现宏图大业的最主要障碍。就这样，仇恨、野心加傲慢，终于让袁绍做出了一生中最为重要的决定：向许昌的曹操宣战。只要曹操这堵墙崩塌了，躲在背后的汉献帝就会像禁不住风雨的脆嫩花蕾一样，很快就会露出来。

这时候有一个叫耿包的秘书猜透了袁绍的心思，想给他戴上一顶高高的大帽子，于是秘密向袁绍建议，应当顺应天命，登上皇位。

急于求成的袁绍决定抓住这么一个机遇，去实现老兄袁术的遗愿。但是立即引来幕僚们一阵猛烈的声讨，闹得袁绍几乎下不了台。袁绍为了解套，不得不把耿包砍头了事。

看到底下的一大帮人那么不识时务，气急败坏的袁绍决定展示一下自己的肌肉。于是一支前所未有的精锐人马组织了起来，这当中包括十万步兵、一万骑兵。袁绍坚信，凭着手中的这支铁军，把许昌城夷为平地绝对没有问题。

当然，邺城中也不缺乏头脑清醒的人，谋士沮授就是一位。

沮授告诉袁绍，讨伐许昌宜缓不宜急。由于一年来在跟公孙瓒的交战中消耗了太多的元气，老百姓怨声载道，国库日渐亏空。目前要做的第一件事就是让百姓安居乐业，恢复生机，向汉献帝送去战利品。如果交通阻塞，那就控告曹操断我进京之路，然后夺占黎阳，逐渐把黄河以南的地盘收归囊中。最后打造战船，准备好各种武器，出动几支精骑，在曹操占领区周边地带展开游击战，让他应接不暇，日夜不得安宁。如此，主公以逸待劳，坐享其成。

但是沮授的对手郭图、审配还没有等袁绍表态，就提出了相反的意见。以主公的英明、神武，河北兵的英勇，攻打曹操，易如反掌。本来这么一件简单的事，何苦啰哩啰嗦，做得这么麻烦？

尽管沮授苦口婆心，唠唠叨叨个不停，但显然袁绍是一个很怕麻烦的人。照沮授去做，恐怕十年八载也进不了许昌城。所以袁绍立即对郭图、审配的看法投下赞成票。

眼看着沮授正在一天天地变成让袁绍讨厌的人，郭图、审配不由得手舞足蹈，于是干脆再给他背后一刀。沮授统监三军，深得人心，如果任他做大，到了最后谁能控制他？

袁绍一听，吓得满头大汗，再看看沮授这个人，根本就没有把自己放在眼里。于是就把沮授的权力一分为三，让沮授、郭图、淳于琼各领一军。

袁绍的战略决策从来就是非常透明的。虽然从民主的角度来看，袁绍这一方面做得不错。但是让全军上下大大小小的人物来参与重大决策的讨论会，无异于在军中架设一座无线电波发射台，把袁绍的一举一动，甚至什么时候起床，什么时候尿尿，都清清楚楚地泄露给了曹操。

收到袁绍即将进攻的消息，许昌城立即笼罩在黑色恐怖之下。

身为最高领导人（汉献帝只是名义上的国家元首），曹操不得不站出来稳定人心。他向吓得发抖的人喊话，袁绍这个人，是畸形发展的一个人。他的野心与智商成反比，外表的华丽与内心的怯懦成反比。不错，袁绍的精兵比我们多，却是一盘散沙；袁绍的悍将比我们多，却是一群无头苍蝇。我承认，我们的粮食不多，大家都吃不饱；我也承认我们的地盘不大，大家想散步都没有地方。这些在不久的将来，我们都会有的，袁绍给我们送来了。

但是并非所有人都像曹操看到了战胜袁绍的希望，堪称东汉最讲文明礼貌的孔融就是一个很悲观的人。袁绍地盘那么大，兵士那么多，手下人才济济，要什么人有什么人。要文的，有田丰、许攸；要忠的，有审配、逢纪；要武的，有颜良、文丑。想一想我心里就害怕。

对此，天下第一谋士荀彧不屑一顾，他把袁绍的那些人批得体无完肤。田丰很暴躁，许攸很贪婪，审配很痴呆，逢纪很自恋。这些人凑在一起，早晚会闹分裂的。而颜良、文丑除了四肢发达之外，一无所长，一个冲锋就可以把他们灭了。

当然，曹操是个绝对的实干家。要老老实实地静坐等着挨刀子，他宁可把脖子往刀刃上送。于是，建安四年（199）八月，曹操先发制人，渡过黄河，直向黎阳，派遣臧霸去山东转战齐、北海、东安，预防袁绍从侧翼进攻。让于禁守住黄河渡口之后，曹操于九月回到许昌。袁绍要进攻许昌，黄河以南的官渡是必经之地，曹操在此布下重兵，中国历史上著名的官渡之战就此拉开序幕。

# 第九章 白马初捷

粉碎袁绍的阴谋
皇帝的反击战
「背叛」的战神
白马城的神勇
再战白马山

## 1.粉碎袁绍的阴谋

看到曹操在自己的眼皮底下晃来晃去的，袁绍觉得很好笑。阿瞒老弟，要小聪明我可能不如你，但是在打仗上恐怕你还要叫我一声师父。

袁绍对曹操的骚扰并没有任何反应，他只做一件事，远交近攻，跟曹操的仇家——张绣联手，准备从屁股上给曹操一刀。对于这一手，不但袁绍自己觉得很高明，就是我们后人也觉得袁绍的策划很正确。

曹操跟张绣的血海深仇实在是一言难尽。如果这时候张绣对袁绍的拉拢动作无动于衷，那只能说他是个植物人。当然，张绣是绝对不会落到植物人的地步，因此他一接到袁绍的招安书，马上准备响应。

但是在袁绍使者的招待会上，张绣的谋士贾诩竟然一点儿也不给张绣面子，他毫不客气地回敬使者说，回去告诉你家主公，自家兄弟尚不能相容，难道还期盼他能够接纳其他的贤才吗？

张绣吓了一大跳，怎么这么说啊？这不是把我往火坑里推吗？他赶紧把贾诩拉到一边，不跟着袁绍，那我去哪里？贾诩回答，投奔曹操吧。

不问则好，一问张绣差点儿哭出来。现在可是袁绍的天下啊，那曹操还能折腾几天？再说曹操霸占我的叔婶，我的手上也沾着曹昂的鲜血，投奔曹操，岂不是把自己的脑袋往屠刀口上送？

那个贾诩绝对对得起“毒士”的荣誉，他说了一番让张绣大彻大悟的话。这些话正是让张绣投靠曹操的理由。第一，曹操奉天子以令天下，应该投靠。第二，正因为袁绍兵强马壮，我们投靠他，最多只算是锦上添花，他能否看得上我们这一丁点儿人马还是个问题。但是曹操就不同了，他的势力本来就弱小，我们投靠他无异于冬天里的一把火，应该投靠。第三，曹操有统一天下的雄心，绝不会以小误大，放心吧，一笑泯恩仇，曹操的心胸像蓝天一样宽广。

贾诩的一席话，让张绣如饮甘露。要是真的投了袁绍，被他吞并了也说不准。于是在建安四年（199）十一月，张绣不辞辛劳，亲自去许昌，向曹操投诚。

曹操正陷入两个拳头击来的境地，张绣一投诚，形势马上改观。这真是喜从

門
张绣
贾诩

天降，曹操一见到张绣，紧紧握住他的双手，声音有些颤抖，尊敬的张绣同仁，你的大驾光临，让我的事业更上一层楼了。

这么一握手，不但过去所有的恩怨一笔勾销，而且还成为亲家，张绣的女儿嫁入曹家，成了曹操儿子曹均的老婆。张绣这个亲家翁也当上了扬武将军，整天乐得合不拢嘴。而那个有做媒之功的贾诩自然而然成了曹操的心腹，曹操兴奋之下，马上让他当了个执金吾，封都亭侯。

南面的危险解除了，西面的关中危险也很快消失了。由于荀彧派人整顿倒卖盐的风潮，又让人经营农业耕作，本来混乱的关中安定下来了。

张绣的归曹，彻底打翻了袁绍的全盘计划。于是袁绍又试图拉拢荆州的刘表，搞两面夹击。但是袁绍很快就发现自己又找错了对象，这个刘表左想想右看看，结果越想头越大，干脆两边不得罪人。刘表看了袁绍的信件之后，口头上表态帮助袁绍，但是袁绍等得花儿都谢了，也不见刘表有什么实际行动。当然，对曹操刘表也是若即若离，既不表态，也不行动。

结果部下看到刘表这样扭扭捏捏，不像一个大男人，实在看不下去了，于是参谋（从事中郎）韩嵩、刺史助理（别驾）刘先站出来劝告刘表，现在是两雄相争，不分上下。将军就是天平上的砝码，加在哪边，天平就向哪一边倾斜。将军如果要创立一番事业，现在正是大显身手的时候。如果只想随波逐流，干脆就在曹操、袁绍中选一边。怎么可以拥兵自重做壁上观。要在夹缝之中保持中立是绝对不可行的，早晚会变成两头怨。我看曹操很会打仗，必定灭了袁绍。袁绍一灭，曹操必会兵临长江，到那时荆州不堪一击。如今最好的办法就是率荆州郡县，投靠曹操。这样一来，曹操必然感激将军的恩德，可保将军终身平安。俗话说，平安就是福啊！

尽管大家把道理讲得这么透彻，但是刘表还是像风中的树枝摇摆不定，最后不得不派韩嵩亲自去许昌走一趟，观察曹操的言行。木偶人一样的迟钝反应，让刘表坐失了无数次崛起的机会，成为东汉末年最庸碌的人之一。刘表的弱智，得到好处的只能是曹操。

曹操能够有如此的威力，未动一刀一枪就让袁绍彻底沦为孤家寡人，除了自身的力量之外，手中的那张王牌——汉献帝成了他威慑天下的最锋利武器。

## 2.皇帝的反击战

汉献帝死也不愿相信自己会沦为曹操的称霸工具。本来以为搬到许昌,在曹操的鼎力襄助之下,会实现重振大汉雄风的愿望。

他不得不疑心曹操是否有当皇帝的野心,但是每一次朝拜的时候,曹操总是恭恭敬敬地在刀斧手的陪同下小心翼翼地走过每一步。再说,宫中的用品,从身上穿的,到嘴里吃的,最后到脚下踩的,甚至上厕所的卫生纸,没有一项不是曹操免费提供的,这与在长安简直是天壤之别啊!

再想想曹操的言行,在自己面前总是和颜悦色,从未高分贝过,跟董卓、李傕、郭汜,甚至丁原动辄大呼小叫,几乎就是两类人。所以说曹操有篡逆之心,实在是误会了。

可是皇帝却越来越讨厌曹操,十九岁了,已经是膝下儿女成群的年龄了,可是曹操还是把自己当作小孩子一样看待。应该说,首先是代沟让汉献帝与曹操日益隔阂,两个人的黄金时代渐行渐远。

每次看到曹操总是先行决定,然后再通知自己,让自己严格按照他的意思下达诏书,汉献帝总会怒气冲冲地在董贵人面前乱摔东西,朕这叫皇帝吗?不,朕连傀儡也不如。朕要当一个有尊严的皇帝,唯有依靠自己的力量,才能够复兴祖宗的基业。

那你有自己的人吗?董贵人小心翼翼地问。

有,你的父亲董承,长水校尉种辑,将军吴子兰、王子服,还有中山靖王之后刘备刘玄德。

对于刘备,汉献帝印象颇深。这个满脸贵气的皇室后裔仁慈宽厚,深谋远虑,忠心耿耿。每次见到皇帝,总是满口不离兴复汉室的豪言壮语,一度让汉献帝兴奋不已。

但是,剪除了曹操,刘备会成为第二个曹操吗?绝对不会,要是他想当皇帝,那就给他当吧。大汉帝国在刘氏手里,总比在曹姓掌中好啊!

于是汉献帝秘密唤来了董承。一次旨在夺回皇权、重振皇威的密谋开始了。

按照翁婿密商的计划，董承夹带汉献帝的诏书，向刘备、种辑、吴子兰、王子服传达皇帝的命令，选择一个适宜的时机，谋杀曹操。谋杀成功之后，立即向天下宣读皇帝的诏书。

刘备接到命令后很纠结，要他去暗杀曹操，这个难度系数也太高了。别说曹操身边的肌肉男许褚了，就是曹操一个人你对付得了吗？再说，要不是曹操的救命之恩，恐怕吕布早已把自己剁成碎肉了。可是不执行命令吧，你乃是当今皇帝的叔叔啊，眼看着可怜巴巴的小侄子受人欺负，说什么心里也难过。

正当刘备处心积虑准备谋刺曹操时，曹操来请他喝酒了。忐忑不安地入座之后，刘备觉得每一个小酒杯都是那么的沉重。看着曹操谈笑风生的神态，刘备更觉得如坐针毡。

曹操从自己说到汉献帝，又从孙策谈到袁绍，本来说得开开心心的，突然曹操一沉，话题转到刘备身上。我看当今世上，能够有资格称得上英雄的只有两个人：曹某跟玄德，说袁绍是一只狗熊、就已经抬举他了。

本来就心怀不轨、紧张不已的刘备已失去往日的淡定。曹操的这句话还没有说完，刘备脸色突变，手中的筷子还没有夹到一块肉，就被地心引力吸走了，噼啪两声掉在地上。

在筷子从刘备手中脱落之后的0.1毫秒，中国历史上概率最小的一件事神奇地发生了——天上突然打了一个响亮的霹雷。就是这么一件小概率事件，拯救了刘备，掩饰了刘备的极度心虚。

对于刘备的出格反应，曹操很觉得意外。一个长期跟死神打交道的大男人，竟然会被雷声吓破了胆！！灵魂早已出窍的刘备这才重新找回自己的知觉，于是他很镇定地回答，古人有句话，迅雷不及掩耳。这就是脍炙人口的煮酒论英雄的故事。在罗贯中笔下，这个典故描写得有声有色，并写了一首打油诗吹捧刘备的神通，说什么“巧借闻雷来掩饰，随机应变信如神”。把刘备说成一个通天彻地的大豪杰，思想境界非常的高。

但实际上，刘备是怀着害人的心来煮酒的。要不是巧合的一记响雷，恐怕曹操早已识破刘备的阴谋。有时候想想，刘备还真有龙命。曹操又给了刘备一个脱离险境的机会，他派遣刘备跟朱灵南下拦阻伪仲家皇帝袁术北上跟袁绍会合。

放走了刘备，无异于放虎归山，谋士程昱、郭嘉、董昭联名劝诫曹操，不能让刘备走。

曹操这才意识到干了一生中最愚蠢的一件事。但是世界上没有卖后悔药的，刘备一溜，就成了飞龙在天，掀起了一层层巨浪。

逃离许昌之后的刘备头也不回地朝着太阳升起的地方跑去。这时候徐州没有了吕布，刘备一战就打死了曹操的徐州刺史车胄，留下关羽把守下邳之后，刘备回到小沛，光复久违了的徐州。加上东海的地方豪强昌豨举旗响应刘备，刘备的势力一下子扩充到几万人。

得罪了曹操，后果无疑是可怕的。而跟曹操单干，又干不过。刘备为了生存，面子问题也就不顾了，赶紧向邺城的袁绍表忠诚。

后悔莫及的曹操派刘岱、王忠去把刘备抓回来。结果在下邳碰得头破血流，刘备叫两位败将传话，就是叫一百个刘岱、王忠来，也不是我的对手。要是曹操自己来了，那就不可知了。

牛哄哄。我们可以从这里看出，刘备不但耳朵长，而且皮肉也非常厚。为了求平安，刘备三番五次地更换主人，真正地把厚黑学学到了家。吕布救过他，却又被他置于死地；曹操救过他，他又想让曹操上西天；挨过袁绍的揍，为了活命又不得不厚着脸皮去投靠为人所不耻的河北霸王。

翻手为云覆手为雨，刘备失去人生的逻辑，变得反反复复，为“没有永远的朋友，也没有永远的敌人，只有永远的利益”这句哲言作了活生生的注解。

刘皇叔对汉献帝的抛弃，让皇帝的处境更加危险。由于失去了外援，汉献帝只好凭借手中仅存的微薄力量，做了一生中最大胆的反击战——暗杀曹操。

建安四年（199）十二月，曹操出师官渡，准备与袁绍交战。董承收买了曹操的警卫人员徐他等人，准备冲进帐中暗杀曹操。但是徐他发现了许褚就在曹操身边，一丝恐惧袭来，让他大惊失色，结果被富有经验的许褚很快窥见了他的企图，一刀砍死了徐他。

这次谋杀事件震惊了曹操，想不到幕后主使竟然是当今的皇帝。恼羞成怒的曹操立即展开了报复行动，建安五年（200）正月，那些参与谋杀事件的人员，包括车骑将军董承、偏将军王服、越骑校尉种辑等人，全部倒在血泊之中。

一次轰轰烈烈的反击战就这么失败了。从此之后，汉献帝对重振帝国雄风已经绝望了。年轻的皇帝无助地呼喊着，谁来救朕？！玄德叔叔，你在哪里啊？但是除了空荡荡的殿堂上盘旋着变了调的回音之外，什么也没有。

## 3."背叛"的战神

而此时，那个大耳朵的刘皇叔正在徐州为即将来临的暴风雨紧张着。

回想起煮酒论英雄时刘备的诡异行为，曹操越想越生气。哼，一只白眼狼，可怕的白眼狼！如果不亲手把你抓回来，那我曹某就不是大太监的孙子了！

但是东征刘备的计划一出笼，立即遭到武将们的反对。主公的对手是河北的袁绍，他正气势汹汹而来。主公却弃而不顾，掉头向东。如果袁绍在我们背后插一刀，那怎么办？

曹操对刘备参与谋杀行动耿耿于怀，再说像刘备这样的大英雄，如果再放他一条生路，那就等于给自己增加了一个掘墓人。袁绍虽说野心勃勃，但是反应迟钝，断断不会乘虚而入。

鬼才郭嘉也支持曹操的做法，袁绍优柔寡断，行动缓慢，不用担心。倒是刘备刚刚崛起，趁着还处在萌芽状态，一举进攻，将其扼杀。

英雄所见略同，当曹操的大军浩浩荡荡向徐州前进时，袁绍的参谋田丰也忙着劝说袁绍，曹刘相争，不是一下子就可以了结的。我们应该抓住这个黄金机遇，来个大包抄，大事一举可定。

显然，田丰对袁绍的了解程度远远不如曹操和郭嘉。袁绍几乎完全是按照曹操的设想来办事的，他回应田丰，我儿子最近身体不适，还是稍等几天吧。

一句话说得田丰脸红脖子粗。可悲可叹啊！当此危急之际，却因为小娃娃生病误了大事。可惜可惜！大势已去了。

一切如曹操所愿，袁绍按兵不动，让曹操放心地前进。兵贵神速，曹操一个急冲锋，杀得刘备丢盔弃甲，生擒部将夏侯博。狼狈不堪的刘备只顾逃命，结果把妻儿留给了曹操。算起来，这是刘备家属第三次被敌人俘虏了。为了自己的宏图大业，女人和孩子算什么？老婆可以再娶，孩子可以再生，只要你是真正的男

田丰
袁绍

人。但是连生命也保不住了，那宏图大业就是一句空话。刘备头也不回地逃啊逃，跑到青州一头扎进袁谭的大营。在邺城的袁绍听说刘备来投奔，那简直是天方夜谭。于是骑着战马，狂奔二百里，把刘备恭恭敬敬地迎接回来。

刘备金蝉脱壳之后，曹操继续向东，一举攻克下邳，把刘备的义弟关羽俘虏了。这一个被后人誉为“战神”、与孔子齐名的“武圣”，自从跟随大耳朵哥哥以来，一直命运不济。不是四处逃跑，就是战败投降。一想到与大哥刘备、三弟张飞失去联系，关羽就两眼泪汪汪的，想也没想，曹操一到，马上乖乖地举起双手。

身在曹营心在汉，大哥、三弟，我阿羽绝不是贪生怕死之辈。历史会记住我的，后人会纪念我的！如果关羽会料到后来出了个罗贯中，他恐怕连个抵抗的模样也做不出来。

曹操大获全胜，此次东征虽然刘备漏网了，但是虏获甚多，特别是关羽的投降，让曹操如虎添翼。曹操对这个传说中的美髯公左看右看，越瞧心里越喜欢，于是特意叫人用纱锦制作成一个袋子，送给关羽护髯。

这个关羽在中国人的心目中是崇高伟大的。有关他离奇的事迹童叟皆知，在这里无须啰嗦。现在就提一点大家相对比较陌生的事情。

关羽的爷爷叫关审，关羽的爸爸叫关毅，他是个孝顺的儿子。延熹三年六月二十四日（公元160年8月13日，狮子座），随着一声惊天动地的啼哭声，一个白白胖胖的小男孩降临人间。关毅绝对料不到，这个普通的婴儿竟然会永恒地活在人们的心中，甚至与大教育家孔圣人并驾齐驱。死后更是登峰造极，一举升为保国安民的神灵，受到无数人的膜拜。

但是当这个神还是凡人之时，他有凡人的一切性格特点，感情丰富，酷爱读书，而且心胸狭窄，喜欢漂亮的女人。

战败投降的关羽成了曹操的座上宾，曹操对关羽的厚待甚至超过了曹营中的大将。但是关羽生活过得很不自在，而且脸上常常露出迷茫稍带恐惧的表情。不了解关羽的人以为他在思念拜把子兄弟刘备和张飞，曹操却深知其中的缘由。两年之前，曹操曾经跟关羽为了一个女人几乎闹僵。那是在建安三年（198）的下邳之战，曹操把吕布困在城中。吕布派遣秦宜禄求救于河内的张杨。

关羽听到秦宜禄的名字，眼睛一亮。他向曹操请求说，老婆胡定金不在身边，下邳城破之后，请把秦宜禄的老婆赏给我做小妾吧。

一个女人，赏就赏吧。

没有想到破城之时，曹操要进城了。这时候关羽又追上来，再次提出娶秦宜禄的老婆的要求。你这样两米多高的帅哥，还怕找不到称心如意的女子。如此口口声声说非得到秦宜禄的老婆不可，莫非这个女人美若天仙？于是曹操先下手为强，把秦宜禄的老婆抢回家。这件事，让关羽耿耿于怀，怀恨在心，甚至想在狩猎游玩的时候，找个机会顺手把曹操的人头也摘下来。

就因为如此，让关羽感到虽然身为曹营的贵宾，却如同阶下囚。时刻准备着离开曹营，回到刘备的身边。

关羽的言谈举止，曹操是看在眼里，急在心里。所以他特意派了大将张辽前去跟关羽聊天，顺便让他吐出真情实意。关羽仰天长叹，一副很纠结的神态。哎！我知道曹公诚心厚待于我，可惜我早已许身刘备，发下誓言要同生共死。我早晚会走的，但是在离开之前我会报答曹公的恩德。

知恩必报，不忘旧主。我们的战神确实具备了受人们崇敬的优点。

## 4.白马城的神勇

在袁绍看来，曹操攻伐刘备，就是把套在自己头上的绳子打了个死结。袁曹大战，犹如弦上之箭，势在必行。

曹贼，你受死吧！百万大军已经把你们包围了。

建安五年(200)二月，袁绍率领十万步兵、一万骑兵，进军黎阳，拉开了官渡大战的序幕。

对于此次南征曹操，凡是有见识的谋士都竭力反对。田丰认为，曹操既然击破了刘备，许昌就不会一片空虚。曹操此人，很会打仗，常常是神龙见首不见尾。以我之见，当今之计，最好是跟曹操打持久战。袁公占据地利，地大物博，人口众多，如果能够广结各地豪杰，同时大兴农耕，然后派出几支精锐人马，时不时渡河骚扰曹操，让他疲于应付，曹操救左我就击右，曹操救右我就击左，如此坚持三年，曹操必然民不聊生。我们只要坐观其败就可以了。现在急于求成，一旦失手，后果不堪设想。

话还没有说完，袁绍就怒气冲冲地否决了田丰的建议。田丰不忍心看到袁绍败亡，干脆豁出命来，整天在袁绍面前喋喋不休。说得袁绍火冒三丈，结果一怒之下，把田丰打入牢房。

另一个谋士沮授在临行时，把所有的钱财都散送给他的家族亲戚。在他看来，袁军从上到下，无不弥漫着轻敌的、速胜的浮躁情绪。此战，曹操必胜，袁绍必败。

看到袁绍来势凶猛，曹操不敢大意，于是下令除了程昱率领七百人守鄄城外，几乎是倾巢而出。至于曹操投入战斗的总兵力历来说法不一，《三国志》中提到曹操只有八千余人，但是这早已被人批驳。人们的研究结果，官渡之战，曹操的兵力不下六七万人。至于如何算出有六七万人，这里就不详述了，否则就变成博士论文了。

总之，袁绍有十一万，曹操有六七万，两军对比，曹操处于劣势。

但是让程昱率领七百人去防守确保右翼安全的鄄城，曹操实在心里有点悬，于是想再分两千人给程昱。程昱立即拒绝，理由是袁绍是个有严重自恋狂倾向的人，区区的七百人在他的眼里就是一粒尘土，所以必定不会来攻打。如果增兵两千，树大招风，反而遭到袁绍的痛击，白白送命而已。

事态果然如程昱所预料，袁绍听说鄄城只有七百人，进攻的热情一下子就消失了。曹操不由得竖起大拇指，这个程昱比战国的牛人孟贲和夏育还要牛！

既然不想进攻曹操右翼的鄄城，那干脆就直接正面进攻吧。于是袁绍分出人马，让郭图、淳于琼、颜良去进攻白马的曹军刘延部，自己则率领大军直逼黎阳，兵临黄河。沮授看出了颜良有勇而无谋的缺点，反对由他率军进攻白马，但是刚愎自用的袁绍把沮授的谏言当成耳边风。

曹操打开地图一看，呀！袁绍果然有些能耐，白马一失，那我在黄河以北的据点就完蛋了。所以在四月，曹操亲率一队人马，北救刘延。

这时候荀攸建议，我军兵力不如袁绍多，唯一战胜的办法就是让袁绍分兵。主公可以进兵延津，做出从两侧包抄袁绍的态势，必会把袁绍的目光吸

颜
良

引到西侧。然后再轻兵一队，袭击白马，给他个措手不及，一战可斩下颜良的头颅。

袁绍的笨脑袋果然中计，听说曹操要从左后侧的延津渡河，赶紧分出大军接应。没有想到曹操虚晃一招之后，迅速从延津直向白马。

颜良听到曹操大军突来的消息，吓得两腿发抖，赶紧过来迎战。走了十里，跟曹操不期而遇了。于是爆发了官渡大战的第一战——白马之战。

兵贵神速，首战必胜。曹操马上下令虎将张辽跟万人敌关羽为先锋，迅速夺取了制高点。报恩心切、急于立功的关羽俯瞰着袁绍的队伍，在乱哄哄的军阵中有一个华丽的旌旗伞盖，下面坐着一个活灵活现的将军。

那一定就是颜良了，看我关某如何在百万大军之中取上将之首。

曹操凝视着关羽，突然只见一道白光一闪而下，曹操还没弄清楚怎么回事，关羽早已经没入袁军阵中。又听见敌军中喊杀声此起彼伏，颜良完全听不到士卒们在喊些什么，眼前晃过一个飘逸的美髯公，没等赞美的言辞说出口，一支闪耀着冷光的槊直刺过来（真正的关羽是不使用青龙偃月刀的，这个就不扫盲了）。颜良顿觉胸口一阵剧痛，鲜血喷薄而出。

不到五分钟，关羽犹如神兵从天而降，飞入敌军中。当他回来时，颜良的断头还挂在槊尖上，滴流着鲜红的血液。关羽K.O.颜良的那个速度，让袁军看得目瞪口呆，一下子像融化的冰雪消失得无影无踪。

于是，不但把刘延解救出来，而且还让袁绍的第一猛将魂断白马。这是一场真正的胜利，关羽的神勇表现，让曹操叹为观止，这是神奇力量的碰撞，关羽不愧为万人敌。

## 5.再战白马山

白马初捷后曹操迅速撤回官渡，因为气急败坏的袁绍肯定要报复。果然不出曹操所料，袁绍恨恨地要渡过黄河。你杀了我的第一将，我就断你后路。

这时候，沮授又出来阻拦了。主公万万不可，胜负变换只在一念之差。为今之计，还是屯兵延津，以待敌变。如果分兵直趋官渡，取胜那当然好。万一战败了，我们都回不去啊！

但是袁绍头脑里充满了仇恨与傲慢，终于失去了理智。

快要渡河的时候，沮授仰天长叹，上头刚愎自用，下头又贪功夺利，黄河流水悠悠长，难道我就这样渡过去了吗？

像袁绍这样骄傲自满的人，如果不走向败亡，那真是没有天理啊！与其断头在曹操的大刀之下，不如现在就开溜，保自己一条命。于是沮授借口说得了大病，无法渡河。

袁绍勃然大怒，难道你这样辱骂我，就是想当一个遭人唾骂的可耻逃兵吗？袁绍不但没有批准沮授的病假，反而解除了他所有的职务，转让给郭图。

我要让你睁大双眼，给我仔细瞧瞧，我是怎样打得曹操落花流水的！

于是袁绍率领大军，渡河之后，马不停蹄地直奔延津以南的白马山。这回追上曹操，一定让他血债血还，砍下他的脑袋祭祀颜良的在天之灵。

曹操在白马山的南阪下扎营，远望北方扬起漫天的飞尘。曹操赶紧爬上白马山一看，这回跑在袁军前面的是袁绍的第二猛将文丑，还有一个熟悉的面孔，他就是久违了的大耳朵刘备。这小子真的跑到袁绍那边去了，真是暴殄天物啊！不过要破这个人，我只要五六百骑兵就足够了。

过了片刻，侦探大声叫道，骑兵一大堆，步兵多得不可胜数。曹操火了，不要再叫了。

令大家奇怪的是，曹操不但没有做好迎战准备，反而下令解开马鞍，让马儿悠闲地走来走去。不一会儿，山下白马一大片，成了名副其实的白马山。曹军的辎重更是横七竖八，拦在要路上。

大家看到袁绍骑兵这么多，怕怕的，还是回去保护官渡大营吧。

荀攸大骂，这是曹公的钓鱼之术，怎么可以走呢？一句话说得曹操哈哈大笑。

说着说着，文丑和刘备带领五六千骑兵飞似的过来了。大家赶紧劝曹操，快快上马吧。但是曹操仍然一副懒洋洋的样子，时机还没有到哩。

这时候，敌人骑兵越来越多地出现在白马山下，他们看见了曹军的辎重，果然闹哄哄地奔过去抢起来。

关羽
文丑

曹操料准时机，大呼一声，上马，行动！

话音刚落，骑士们就腾空而上，朝着敌军直奔过去。虽然只有五六百，但是兵在精不在多。只见曹操挥挥手，那五六百骑兵变成五六百支箭，把本来就一团糟的袁军搅成大面团。混乱之中的文丑晕头转向的，完全摸不着方向。等他清醒过来，准备扭头就跑时，一切都晚了。只听见吧嗒一声，一个血淋淋的人头在地上不停地滚动。吓得同盟军刘备六神无主，又突然看到曹军中晃动的关羽身影，刘备喜出望外，放开喉咙大叫，二弟快来救大哥，我是刘玄德！

但是刘备嘹亮的喊声很快就淹没在袁军的惨叫声、哀号声中。等关羽弄明白是谁在亲切地呼唤自己的时候，刘备早已被袁绍的残兵败将卷回去了。

经过两次白马大战，袁军中排名第一和第二的猛将颜良、文丑相继丧命，遗尸沙场。军中如同发生了大地震，士气一下子降落到最低点。

不甘心失败的袁绍头脑中塞满了“复仇、追击”两个词汇，像一个输得血本无归的赌徒，不要命地往前追赶，直到阳武才停止下来。因为在前方鸿沟水的背后，就是曹操的大本营官渡。无论是曹操还是袁绍，“官渡”这一地名即将要成为决定他们命运的最重要的词汇。

# 第十章 鏖战官渡

好运连连的刘皇叔

血色的日食

老同学的诚意

崩溃从乌巢开始

# 1.好运连连的刘皇叔

官渡大战的两次前哨战，曹操均取得了辉煌的胜利。虽然胜利来得是那么容易，但是曹操并不觉得很兴奋。一则两军对峙，曹操兵力仍占下风；二则曹操最不愿意看到的事情终于发生了，那就是关羽实现了自己的诺言，斩颜良、文丑立功之后，离他而去，回到刘备身边。关羽离开时那么的坚决，没有半点的留恋。

为了留住关羽的心，曹操使出浑身解数，什么高官厚禄，什么金银珠宝，什么美女佳丽。在这样的糖衣炮弹密集轰炸之下，曾经让无数英雄豪杰拜倒在曹操跟前，但是却击不中关羽那颗坚如磐石的忠义之心。在一天早晨，关羽的宅邸人去楼空，留下了一封告别书和贴满了封条的金银珠宝。

在钦佩关羽肝胆忠心的同时，曹操也感到无奈的失败。部下极为愤慨，简直是狼心狗肺，干脆把他抓回来砍头算了。但是曹操很淡定，人各有志，由他去吧。

有关这次关羽寻兄并在古城兄弟团圆的经过，在罗贯中的笔下，成了一段千古绝唱，这就是过五关斩六将。按照罗贯中的描述，得知刘备藏身袁绍军营之中，关羽不从官渡直奔不到一百五十里之遥的阳武，反而掉头向西，做了一次艰辛的长途旅行，才在汝南跟刘备聚会。罗贯中拟出来的关羽寻兄路线是：出了官渡，直向西边的洛阳，途经汜水关，折回荥阳，再掉头向东北的滑州、白马。当他得知刘备逃亡汝南之后，马上改乘直升飞机，飞经乌巢、陈留、许昌的上空，最后空降落在汝南附近的古城，跟张飞兄弟重逢。其行进路线之混乱，路途之遥远，看得人眼花缭乱，简直可以跟儒勒·凡尔纳的科幻冒险小说有一拼。

根据史书的记载，关羽寻兄时，曹操驻扎在官渡，袁绍驻军阳武，两地相隔不到二百里。如果曹操大开绿灯，不用两三天的时间，关羽就可以见到朝思暮想的大哥了。

一投入刘备的怀抱，关羽就成了曹操的敌人。这时候，汝南的黄巾军刘辟要跟袁绍联手，共同对付曹操。于是袁绍派遣刘备来了一个大迂回，绕道许昌背后，直插到汝南。刘备一到，马上显示出那超强的号召力，汝南各县群起响应。许昌以南的汝南与颍阳之间，几乎成了刘备的天下。到处都有刘备的队伍在展开游击战，让许昌城陷入一片恐慌之中。

想不到这个大耳朵还真是如此的麻烦，早就应该把他杀了。刘备神出鬼没的游击战，让曹操夜夜失眠。

这时候，侄儿曹仁站出来为他的叔父分担忧虑，南方各郡以为我们忙于跟袁绍交战，脱身不了，无暇顾及。刘备这小子也是瞄准这个时机，趁机大捞一把。但是中看不中用，那些袁绍的喽啰，不会一下子就成为刘备的死党的。趁着刘备现在还是银样镴枪头，一举把他灭了。

于是曹仁率领一队骑兵，直下汝南。果然如曹仁所预料，刘备再次延续了百战百败的光荣传统。虽然把在汝南苦心经营的地盘一下子交还给了曹操，但是刘备从这次行动中认识到了自己的号召力，再看那个不可一世的袁绍，恐怕很快就要成了曹操的盘中餐。于是，心中一股雄心油然而生，我刘玄德绝不当一条碌碌无为的寄生虫，我要开辟一片属于自己的天地。

倒霉的刘备回到了阳武的袁军总部，这回是向袁绍道别的。刘备告诉袁绍，袁曹对峙，一时僵持不下。如果要打破僵局，只有南下跟荆州的刘表联合。我，是中山靖王之后，跟刘表血脉相连，所以决定南下荆州，说服刘表。

迟钝的“袁大头”听了刘备富有诱惑力的一番话，没有看出深藏在刘备心底的雄心，于是让刘备率领他本来的部属，重新去了汝南。

没有想到的是，袁绍的这一决定彻底改变了刘备的命运，也改变了东汉末年的历史进程。脱离了袁绍的势力范围之后，刘备上演了一出由丑小鸭变成白天鹅的精彩戏剧。

刘备一到汝南，马上就跟龚都的地主武装联合起来，队伍一下子壮大到了数千人。曹操看到刘备死灰复燃，于是派蔡杨过去镇压。勇力倍增的刘备不费吹灰之力，很快就让蔡杨尸首分身。

而这时候，官渡战事正酣。曹操被袁绍逼得手忙脚乱，根本就没有心思去理会刘备的死活，刘备又一次奇迹般地在夹缝中求得生存。由此看来，刘备的那对大耳朵还真是能够让人好运连连的宝贝。

曹仁

## 2.血色的日食

跟曹操在官渡相持了一个月，一心只想把曹操按倒在地，然后给他一顿猛揍的袁绍急得像热锅上的虾子，不停地乱跳。本来以为凭借手中的十一万大军，只要几口，就可以把曹操的六万人咬碎、吞下，可是打了大半年，不但没有咬到一个曹操的士卒，反而磕碎了两颗门牙。

失去了一切军政大权的沮授又看出了袁绍的毛病，盲目求战。沮授顾不上掉脑袋的危险——如果自己不掉脑袋，就会有成千上万的人掉脑袋——苦苦劝诫"袁大头"，我军虽然在数量上占优势，但是在力量上不如曹操。而曹操的粮草、物质储备不如我，所以曹操的优势在于速战速决，我们的优势在于持久作战。时间就是我们最好的朋友，那就让时间去决定这场战争的胜负吧！

如果这时候的袁绍能够听一听沮授的半句话，那么袁绍就不是袁绍了。

双方的交战区域为阳武与官渡之间的狭长地带，中间隔着一条鸿沟水。就在血肉横飞、干戈相击之中，这条有五百年历史的鸿沟水再次走进军事家们的视野。

五百多年前（公元前361年），为了让迁都大梁（今开封）之后交通便捷，魏惠王动用了举国体制，在黄河南岸开凿了一条水渠，把黄河水引入圃田泽，这条水渠就是鸿沟。

在以后的流金岁月里，鸿沟水上演了一幕幕扣人心弦的战争大戏，当然最有名的就是刘邦跟项羽的争霸。再后来，体育运动家把鸿沟搬到纸张上，这就是人们生活中跟盐、茶一样不可缺少的"楚河汉界"。

在袁绍看来，当"楚河汉界"这段历史在官渡战场上重演时，自己好像变得越来越像那个大力神项羽。但是袁绍坚信，历史重演绝不会是简单的一个克隆过程。

为了让自己具备项羽的神通，而且能够脱离项羽败亡的命运，袁绍决心大打一场硬仗。他首先下令把河底的泥沙挖出来，在阳武与官渡之间十几里的狭长地带，堆起无数个坚固的沙堡。而袁绍的十万大军，就躲在沙堡后面，愤怒地望着对面的曹操侵犯了他们的发明权，也相应地出现了一个个沙堡。

就这样，袁、曹两军充分利用取之不尽的天然建筑材料——河沙，让官渡成了沙堆的世界。大家都躲在沙堆后面，不断地向对面的沙堆抛掷石块、射箭。沙粒满天飞，官渡又成了沙的海洋。

当然，与兵力占绝对优势的袁绍比赛堆沙堡，曹操显然无法获胜。大家都习惯于骑在战马上纵横奔驰，可如今却局限在密集的沙丘之中，人走不出来，马也跑不起来。曹操的骑兵一冲出去，马上就招来雨点般的箭、石，根本就无法靠近袁军。而袁绍的军队也好不到哪里去，一整天就蜗居在沙堆后面，什么事也不能做，幸亏军中粮食充足，大家在空闲的时候可以吃吃茶、聊聊天。

如果这样的堆沙比赛一直下去，恐怕把黄河底的沙粒都淘光了，也不会决出胜负。于是袁绍的谋士——曹操曾经的同榻老友——许攸给袁绍出了一个坏主意。不要再跟曹操打下去了，赶快分兵牵制曹操。抄小道直捣曹操的老巢许昌，把皇帝接出来。这样一来，曹操就彻底没戏了。

但是袁绍似乎迷上了堆沙的游戏，我就是要像围困野鼠一样，把曹操困死。许攸很恼火，如果再不听我的话，在曹操饿死之前，恐怕我们也都成了埋在沙丘之中的一堆堆白骨。

建安五年(200)的九月初一，天蒙蒙亮，两边的士卒经历了昨天一整天的鏖战，尽管精神疲倦，但在统将们的吆喝声之下，不得不重新抖擞精神，抄起武器，迎接新一天的流血牺牲。

帐下的一大帮军师，荀攸、郭嘉等人又人头攒动地围聚在曹操身边。大家想破脑袋，就是想不出来怎样能把沙堆背后的敌人消灭干净。

曹操气得咬牙切齿，干脆我带领一队骑兵，冲进袁绍的沙堆，跟他们拼命算了。于是曹操的勇士们迎着东升的红彤彤的太阳，不要命地冲向袁军。

一靠近袁绍的沙堆八卦阵，按照作战定式，曹操的骑兵在嘹亮的军号声中，分组围攻袁绍的每一个沙堆。这时候，突然天上下起了箭雨、石头雨，运气差的曹操骑士很快就血肉模糊，运气稍好的冲入沙堆之间，立即遭到袁军的迎头痛击，一个个成了刺猬。

一大片沙丘被鲜血染红了，断臂残腿满天飞，扬起的沙尘暴几乎让人们睁不开眼睛。这是一场名副其实的混战，直杀得天昏地暗，红彤彤的太阳也失去了光芒，渐渐地黯淡下去。

为了保护自己的生命，就要断送敌人的生命。于是袁曹两军人马陷入乱战之中，大家的眼睛直盯着周边的人，有谁去注意天上的那轮红彤彤的朝阳。

突然间天色越来越暗，伴随着惊天动地的喊杀声，数不清的沙堆上洒满了黯红的阳光。人们这才发现，东边的那个太阳剩下不到半个了。

越来越多的袁军从沙堆中钻出来，在昏暗之中展开了惊天动地的大厮杀。日食持续了大约半个时辰，渐渐恢复了本来的浑圆。但是实力不济的曹操早已落败下来，被迫退还官渡的营地。一进入帐中，曹操马上下令坚壁不战，老天爷已经愤怒了，再打下去恐怕太阳就要从天空消失了。

但是得胜的袁绍却不信日食这个邪，只要击败了曹操，他就是地面上的太阳。袁绍的大军像沙漠中的一阵旋风，向官渡的曹军席卷过去。

眼看着曹操像缩头乌龟，袁绍从来没有像这样欣喜过，沮授、田丰，还有许攸，你们睁大眼睛看看吧！曹操已经成了瓮中之鳖了，现在要让战无不胜的河北兵打碎那个瓮罐，把缩头乌龟揪出来煮着吃。

双方都绞尽脑汁，攻防战进入了白热化的高潮阶段。袁绍在曹操的屯营外围架起了高耸入云的木楼，又堆起了一座座小山丘，于是在曹操的头上下起了一阵阵箭雨。不到几个时辰，曹军的沙堆上就横七竖八地躺满了死尸。

曹操没辙了，只好下令让部下用厚实的盾牌当雨伞，挡住了袁绍的箭矢大雨。就这样，吃饭、上卫生间，甚至聊天都要用一只手高高举起用来保命的盾牌。起初人们只是觉得不方便、不习惯，但是第二天、第三天，人们的内心终于崩溃了。

连正常的生活都成问题，还打什么鸟仗？

曹操眉头紧锁，号召大家共同开动脑筋，对付袁绍的攻战之术。这时候一个叫刘晔的谋士，想出了一个绝招，制造了大量的霹雳车。这种霹雳车就是现代战争中的远程大炮、喀秋莎火箭炮。随着轰轰的惊天巨响，霹雳车抛出了一块块几吨，甚至几十吨重的巨石。虽然曹操的抛射手没有学过弹道学理论，但是巨石在空中划出一道完美的弧线，精确地落在袁绍的木楼上。于是巨石碰撞的隆隆声，木楼倒塌的哗啦啦声，交织在官渡的上空。很快地，曹操就取得压倒性的胜利。

一计不成，又生一计。袁绍又想出挖坑道的攻战之术，一声令下，数万人挥舞着铁锹，官渡的平原上马上出现了几道纵横交错的坑道。

兵来将挡，水来土掩。曹操和他的谋士也不是没有脑袋的稻草人，针对袁绍的坑道，曹军也在营房周围挖了一条长长的壕沟。袁军的袭击队伍通过己方的坑道一进攻，立即碰到大壕沟，还是进不去。于是袁绍在坑道战的较量中又遭到挫折。

就这样，你攻我守，两方将士扭打成一团，结果谁也没有办法打破僵局。

但是，随着时间的推移，曹操的脸上渐渐布满了愁云。因为在这关键的时刻，军中的粮草快没有了。

## 3.老同学的诚意

由于肥沃的华北平原大都成了袁绍的势力范围，洛阳、许昌一带又常常受到黄河的水患威胁，所以在后勤补给上，曹操根本无法与袁绍相比。

开打半年以来，军中渐渐断粮。尽管老百姓从嘴巴里抠出了大米饭，但还是喂不饱六万曹军。粮草不济成了曹操的致命伤。

为了对得起自己的肚子，宁可对不起恩重如山的曹操，许多士兵纷纷投到能够吃饱饭的袁绍军营，真是有奶便是娘啊。眼看着军心动摇，将士斗志一天不如一天，曹操每天唉声叹气，一筹莫展。在军中逛了一圈，尽是羸弱不堪的士兵，曹操实在不忍心他们继续为自己效命。

于是曹操给留守许昌的荀彧写封信，不打了，还是回去，向袁绍投降算了。在曹操的心里，荀彧不但是他的参谋，而且还是他的知心朋友。

看到曹操的亲笔信，就仿佛听到曹操的诉苦声。荀彧赶紧给曹操打气，袁绍把所有的赌注压在官渡，就是想跟曹公一决胜负。曹公以弱击强，一旦失手，必被袁绍所乘。如今已到了争夺天下的最关键时刻，我们是逆水行舟，不进则退，但是现在已经没有退路了。

况且袁绍只是草根中的豪杰，虽然能够吸引一大批人来投，但是没有一个人愿意留下来。对此，荀某深有体会。曹公凭借着非凡的神武与超人的智慧，又高举“奉天子以令不臣”的旗帜，还惧怕什么困难？现在虽然粮草不济，但是比起刘邦跟项羽在荥阳、成皋对峙时的情形，我们还算是幸运的。那个时候，无论刘邦还是项羽，谁也不愿意先行退出战场。因为大家都知道，第一个退却的就是失败者。现在曹公已经紧紧扼住袁绍的咽喉大半年了，让他进不得，也退不得。坚持，笑到最后才是最伟大的。形势即将发生逆转，这正是出奇制胜的大好时机。只要再坚持最后的三分钟，胜利必定属于我们。

看到荀彧这么振振有词，曹操感动得热泪盈眶。我曹某就跟官渡同归于尽，也不愿意退回许昌。为了重振直线下降的士气，曹操不断进行精神洗脑。看到大口喘气的运输老兵，抚摸着瘦骨嶙峋的湿背，曹操不由得起了怜悯之心，再帮我劳动十五天，破了袁绍之后，我们就可以回家过上幸福的日子了。一向善于以精神鸦片来鼓气的曹操，很快就让这支疲惫不堪的队伍在幻觉的作用下重新亢奋起来。

紧接着，参谋荀攸也让曹操亢奋了一回。据密探汇报，袁绍军中也是上顿不接下顿了。这回袁绍叫韩猛从河北运来了数千车的粮食，今天傍晚就会到官渡。韩猛虽然很猛，但是头脑简单。只要一打，他就会跟着粮食一起完蛋。

曹操眼睛一亮，这样的重任谁可以担当？荀攸举荐一个人，徐晃。曹操当即拍板，徐晃，我看行！这个徐晃是关羽的老乡，虽然只是个偏将军，但是在曹操眼里，简直就是当代版的周亚夫。

徐晃果然不辱使命，他跟着史涣突然袭击韩猛，还没有等韩猛反应过来，他的几千车军粮就成了灰烬。

但是袁绍很大方，烧就烧吧。河北这么富庶，这点粮食也就半年的收成。于是在十月，袁绍又令淳于琼率领一万人护送了几千车粮草，这回是放在官渡东北四十里的乌巢。倒是袁绍的谋士心痛那些被焚的粮草，这可是千千万万老百姓的血汗啊！谋士沮授希望袁绍能吸取前车之鉴，派遣蒋奇专门防备曹操的偷袭。

曹操还会劫粮？难道曹操不懂得兵法上说的“兵无常势，水无常形”？

这时候许攸说是要献上一条破曹的妙计，曹操本来就兵力不多，现在又倾巢而出，许昌一定是座空城。如果能派出一支特遣队，直奔许昌，把皇帝给夺过来。皇帝一到手，马上以其人之道，还治其人之身。奉天子令讨伐曹操，曹操必败。

但是袁绍哈哈大笑，这样的奇谋妙计我听得耳朵都长茧了。身为谋士，提出的建议没有一条被袁绍采纳，许攸有点怀疑自己的脑子有问题，跟着这么一个猪大头，别说什么荣华富贵，脑袋不搬家就阿弥陀佛了。

也许是天要灭了袁绍，这时候许攸的家人犯罪了，被审配收归监狱。愤怒的许攸再也忍不住，干脆就投奔曹操吧。从小就同桌共榻，跟着这样一个有雄才大略的老同学，前途可是风光无限啊。

一气之下，许攸连夜越过火线，逃到曹操的大营去。这一举措，被称为扭转官渡之战的关键。

听到老同学冒着生命危险来投，兴奋的曹操马上做出一个非常令人惊异的动作——赤着双脚来迎接许攸。这让许攸勾起了对学生时代的回忆，两人经常同床而卧，光着脚丫踢来踢去。

但是更温馨的还在后头，曹操像爱人一样不停地抚摸着许攸的双手，子远同学，你的大驾光临，简直是给我送来了胜利。

离别多年的同学一朝相聚，那是有说不完的贴心话。两人再次重温旧情，同桌对坐，共饮几杯酒。先谈私事，再来公事。但是可以肯定的是，不论私事还是公事，许攸都怀着一颗最纯真的诚挚之心。这次来投，就是要把袁绍的惊天大秘密泄露给曹操。

当然，如果直截了当地把那个秘密说出来，那岂不被老同学看出了自己的丑恶？于是许攸试探道，袁绍如此嚣张，阿瞒有何对策？军粮很多吧？

一下子就刺探这么重大的军机秘密，曹操有点怀疑这个老同学是不是袁绍的卧底。聪明的曹操当然不会实情以告，来了一个忽悠，粮草可以支撑一整年。

许攸对这个老同学的脾气了如指掌，一般曹操说的第二句话才是真话。所以他回应说，没有的吧，再说说。

实实可以支撑半年！

许褚
许攸

许攸很失望，本以为第二句会是真话，没想到假话连篇。阿瞒不想打败袁绍吧，怎么这么不老实？

曹操这才意识到问题的严重性，老同学诚心来投，再不吐实话，就伤了那颗心。多年未见，开开玩笑。只有一个月的军粮了。一个月后，粮尽兵退。

于是许攸献出了最诚挚的礼物——袁绍的致命弱点。故市、乌巢囤积着袁绍的万乘军粮，守将淳于琼没有丝毫防备之心。只要派出一支快速部队过去，放一把火，三天之内，袁绍必败。

话还没有说完，曹操就立即意识到这个老同学送来的不仅仅是袁绍的秘密，还是半个天下。

## 4.崩溃从乌巢开始

夺得袁绍的半个天下，首先要从奇袭乌巢开始。由于这个传奇已经被人们传诵了几千年，如果在这里只是重复这个故事，那岂不是索然无味？所以我想说点新鲜的东西。

毫无疑问，乌巢之战是袁绍走向覆灭的开始。袭击乌巢的曹军主要为曹操亲自率领的五千步骑兵，跟淳于琼的一万守军相比，还是处于劣势。但是之所以能够一举破敌，关键在于出其不意。

怎样做到出其不意？曹操做了三点：第一，更换成袁绍的战旗，把队伍乔装成袁军。第二，为了达到奇袭的效果，安静行军是关键，方法很简单，让队伍中的每一个人嘴巴里咬着一个小东西，谁掉了东西，谁就掉脑袋。然后用布条把战马的嘴巴绑起来，这样就听不到马的嘶叫声。第三，抄小道、走夜路。人人怀里抱着一捆干柴。

尽管在路上碰到袁绍的巡逻兵，却都被“袁公怕曹操袭击侧背，所以派我们去增援”这句话糊弄过去了。所以一路上行军很顺利，根本就没有发生战斗。

但是，我们不能不说，袭击乌巢是一次军事冒险行动。如果换一个对手，曹操的奇袭队伍就有全军覆灭的危险。所以说曹操的奇迹是建立在袁绍的失算之上。

当奇袭队伍到达乌巢外围时，袁军还蒙在鼓里。但是军粮是堆在营房里头的，并且有淳于琼的一万人在把守着。要想把乌巢的粮食烧得一粒不剩，那只有驱散淳于琼的守军，然后冲进去纵火。

于是曹操下令在乌巢外面到处放火，让守军陷入一片混乱。一旦火势蔓延到军营内，那些干草、粮食将不堪设想。

遗憾的是，这时候天亮了（大概在四五点左右），已经错过了焚烧粮草的最佳时机。淳于琼看到敌人不到自己的一半，赶紧出动大军，想把曹操赶回去。一出军门之外，曹操发现自身的危险，立即发起迅猛的攻击，把淳于琼撵回军营。

听到曹操攻击乌巢的消息，袁绍立刻做出反应。可是袁绍的反应很雷人，他一点儿也不担心那一万车军粮变成灰烬，反而想趁着曹操攻打乌巢，做出一个非常冒险的决定，派大将高览、张郃去攻打官渡的曹操大本营。

袁绍在做一生中最危险的赌博，用自己的一万车军粮去赌曹操的大本营。以袁绍的设想，即使乌巢被曹操攻破了，粮食烧得一粒不剩。但是只要击破曹操的大营，就可以让曹操无家可归，成为失败的弃儿。

负责攻打曹操大营的高览、张郃立即发现袁绍的决定是一个荒谬、无知、致命的失误。曹操攻打乌巢是曹军的精锐之师，淳于琼必定战败。淳于琼一败，军粮也跟着完蛋。军粮一完蛋，十万袁军也就填进去了。所以两人主张先援救淳于琼，确保军粮安然无恙，然后再进攻曹操大营。这时候大笨蛋郭图现身了，强烈要求趁虚袭击曹操大营。

高览、张郃面面相觑，曹操军营固若金汤，几乎没有被袭破的可能。一旦淳于琼战败，我们都成了俘虏。袁绍左右为难，最后想出一个折中方案。兵分两路出击，一路是少量骑兵，驰援乌巢；另一路是步兵大部队，主攻曹操大营。就这样，袁绍犯下了白痴式的错误，丧失了救援乌巢、确保粮草安全的最佳时机，白白把半个天下无偿转让给曹操。

照这样看来，奇袭乌巢并没有获得成功。本来在昨天夜里就应该把军粮烧得干干净净，但是由于路上行军的耽误，到了清晨不但没有烧掉一粒粮食，反而受到袁绍援军的夹击。幸运的是,对手袁绍是一个百年难得一遇的大傻瓜,派出增援乌巢的骑兵为数不多,否则,曹操只有落个偷鸡不成蚀把米的下场了。

本来是偷袭乌巢的,现在却成了艰苦的攻坚战。淳于琼尽管有勇而无谋,但也知道自己项上的人头是与那一万车军粮紧紧地系在一起的。坚守乌巢,成了淳于琼最后的职责。

五千曹军与一万袁军展开了激烈的攻防战,乌巢成了官渡这盘围棋的生死劫。但是对曹操来说,眼前的形势很危急,乌巢一时难以攻下,背后又传来了袁绍援军的喊杀声。

部下慌慌张张大叫,袁绍的骑兵来了,分点人马出去抵挡。

曹操急躁地大骂说,等袁军的嘴巴亲吻我们的屁股了,你再嚷吧。

这时候,大家都知道,如果再不把吃奶的劲儿都拿出来,恐怕就要集体去阴曹地府报到了。在这千钧一发之际,曹军集体释放出体内的潜能,每个人爆发了可以搬起一个大冰箱的超能力,在如雷鸣的喊杀声中冲进了乌巢军营。

曹操兴奋地喊道:“杀了淳于琼!烧了军粮!”

袁军溃不成军,淳于琼满身是血,真打算与军粮同归于尽了,但老天并没有成全他,最终落得个被俘的下场。随着熊熊的烈火,烧得噼里啪啦响,黑烟冲天,乌巢成了一片焦土。堆积如山的粮草,数不清的金银珠宝,瞬间化为乌有。

乌巢之战,曹操大获全胜。主将淳于琼被俘,其他守将眭元进、韩莒子、吕威璜、赵叡被斩首。至于这个淳于琼是不是就是《曹瞒传》中的淳于仲简,我们分析一下。按照陈寿《三国志》的说法,淳于琼是第二天清晨被杀,而《曹瞒传》中的淳于仲简是在袭击乌巢的那天夜里被俘虏。其实并不矛盾,我们可以确定的是,彻底袭破乌巢是在凌晨四五点左右,那时候天蒙蒙亮。联系到古代的人名一般很少有两个字的,所以淳于琼,字仲简,这个可能性还是很大的。

淳于琼被俘虏之后,曹操很感慨,十二年前,他们同为西园八校尉,算起来也是老朋友了吧。因此曹操不想杀他,只是割下鼻子羞辱他。仲简老弟,此时此刻,你有何感想?

淳于琼也算是条硬汉子,胜负在天,我淳于琼死而无憾,何必这么啰嗦?

曹操有所不忍，留他一条命吧。但是许攸劝他，现在鼻子都没有了，以后怎么见人？而且每次照镜子的时候，必定想起这个仇恨。

于是曹操下令把淳于琼杀了。

乌巢一败，袁绍人财皆空。不但乌巢的军粮毁于一旦，而且进攻曹操大营的高览、张郃也是伤痕累累。由于郭图是主张进攻曹操大营的主谋，现在事情完全搞砸了，在袁绍面前抬不起头，那是一件很没面子的事。必须找一个替罪羊，毕竟自己还要在袁绍手下混。

于是郭图在袁绍面前说了张郃的坏话，张郃巴不得我们早点溃败。张郃听了，愤怒加恐惧，再也无法混下去了，干脆伙同高览一齐投奔曹操大营了。

张郃、高览离开了，乌巢的军粮都毁了，整个军营闹哄哄的，八九万军队立刻哗变，秩序大乱，根本就无法控制。袁绍也绝望了，再待下去，恐怕部下就要把自己的头颅献给曹操了。于是扯上儿子袁谭，脱下军装，改穿便服，带领八百心腹骑兵，抛下八九万人，渡过黄河逃走了。

兵败如山倒，这是官渡之战最后一天的真实写照。曹军听说袁绍跑了，漫山遍野地四处追击。整个官渡战场，方圆十几里之内，尸首盈野，丢弃的器械、车辆、战马，甚至图书、奇珍异宝不可胜数，都成了曹操的战利品。

失去指挥的七八万士卒饿着肚子满山跑、遍地走，最后实在走不动了，于是全部向曹操投降。曹操一看，不由得紧皱眉头。本来粮草就吃光了，自己的人都吃不饱，差点儿军心崩溃。现在又来了七万战俘，比自己的军队还多。一旦暴动，怎么控制？于是想出一个简单而又残忍的解决办法，将这七万战俘全部活埋坑杀。

一场惊心动魄的官渡大战，就这样在七万人的哀号声中惨淡收场。

# 第十一章　一统河北

『小鲜肉』孙权
袁绍的失败
清剿袁氏势力
飞越长城

## 1."小鲜肉"孙权

袁绍惊魂未定地渡过黄河,跑到在黎阳的部将蒋义渠军营中。官渡大战犹如一场噩梦,从繁华开始,以悲剧结束。袁绍从未觉得人生是如此的惨痛。他恨曹操,恨许攸,也恨淳于琼。他恨每一个人,但是眼前的蒋义渠可不能再恨了。

袁绍紧紧地握住蒋义渠的手说:"我的头颅就交给你保管了。"蒋义渠知趣地让出营帐,从此这里就成了袁绍的统帅部。毕竟霸占了河北这么久,手下还是有一大批忠臣的。袁绍愚蠢也好,无能也好,但是他很少猜忌人、虐杀人。于是,那些旧臣又纷纷聚拢在袁绍身边,大家就同舟共济吧。

北方基本上是自己的天下了,大战刚刚结束,元气有待恢复。再说,能够打败袁绍,多半归因于袁绍的连连失误,自己的队伍还没有达到不可战胜的地步,所以曹操不急于对袁绍赶尽杀绝。

于是曹操把目光投向了南方。江南的东吴刚刚发生变故,孙策本想趁着曹操忙于交战,袭击许昌。结果如鬼才郭嘉所料,孙策被仇家吴郡太守许贡的门客暗杀而死。

孙策死后,东吴的主人变成了十八岁的孙权。看到东吴代代出英豪,曹操不由得发出了"生子当如孙仲谋"的感叹。这是一个比刘备更让人感到恐惧的青年俊才,如果现在不削弱他,那么早晚有一天他会变成第二个袁绍的。于是曹操想乘人之危,攻打东吴。

这时候,一个叫张纮的监察官站出来,力劝曹操以德服人。曹操被张纮左说右劝,竟然动心了。于是派张纮去东吴招抚孙权,封孙权为讨虏将军,领会稽太守。

曹操异想天开地准备把张纮留在孙权身边,想让他说服孙权归附自己。

冥冥之中自有天定。

曹操万万想不到,这个张纮本来就是孙策安插在自己身边的卧底。结果一到东吴,从此再也没有回到许昌,成了孙权的得力助手,跟张昭号称"二张"。

但是叫这么一个年龄才十八岁的孙权来统治东吴，实在令人捏一把汗。东吴的第一谋士鲁肃对孙权的第一印象就是，嘴上没毛，办事不牢。

如果叫一个十八岁的青年带点队伍，凭着身上用不完的力气，在战场上或许还可以成就一事业。但是要他当一方之霸主，手下都是些老油条的文臣武将，实在是难为了孙权。

所以鲁肃宁可去投靠巢湖太守郑宝，也不愿拿自己的青春去赌明天。

正当鲁肃怀着哀痛的心情安葬了自己的奶奶，打点行李准备北上时，周瑜来了。从第一眼见到孙权开始，周瑜就认定了这个年富力强的新主人绝对不简单。东吴在这位青年才俊的领导下不走向繁荣富强，那才怪呢！

但是毕竟是初生牛犊，各个方面经验不足，还需要一个人来辅佐他。而此人就是眼前的鲁肃。他的深谋远虑，他的宽宏度量，简直是为孙权而生的。

为了能让鲁肃留在东吴，周瑜可是煞费苦心。先是让鲁肃打消了北行的念头，然后是向孙权推荐鲁肃。

就这样，怀着当今之世不但老板可以炒员工的鱿鱼，员工也可以炒老板鱿鱼的念头，鲁肃在周瑜的精心安排下，抱着试试看的念头，跟这个十八岁的高中生见面了。

但是一见面就让鲁肃大跌眼镜，如果他有眼镜的话。这哪像一个十八岁的高中生？他一双炯炯有神的明眸，一个高速运转的头脑，简直就是稀世天才。再看看苍遒有力的挥臂动作，听听口中发出的高亢浑厚之声，这分明是盖世英主。

而孙权一见到鲁肃也是一下子惊呆了，导师、绝顶聪明、战略家，等等，简直就是老天特意派来辅佐我的。于是两人如胶似漆，一旦粘在一起就无法拆开了。所以孙权把所有的人赶走之后，再次招来鲁肃，跟他坐在同一张床榻上，一起喝酒聊到深夜。

孙权对时局忧心忡忡，现在大汉帝国几乎就要垮台了，我很想模仿齐桓公、晋文公有所作为，你怎样来辅佐我？

鲁肃倾生平之所学，终于发表惊世骇俗的“榻上对”。如今的曹操就是过去的项羽，皇帝就在他的手上，你怎么可以成得了齐桓公和晋文公？鲁肃有个不成熟的看法，汉室已经是枯萎了的稻草秆，想扶也扶不起来了。而想除掉曹操也不是一两天就可以解决的。现在将军最好的策略就是固守江东，耐心等待事态的变化。一旦曹操陷入北方的战事无法抽身，我们就乘机剿除黄祖，西灭刘表，夺取长江以南的所有地盘，跟曹操划江而治，足以成就一番霸业。

鲁肃此话一出，就宣告了东汉末年地方各路军阀林立，开始向两三个超级霸主并存的局面转变。至于七八年后诸葛亮的得意之作"隆中对"是否剽窃鲁肃的"榻上对"，还有待详讨。

## 2.袁绍的失败

当东吴的孙权一天一天地壮大起来的时候，曹操也似乎闻到了南方一股崛起的气息。但是要征服孙权，首先必须得征服长江这一天险。这需要动用大量的人力、物力、财力来修造战船，目前还没有这个实力。但是如果能在跟孙权决战之前，先把荆州的刘表给解决了，就可以对孙权形成西、北两面包围之势。

因此，曹操准备趁着袁绍新败，暂时无力反扑，集中精力南征刘表。

这时候荀彧又发挥他的深谋远虑。袁绍刚刚大败，大家都对他无比失望，应该痛打落水狗，不给他喘息的机会。如果远征长江，让袁绍死灰复燃，给我们背后插上复仇的一刀，那一切就都完蛋了。

从建安六年(201)四月起，曹操开始了对袁绍的穷追猛打。仓亭之战，再次大败袁绍。但是就在曹操北上的时候，汝南的刘备不时地在背后搞一些小动作。于是曹操把矛头转向刘备，刘备根本就抵挡不住暴风雨般的打击，只好没命地往西南方向逃跑，一口气跑到荆州，这才停止下来。

刘表一听到刘备来了，亲自跑到几里之外的郊区去迎接。尽管两人只是远房亲戚，但是在那个战乱时代，能见到一个姓刘的人简直比黄金还要宝贵。所以刘表、刘备两人卿卿我我，让旁人看得眼红。

刘备万万想不到这次南行就是跟北方的诀别之行，更想不到一个千古奇人正在等待着他的到来，从此开创了一个新时代。

命运真是奇妙的东西。有时候就是一念之差,闹得天翻地覆。但是,有时候看起来是极小概率的事,却偏偏发生了。毕竟命运只能掌握在自己的手中,但是只有强人才能够牢牢把握住自己的命运。

而像袁绍那样的庸人,如果一百次之中能够听取一次正确的话,他的命运就会跟现在有天壤之别。在袁绍的身边,曾经有过数不清当时最为顶尖的人才,荀彧、荀攸、郭嘉、许攸、沮授,甚至也拥有过像张郃这样的虎将。但是曾经拥有并不等于永远拥有,每一个投靠袁绍的人都是怀着无比的兴奋而来,结果都是心酸而去。

虽然袁绍是一个和蔼可亲的人,从未制定过严刑酷法,但是他的自大与傲慢,堵住了所有的忠言。

从官渡败回河北,袁绍曾经痛苦过、悔恨过,为此落了个抑郁症。终于在建安七年(202)五月二十一日,袁绍在吐血不止中离开了尘世。他很想知道,为什么那么多人会一个个地离他而去?为什么十一万大军会在官渡败给只有六七万人的曹军?但是一切都为时已晚了。

袁绍的一生是奋斗的一生,也是失败的一生。

经历过无数次失败之后,袁绍还嫌自己的失败不够多,于是把失败继续留给身后的三个儿子。

无论在什么时候,财产继承都是一件令人头疼的事。特别在古代,老婆那么多,儿子也是一大堆,在继承权上的争夺简直成了不可调和的矛盾。不但高高在上的皇帝老爷如此,就是一般的民间家庭也常常为此而大打出手。

像所有的贵族一样,袁绍至少有两个以上的老婆。儿子也有三个,按顺序分别是袁谭、袁熙、袁尚。按照嫡长子继承制的原则,袁绍百年之后的大业应该落在长子袁谭的手上。但是,受到女人的影响,袁绍却偏偏钟爱袁尚。

于是袁绍把袁谭送给哥哥当继子,让他去山东青州做刺史。然后再把袁熙赶到北方的幽州,就把袁尚留在自己身边。这就意味着长子袁谭与二子袁熙被排除出正宗的位子之外。

这样,袁绍死后的势力分布是:长子袁谭占据青州、二子袁熙占据幽州、末子袁尚占据冀州、外甥高干占据并州。

在财产与继承权的安排上袁绍犯下了一生中最后一个错误。袁绍一下土，这个错误就演变成一场灾难，最终导致了整个袁氏家族的覆灭。

自己辛辛苦苦创建了一番基业，又亲手把它埋葬了。

建安七年(202)九月，曹操开始了大扫北。目的是彻底消灭袁氏残余势力，实现北方的统一。眼看着袁谭受到外人的欺负，唇亡齿寒，再说也是自家兄弟，于是袁尚跟袁谭暂时放弃了继承权上的纷争，手挽手，一同对付曹操。

结果曹操也是费了九牛二虎之力，才在建安八年(203)二月兵临黎阳城下。袁尚、袁谭根本就不配做曹操的对手，赶紧躲到袁氏的政治中心邺城里去。

曹操像魔鬼一样紧追不舍，追到邺城下，就准备架起云梯攻城，但在这时候郭嘉出手阻止了曹操的攻城行动。

这个鬼才想出了一个不是攻城的攻城战术。袁氏兄弟只可共苦，不可同甘，他们正在为继承问题闹得焦头烂额，就是由于我们的入侵才没有让他们的窝里斗继续下去。我们何不坐山观虎斗，先把荆州的刘表解决掉，让他们自家兄弟闹得天翻地覆，再回头收拾他们。

一句话听得曹操眉开眼笑，于是留下贾信守黎阳，自己回到许昌，等着看袁尚与袁谭的好戏。曹操一走，袁氏兄弟失去了共同的敌人，于是彼此都把对方当作身边的炸弹。

本来两个兄弟就为了财产的事耿耿于怀，所以一个躲在青州、一个待在冀州，难得有见面的机会。现在是天天横眉冷眼相对，日子久了，两兄弟一坐在一起就起鸡皮疙瘩，渐渐忘记了他们还有曹操这个共同的敌人，两兄弟都恨不得把对方赶走。

于是，爆发了极具中国特色的“窝里斗”。袁谭在郭图、辛评的唆使下，率先对袁尚动刀子。终于同室操戈，上演了比老一辈袁氏领袖袁绍与袁术更为惨烈的悲剧。

但在袁尚的家门口打架，明显是袁谭落了下风，于是袁谭只好灰溜溜地逃到南皮去了。但是袁尚并不满足于把袁谭从邺城赶走，恶从胆边生，要不是自己及时赶到，恐怕袁谭的头颅早就挂在曹操大营的旗杆子上了。所以袁尚亲自率领大军围攻南皮，袁谭又是打不过，三十六计，逃为上计，于是没命地躲进了平原城。

结果兄弟之间的厮杀越演越烈，袁尚把平原城围得像一个铁桶。袁谭狠起心来，宁死也不投降，就派辛评的弟弟辛毗向曹操求援。

自己家里打架却求外人来充当打手，这个绝对阴到家，太不像话了。荆州的刘表实在看不下去，我跟刘备虽然是远房亲戚，却情同手足啊。况且这时候曹操正不紧不慢地攻打刘表，大军就驻扎在西平。如果能让袁氏兄弟破镜重圆，那么或多或少地可以减轻一点荆州的压力。

于是刘表左边劝袁谭：兄弟残杀，亲者痛，仇者快；右边劝袁尚：应该多学点五行相生相克的知识，做人嘛心胸就要坦荡一点，千万不要忘记了，你老爸是被谁害死的？刘表本想当一个和事老，结果左不是人，右也不是人。袁尚、袁谭根本就不把刘表的苦口婆心当一回事。

而派去求援曹操的辛毗更是吃里扒外，根本就不想替袁谭服务，更谈不上让兄弟重归于好，不叫外人看笑话。到了西平之后，反而辜负了袁绍生前的款待，劝曹操趁火打劫。

曹营中的谋士大都认为刘表实力超群，不能让他继续做大，袁氏兄弟的窝里斗就让它进一步恶化下去吧。所以应该先灭了刘表。

但是荀攸不同意，刘表是一个没有生命的木偶人，根本就缺乏任何进取心。倒是袁氏家族坐拥四州，人口数百万，如果让袁谭和袁尚和睦一家，那么天下大乱就没有尽头。两兄弟失和，“鹬蚌相争，渔翁得利”，现在就是彻底消灭袁氏的最佳时机。机不可失，失不再来啊！

曹操很赞成荀攸的话，我打吕布时，刘表无动于衷；官渡大战时，刘表也无动于衷。这样一个只知道看护自己家门的小贼，活在世上究竟还有什么意思？袁谭、袁尚都是狡猾之徒，当然要趁火打劫，一举灭了他们。即使袁谭出尔反尔，只要我破了袁尚，偏安一隅的袁谭早晚是瓮中之鳖的。

如果说袁绍在世，对河北这么一块肥肉曹操只能虎视眈眈。但是现在面对的是袁绍的两个犬子，曹操顿感胜券在握。

我们不能不说，跟曹操为敌，的确是袁绍一生中最大的错误。

## 3.清剿袁氏势力

虽说曹操已经确立了北伐的目标，但是对自己的力量还保留怀疑态度，所以曹操有点后悔自己的决策。

皇帝不急太监急。辛毗倒有些紧张起来，赶紧找到鬼才郭嘉。郭嘉找到曹操，于是曹操又找到辛毗，袁谭就那么可信吗？袁尚就那么不堪一击吗？辛毗急了，我的英明曹公，不要再问诚信与狡诈这类的问题了，要看到事物发展的必然趋势。袁氏兄弟自相残杀，不是外来势力可以干涉的。兄弟二人无视百姓的痛苦，大动干戈，天天厮杀，战士们的盔甲都长虱子了。弄得民不聊生，怨声载道。就连三岁的娃娃也知道，袁氏快要完蛋了。况且纵观天下各路军阀，没有人比得上河北的袁氏。先辈们有一句话，“取乱侮亡”。只要袁氏一灭，我们就可以称霸天下了。

曹操真是个幸福的人，他是在辛毗的苦苦哀求之下，才同意接收富庶的河北地区的。

行动的第一步，进军黎阳，锋芒直指邺城。袁尚看到老窝岌岌可危，赶紧撤了平原的包围，卷起铺盖回到邺城。部将吕旷、高翔看到情况不妙，就向曹操投降了。

危机一解除，袁谭马上变了心。他刻意弄了两个精美的将军大印，用来拉拢吕旷、高翔。袁谭很弱智，本想让曹操与袁尚打得头破血流，自己就可以坐收渔翁之利，没想到吕旷、高翔一拿到大印，马上献给曹操表忠诚。

这时候，粮食吃光了。曹操没有办法，只好让儿子曹整跟袁谭的女儿定亲，暂时安抚一下袁谭。

建安九年（204）二月，袁尚看到曹操退走了，决定趁着这个空当，留下审配、苏由守邺城，自己率领大军对平原的袁谭发动猛烈的攻势。

曹操补给充足的粮草之后，马上进军包围邺城，又是挖沟沟，又是造假山，把一座邺城围得水泄不通。那时候没有飞机轰炸，所以曹操只好没日没夜地让士兵们爬城墙攻打。

这个邺城修筑得实在坚固，打了两个月也没有打下来。曹操就想把邺城的后勤补给打烂，来一个釜底抽薪，于是留下曹洪继续围攻邺城，自己去打毛城。毛城攻克之后，继续打邯郸。守卫邯郸的是沮授的儿子沮鹄。把邺城周边的地方打得破破烂烂，再回过头来打邺城。

但是邺城的守将是谋士审配，具备一定的实力。袁尚部将冯礼准备大开城门，放曹军进城。没想到被审配发觉，于是不声不吭地让三百曹军进入邺城。结果还没有踏进城门半步，马上从城头上落下了数不清的大石块，把入城的曹军砸成肉饼。

看到邺城是一颗硬桃核，硬砸是砸不烂的，于是曹操又想出一个办法。他下令把先前辛辛苦苦修造的假山、地道全部毁坏掉，改为绕着邺城挖了一条周长四十里的小浅沟。

审配在城头上看得哈哈大笑，挖得这么浅，是做小便所，还是填曹军的尸体。没有想到白天醒过来一看，吓得魂不附体，眼前只见一条宽广各两丈的河，汹涌的漳水正不停地注入小河。

这样一围就是两个月。到了七月，袁尚得知曹操又从背后捅了一刀，气急败坏地率领一万人回来救援。

我们老家有句话，“回头蛇，咬无改”。意思是说被追杀过的蛇，回头再咬人，那就惨了。袁尚一到，曹操的部将有些紧张，还是避一避袁尚这条回头蛇。

曹操说，如果袁尚从东边的大道一路杀来，那就暂且避其锋芒。可是如果从西山的小路而来，那马上就成了我们的客人了。

侦探回来汇报，袁尚从西山的小道过来，经过阳平，现在已经到了邯郸。曹操听完一阵狂笑，笑得大家莫名其妙。

曹操很得意地宣布，冀州已经属于我们了。看到大家满头雾水，曹操又说，你们就等着好消息吧。

但是大家等了一整天都没有等到什么好消息，只看见邺城外面的袁尚与城内的审配利用最古老的发短信方式——在夜间举着火把，互相照应。于是城内的审配往外冲，城外的袁尚往里冲，夹在中间的曹操彻底成了一块三明治。

这时候，曹操表现出非常高超的技战术。他命令一头挡住城里冲出来的审

曹操
曹

配，命令同时向城外的袁尚发动大反攻。

战斗的结果很雷人，城内的审配像被堵住了瓶口的啤酒，不露一滴；而城外的袁尚像开了口的瓶子倒在地上，崩溃得一干二净。于是曹操与袁尚展开了追击比赛，袁尚跑到曲漳，曹操就追到曲漳。袁尚跑得上气不接下气，赶紧叫阴夔、陈琳向曹操投降。

曹操不但没有批准袁尚投降，反而围得更紧。于是袁尚又跑到祁山，曹操穷追猛打，一直追到中山，就不再跑了。那里是一个陌生的地带，地形复杂，况且背靠长城，于是曹操捡了袁尚扔下来的战旗、印章、衣服之后，得意洋洋地回到邺城下。在城下举行了一个已故冀州太守袁尚遗物大展览，让邺城的守军免费看了一回。

邺城的守军看了之后，情绪一下子降落到最低点。终于在建安九年（204）八月初二的夜里，邺城守将审配的侄儿审荣打开东门，让曹操不费吹灰之力得到了邺城。

一进邺城，曹操马上下令大屠杀。谁叫你们抵抗了那么久？

但是对曹操的儿子曹丕来说，杀人不是他的爱好。他一入城就跑到袁绍生前的住宅，袁绍生前生活奢侈，府内的宝玩肯定堆积如山。没想到他一跨入袁绍的住宅，什么宝贝也不要了，因为他看到了一个非常美丽的女人——袁熙的老婆甄氏。

这是一个三国历史上著名的女人，所以她的生日也被记录了下来。甄氏出生于东汉灵帝光和五年十二月十五日（公历 182 年 1 月 26 日，星座：水瓶座，血型：不清）。

由于甄氏太漂亮了，竟然引起曹操、曹丕、曹植之间的一段三角恋公案。曹植更是为了这个绝世美女，顿时写作思路大开，写出了《洛神赋》这样脍炙人口的名篇。

当然，曹家父子的这一荒淫行为立即遭到许多人的质疑。那个时期最有礼貌的孔融对此深感耻辱，为此特意忽悠了曹操一回。

孔融写信给曹操，引到一个“武王伐纣，把妲己赏给弟弟周公”的典故。尽管曹操博览群书，但是他想破了脑袋也记不起来这个典故出自哪里。最后只好向孔融求答案，孔融的回答让曹操脸红一阵、青一阵：以现在看来，武王灭了商朝之后，当然会把妲己赏给周公。

邺城打下之后，曹操对袁绍的三个儿子毫不留情地大追击。袁尚与袁熙投奔辽东太守公孙康，袁谭则在南皮负隅顽抗。

建安十年(205)，北征袁氏的战争已进行到第三年。正月，曹操孤军深入南皮。

在曹操亲自击鼓的激励之下，曹军一举攻克南皮，袁谭逃到半路，终于被砍头而死。曹操对袁谭反反复复非常痛恨，于是下令敢哭袁谭的，与他的妻儿老少一并斩首。

南皮攻下之后，曹操再接再厉，把矛头转向西部太行山的并州。龟缩在并州的是袁氏最后的一股势力——袁绍的外甥高干。

远征太行山，无疑是一次艰难的行军。巍巍太行山，蜿蜒曲折的羊肠小道，推小车上去，一不小心就坠落深渊。冬天的太行山树木萧索，寒冷的北风吹过，就好像凄苦的人们在悲叹。

但是，不管地形如何险峻，都挡不住曹操统一北方的决心。终于在建安十一年(206)三月，曹操攻克壶关，高干想跑到荆州，结果被王琰捕斩。

并州的平定，标志着袁氏势力被彻底扫荡。曹操异常兴奋，四年啊！四年的战争。袁绍，你服气吗？不服气我们来世再决斗吧。

## 4.飞越长城

在消灭袁绍及其儿子的战争中，涌现出一大批战绩卓著的功臣。特别是荀彧，这个曹操认为唯一超过自己的人简直成了曹操的另一个我。他的指挥若定，他的料事如神，简直就是一个传说中的人物。

难能可贵的是，曹操虚怀若谷，他爱能而不妒能，他爱才但不忌才。“飞鸟尽，良弓藏；狡兔死，走狗烹。”这句让无数豪杰望而生畏的名言，在曹操这里彷佛失去了它的意义。

曹操对每一个人才都做到人尽其才，不管是黑猫白猫，只要能抓老鼠的就是好猫，这也是曹操的人才观。你是卑微的贫贱之人也好，是皇室贵胄也好，只要说出来的话具有前瞻性、可操作性，那你一定成了曹操的心上人。

荀彧就是这样的一个人，他的话一出口，马上就让曹操哑口无言了，简直就是自己肚子里的蛔虫。大部分领导人要是看到下属总是走在自己的前面，他的心里一定很难过。但是曹操就不一样，他认为自己的智慧并不是世间最完美的。如果有人比自己聪明，那是再正常不过了。

曹操对荀彧的功劳也是一赏再赏，一封再封。建安十二年（207）三月，当荀彧正在犹豫要不要接受曹操赐赏的一千食邑时，马上又来了一道皇帝的圣旨，要封荀彧为三公。吓得荀彧满头大汗，只要过得平安就行了，哪里用得着那么多的荣誉。赶紧叫侄儿荀攸连续推让了十几次，但是曹操硬是要塞给他，还有点生气，你这样反反复复地推辞，是不是想当鲁仲连想混了脑袋？过分的谦虚就是骄傲，你清楚的。

荀彧一听，还是接受了吧。但是封赏归封赏，自己还是老老实实地当一个普通的谋士，以免惹祸上身。酒肉穿肠过，佛祖心中留啊！

曹操在这时候不遗余力地推崇荀彧，似乎有更深的意味。官渡大战以及之后平定袁氏兄弟的战争，让人们备感到战争的疲惫。可是，一场新的战争马上又要开始了，那将是一场在陌生的地方与陌生的敌人打的陌生的战争。

在征服袁氏之后，必须对一大批有功的人进行封赏。封赏的目的很清楚，就是让他们在下面的行动中，继续起到先锋模范作用。但是在长达四五年的战争中，有功劳的人实在太多了。如果按功行赏，那么将涌现出一大批万户侯、百里爵、大将军、小将军，等等。这么一来，侯爵的内在价值将严重贬值，以后再有人建功立业，那就没有新鲜的官位封赏给他们了。

所以曹操很聪明地选择荀彧为封赏的突破口。过去的几年中，荀彧在功劳簿上排行第一，这个是公认的。大家都拭目以待，想看看曹操赏些什么给荀彧。曹操的聪明恰就在这里，明明知道荀彧是一个淡泊名利的人，偏偏塞给他一大堆封赏。给荀彧的奖赏越多，荀彧就越退缩，如此一来就封杀了给其他人的奖赏空间。当然，这样的主观臆测，合理与否，那只有去问曹操自己了。

在封赏荀彧后不久，曹操就开始了进攻乌桓的战争。乌桓也叫乌丸，是北方一个古老的少数民族。本来好好地在蒙古高原过着无忧无虑的游牧生活，困了睡草原，饿了喝牛奶。一切生活均来自纯天然、无污染的绿色环境。偏偏出了一个不甘寂寞的乌桓大人（实际领导人）丘力居，他不甘心每天看到的就是那么一些绿油油的青草。听说中原的美女比草原中牛马还多，中原的宫殿楼宇就像一望无际的大草原一直延续到天尽头。丘力居流着贪婪的口水，开始了进军中原的宏伟目标。

攻入中原之后，丘力居这才清醒地认识到，中原处处充满了美丽的陷阱。类似于匈奴族那样骑着一匹马就可以吓坏一大堆汉人的嚣张时代已经不复存在，于是丘力居向幽州牧刘虞投降。可是不久以后，刘虞就被公孙瓒杀了。接下来，公孙瓒又被袁绍杀了。再接下来，袁绍被曹操灭了。

这时候丘力居早已成了一抔土，担任领导人的是他的侄儿蹋顿。这个被边区老百姓称之为“匈奴单于冒顿第二”的蹋顿，一直把嘴巴寄在袁绍的身上。所以当袁尚、袁熙哭着鼻子要求蹋顿收容他们时，蹋顿不但提供了免费的饮食住宿，而且还派兵准备跟中原那个绑架皇帝的阉党余孽大干一场。

对于曹操来说，蹋顿不但可恶，多次南侵，每一次侵略都带走中原数不清无辜百姓的生命；而且可恨，一直包庇着曹操最讨厌的两个人——袁尚、袁熙。

如果不把袁尚、袁熙这两个汉奸斩草除根，恐怕在他们的出卖之下，中原又将笼罩在北方强悍游民的血腥统治之下。但是只要量一量这次远征两点之间的直线距离，就足以把将士们打胜仗的信心吓跑一大半，所以要不要出兵远征蹋顿又让大家展开了唇枪舌剑的大辩论。

鬼才郭嘉认为这个看起来很疯狂的长途奔袭，实际上早已经注定了胜利是属于曹操的。兵贵神速，只要抛弃拖泥带水的那些辎重、马车，轻装上阵，快速行动，就可以打他一个措手不及。

在曹操看来，这个郭嘉是位不正常的谋士。当然，说不正常并非因为郭嘉精神上反常，而是他常常以不同寻常的逆向思维来看待问题。比如这次远征乌桓，在别人看来，跑到那么远的一个陌生地带，还要抛掉辎重补给，那简直是自杀。但郭嘉的观点，这一些看似糊涂的做法，正是曹操出奇制胜的必备条件。

当然，曹操没有当场表扬郭嘉的奇袭之策。如果郭嘉的想法就是普通人的想法，那么郭嘉就不会被称为鬼才了。

于是，当蹋顿和袁尚、袁熙两兄弟正在营帐中喝酒喝得四脚朝天的时候，曹操的轻骑们已经来到了幽州（今天的北京地区）。那时的北京地区绝对不会像今天一样，立交桥纵横交错，满眼望去都是高耸入云的摩天大厦，更没有水立方、奥运村，等等；而是一片郁郁葱葱，高山在白茫茫的雾中此起彼伏，简直就是一块未开发的处女地。如果曹操能够料到今天北京市房价会涨到如此地步，恐怕曹操宁可当一个房产开发商，也不愿回到邺城做魏王。

可是曹操进了幽州城之后，除了祭拜刘备的启蒙老师——故北中郎将卢植外，他没有任何圈地占地的行动，因为北京东北无终山的一位隐居奇人田畴正招手呼唤着曹操。

袁绍生前曾经数次高薪聘请田畴，都被田畴谢绝了。但一听到曹操的马叫声，田畴就冒出来，立刻加入征伐乌桓的队伍。

由于生于北京，长于北京。如果要去北京旅游、逛长城，那么田畴绝对是一个优秀的导游。不要说什么名胜古迹、风味小吃，就是随便一条小溪流到哪里，有什么小鱼，田畴也能在一分钟之内，一口气答出来。

这时候恰逢夏天雨季，暴雨没完没了地倾盆而下。很快就水漫幽州，分不清哪儿是路，哪儿是溪流。而乌桓人在溪流险要处布下重兵，再加上汹涌的河水，别说人马要过去，就是一块大石头在此河中也待不了多久。

眼看鬼才郭嘉的奇袭就要破产了，那位优秀的向导田畴揭开了一个隐藏两百多年的秘道。从幽州的以前郡治所在地平冈，取道卢龙（今河北喜峰口），有一条荒废的偏僻小路，可以直达乌桓的巢穴柳城，这条路已经两百多年没人走过，早已埋没在荒草之中了。

于是曹操在大路旁边竖立了一块木牌：恰逢炎夏水灾，此路不通。等秋天或者冬天后，再做进军打算。

乌桓人立即上当了，都以为曹操的大军回家避暑去了。

曹操登上徐无山，由田畴率领五百人做先导，开山填谷凿路，披荆斩棘，行径五百里的荒山野岭，一脚把长城踩在脚下。他自豪地高声喊叫，古往今来，能像我这样的有几人？卫青、霍去病、窦固，俱往矣，数风流人物，还看今朝。

恰逢炎夏冰災
此路系韁
曹操

长城，就是北方游牧民族与中原农耕民族的清晰分界线。自古以来，北方游民越线的多，南方耕农过界的少。曹操再次飞越长城，向塞外凶悍的游民宣战。

过了长城，地势变得略微低矮平坦。这一次千里远征，贵在速战速决。曹操不敢疏忽，让骑兵们马不停蹄地跑过白檀（今承德市滦河镇）、鲜卑庭（今内蒙古科尔沁沙地），兵锋直指乌桓的巢穴柳城（今辽宁朝阳西南）。

蹋顿也不愧有“冒顿第二”的称号，在曹操距离柳城尚有两百里的时候，发现了曹操的行踪。马上召集袁尚、袁熙跟辽西单于楼班、右北平单于能臣抵之，出动数万乌桓猛士，准备跟入侵者做生死决斗。

自窦固之后，已经有一百五十年没有上演过南北骑兵的精彩对决。而曹操的这次远征，其规模远比窦固要宏大，可以说是一次汉族骑兵与北方游民之间的真正对决。这是一次智慧火花碰撞出来的力量对抗。

决战时间：建安十二年（207）八月。

决战地点：白狼山，现在就是辽宁省喀左县境内的大阳山，也就是八百年前齐桓公北伐的孤竹国所在地。

高高的白狼山不是官渡战场上的白马山，深入乌桓腹地与蹋顿交手，曹操有些担忧，所以他亲自登上白狼山察看地形。

没想到一爬上白狼山，就听见了雷鸣般的嘈杂声，山下近处黑压压的一大片在快速移动着。乌桓骑兵来了！

双方都措手不及，但是对于曹操来说，形势更加严峻。由于辎重留在身后，眼下曹操的队伍都是一些穿着便服的骑兵。没有了铠甲的保护，在激烈的马上厮杀中，这样的骑手更容易受伤。

面对着不期而至的遭遇战，大家有些惊慌。曹操也很慌张，老实说乌桓骑兵的战力一点儿也不亚于横扫欧亚大陆的匈奴人。

但是曹操很快就镇定下来了，他发现乌桓骑兵的队形很凌乱，也就是缺乏严密的组织纪律。这也难怪，本来就有那么多人在领导着这支乌桓大军，又是蹋顿，又是袁尚、袁熙，又是什么左单于、右单于，都不知道听谁的号令。更糟糕的是，这是一支行进中的队伍，大家都想快点儿跑到开阔的草原，痛痛快快地拼杀一回，没想到在白狼山邂逅了。

曹操是一个很会见机行事的聪明人。于是他果断下令，以张辽为先锋，出击。

喊杀声、兵器碰撞声、马嘶声，杀得天昏地暗，日月无光。但是史书中的描写只有寥寥四个字：虏众大崩。也就是说只有结果，没有过程。这也难怪，有几个史学家亲身经历过战役全过程？所以三国时期的大多数战役，都是只有简单的几个字，就像今天的体育新闻标题，诸如“李娜法网夺冠”。至于虏众怎样大崩，是山崩还是雪崩，那只有发挥想象力了。

无论如何，这是一次辉煌的胜利。蹋顿及名王（地位显赫的王）以下几十个乌桓的头目被斩首，乌桓、汉人投降的不下二十万人。曹操也是从来没有这么兴奋过，把马鞍系在马头的前面，不断地像小孩子那样拍着双手，张开嘴巴哈哈大笑。打胜仗的感觉真好！

但是还有欠缺之处，就是让袁尚、袁熙、辽东单于速仆丸带着残余的数千骑兵，逃到辽东公孙康那里去了。大家都觉得余兴未了，快打呀！

这回曹操出奇的冷静，不打了。一打就打过鸭绿江，打到高句丽去了。让公孙康亲手把袁尚、袁熙的人头送给孤好了。

于是在九月，曹操率军从柳城南归。正当大家为之无限惋惜的时候，公孙康派人给曹操送来大礼了——两颗脑袋，袁尚、袁熙的。

绝了，这个曹公真是绝了。大家敬佩得五体投地。这时候曹操才道出了这其中的奥妙，没有永恒的朋友，也没有永恒的敌人。如果曹操把公孙康逼急了，他就会跟袁尚、袁熙联起手来拼个鱼死网破。但是曹操南撤了，这时候危及自身利益的就不是曹操，而是袁尚、袁熙。所以公孙康没等袁尚、袁熙的屁股坐稳，就耍了个鸿门宴，一刀砍下两兄弟的头颅，送给曹操邀功。

这个原理其实在攻打袁氏兄弟的初期阶段郭嘉就用过，但是世间已经没有了郭嘉这个鬼才。从柳城撤军的时候，郭嘉得了重病，终于不治而亡。

郭嘉之死，让曹操悲痛万分。同舟共济十一年，其临敌制变、出谋划策，都是远远超出其他人。郭嘉之死，也是曹操统一大业的转折点。如果说千里远征乌桓，达到了曹操一生中征伐大业的巅峰，那么郭嘉死后，曹操就开始走下坡路了。

# 第十二章 挥师南征

东汉唯一的丞相

卧龙『猪哥』

追袭刘皇叔

结盟

## 1.东汉唯一的丞相

失去郭嘉的曹操变得郁郁寡欢，哀哉奉孝！痛哉奉孝！惜哉奉孝！三句泣血般的悼词道出了曹操心中难以言尽的哀痛。

三十八，才三十八岁啊，老天就这样无情地夺去了世间的一个英才！

曹操失去的不仅仅是一个精英，还有自己思维的另一半。尽管有荀彧、荀攸、董昭等众多的谋士，但是曹操感到自己将孤独地度过以后的征战生涯。

在完全消灭北方的割据势力之后，曹操只能按照先前与郭嘉商讨的计划，一步一步地走下去。天下已经有一半掌控在自己的手中，另一半则分成了四五块：江东的孙权、荆州的刘表（含在新野的刘备）、益州的刘璋、汉中的张鲁、西凉的马腾。

郭嘉生前曾经说过，荆州不能不取。但是曹操只记住郭嘉的后半句话，而忽略了前半句话。因为前半句话在曹操听来，根本就不属于平定天下的谋略范畴。郭嘉的前半句话是，大家都害怕生病，而南方各种流行病很多。我到南方之后，一定就回不来了。

对此曹操只是笑了笑，多多锻炼身体，增强免疫力。曹操万万想不到，就是因为轻视了这句话的分量，差点儿葬送了一生的奋斗成果。

北方打仗靠车马，南方打仗靠战船。建安十三年（208）正月，曹操一回到邺城，就着手开始了南征的各种准备。

但是曹操很无奈，北方哪里有江南地区的大江、大河、湖泊，要训练水师首先就缺乏训练场所。巧妇难为无米之炊，曹操只好在邺城中凿了一个玄武池。看起来水波荡漾，大概江南的水战也就如此而已。

于是，一支曹操从未拥有过的"水师"建立起来了。说是水师，其实只不过是几十条舢板。但是曹操很认真，还颁布了一条严格的《船战令》：第一次擂鼓，水师上下都要严阵以待；第二次擂鼓，水师将士立即登船，整备武器；第三次擂鼓，各船次序行进，不得混乱。

看到玄武池波光粼粼，水师将士忙得满头大汗，曹操不由得露出开心的笑容。这支水上的骑兵，即将顺着长江勇猛而下，直到把曹字大旗插在建业城头上。

眼看着北方大部统一，南征的日子也一天天逼近了，但是自己的头上还是五六年前的空头衔司空，暂代车骑将军的职务。这样的称号实在太对不起自己的丰功伟绩，如果这次南征旗帜上还是镶着“司空行车骑将军曹”几个大字，那岂不让人笑掉大牙。

于是曹操废除了三公的头衔，恢复了丞相、御史大夫的职位。六月初九，曹操任命自己为丞相，东汉帝国第一任也是最后一任丞相。曹操的目标就是向西周的周公旦看齐，如今终于实现了。

丞相一设立，曹操也为自己物色了一班配属机构的工作人员。崔琰为丞相西曹掾，毛玠为丞相东曹掾，司马朗为主簿，他的弟弟司马懿为文学掾，卢毓为法曹议令史。

司马懿，时年才二十九岁。这个曹操之后最重要的谋略家如今终于冒出尖来，登上了历史的舞台。人们一讲起三国谋士，肯定会想起一句顺口溜，“卧龙凤雏幼麒冢虎”。卧龙，诸葛亮也；凤雏，庞统也；幼麒，姜维也；冢虎，就是司马懿。虽然蜀汉得到四个人中的三个，但是最后还是败在冢虎手中，可见这个冢虎的战力不容小觑。这只冢虎现在笼罩在曹丞相的阴影之下，最多只能算只冢猫。曹操那仅一米六八的身躯，在司马懿看来却是太高大了。

在南征之前，曹操主要做了两件事。一件是让自己当上了丞相，另一件就是杀了孔融。建安十三年（208）七月，曹操正式誓师出征。八月二十九日，曹操就拿孔融的人头祭旗。

尽管在四岁的时候，孔融就懂得如何文明谦让，但是出了名之后，孔融却成了一个反潮流的人。由于是大圣人孔丘的后裔，再加上自身的才华，孔融作为愤怒的一代，拥有为数众多的粉丝，这些粉丝也大都是当时的愤青。

那时候曹操看到连年兵祸，肚子都填不饱，所以干脆下令禁止酿酒。禁令一出，孔融大发牢骚。本来针砭时弊，发一发牢骚，也就算了，五六十岁的老头了，难免管不住自己的一张臭嘴。到后来，孔融越发放肆了，竟然对曹操发动人身攻击。曹操也忍住了，要成就一番大业，总得遭人非议。

可是到了最后，孔融的言论越来越离谱。不但对曹操的人身攻击变本加厉，而且更是无限上纲，猛烈抨击曹操的统一大业。说什么远征乌桓，使周边各族的经济一片萧条。并且调侃说，这么穷兵黩武，怪不得肃慎穷得连楛矢也没得进献了，丁零人饿得只好去偷盗苏武的羊群了。

眼见大军威武南下，孔融却大放空气，说什么搞得天怒人怨。这时候曹操的心情史书上有四个字"虑鲠大业"，人言可畏，弄不好会搞得军心涣散。

可是都说宰相肚里能撑船，你一个大汉帝国堂堂正正的大丞相，就因为那么几句无聊的话，把孔融一刀砍了，那怎么向世人交代？

正当曹操因孔融的事大为头疼时，一个叫郗虑的人出来解决孔融了。郗虑就是看不爽孔融那副不可一世的跋扈样子，自己差点儿还和他动起手脚。一是想报私仇，二是拍曹操的马屁，郗虑就叫一位参谋人员路粹，给孔融捏造了一个莫须有的罪名。

这个管不住一张臭嘴的糟老头很快就被送上了断头台，死后曹操再给他安上一个大逆不道的罪名：违天反道，败伦乱理，虽肆市朝，犹恨其晚。

没有了孔融的胡言乱语，曹操耳根清净了许多，接下去就应该好好设计一下南征的路线图了。

## 2.卧龙"猪哥"

曹操南征的对象是荆州的刘表，以及依附刘表的刘备。刘表把刘备放在新野，一则可以让这个四处漂泊的刘皇叔有个安身之处，二则可以替自己挡一挡曹操。

有了这个栖身之所，刘备对这个正宗的皇室后裔备加感激。至于有没有更深一层次的奢望，那就不得而知了。当面对共同的敌人，刘备也是想方设法，替刘表想些主意。

曹操远征乌桓去了，无论是许昌，还是邺城，基本上是一片真空地带。因此刘备为刘表出谋划策，趁着这个难得一遇的机会，一举把许昌给端了。曹操已经跑到长城那边去了，绝对来不及跑回来救援。

孔融

但是刘表左想想右看看，心里一阵犹豫。曹操敢于千里远征，许昌绝对不会是一座空城。于是刘备的设想泡汤了。

结果曹操回来以后，刘表心里也是一阵懊悔，玄德老弟啊，不听你的话，错失良机，实在是后悔莫及啊！

刘备对这个宅心仁厚的哥们儿既失望，又心酸，只好好言安慰，现在天下四分五裂，天天都在打仗，机会多多，以后再抓住机会就行了，亡羊补牢，未为迟也。

嘴巴上虽然这么说，刘备的心里却是一片苦楚。年快半百了，每次上卫生间的时候一蹲下来，就觉察到大腿内侧长满了肉团。眼看着各路英雄，个个生龙活虎的，在历史舞台上轮番登场。就说袁绍吧，虽然最后是呕血气愤而死，可人家毕竟曾经也叱咤风云过。而自己虽然头上顶着皇叔的光环，实际上就是一只无家可归的流浪狗。

正当刘备哀叹自己的命运不济时，忽然来了一个叫徐庶的谋士。这个徐庶本来叫徐福，颍川郡人氏。此人很讲义气，这次又为朋友两肋插刀，除去了一个恶人，为了逃命只好来到新野。没想到他这么一来，就扯出了三国历史上最重要的一次机缘巧合。

这个徐庶虽然沉默寡言，跟他待了一个上午，最多不过十句话，但是刘备惊奇地发现，徐庶的每一句话都切中时局的要点。什么叫“一字千金”，刘备从徐庶身上真正体会到了这个成语的含义。

得到了这么一个能人，刘备就无话不说。从小时候丧父说起，说到吕布，说到曹操，又说到刘表。总之，唠唠叨叨说了大半天，徐庶根本就没有插话的机会。他只是默默地倾听着这个大耳朵的心里话，因为他知道，什么才是聆听的艺术。

刘备眼里含着泪花，徐老弟一定要帮我成就一番霸业。

徐庶耐心地洗耳恭听了大半天，听了刘备的最后一句话才恍然大悟，刘备的理想是什么。

徐庶第一句话，要我辅佐你成就霸业，不可能。

徐庶的回答让闪着泪花的刘备几乎嚎啕大哭。

可是徐庶的第二句话马上让刘备转泣为笑，凭我徐庶这么点微末的才干，能让刘皇叔过上正常的日子就不错了。要想成就一番霸业，需要一个通天彻地的千古奇才。

刘备眼睛一亮，谁？

于是徐庶说出一个石破天惊的名字：卧龙诸葛。

据徐庶的介绍，这位“猪哥”的生活习性虽然看起来有点懒，每天一定要睡到太阳晒屁股才起床，早饭与午饭一块吃。但是他肚子里的墨水比春秋战国的名臣管仲、乐毅加起来还要多。

话还没说完，在旁练习毛笔字的张飞停下笔，关羽也停下了抚摸着长胡子的优雅动作。既然他有这样的能耐，那就麻烦徐先生把这位“猪哥”叫来，帮助大哥成名立业吧。

徐庶：……

接下来应该是刘备三请诸葛亮吧。可您别忘记了，刘备是堂堂正正的皇叔，自从河北逃到南方以来，只有人去投靠他的，没有亲自去请人来的。如果这个诸葛亮是山野村夫，刘备绝不会像罗贯中描写的那样，不厌其烦地三顾茅庐，请诸葛亮出山。

实际上，在《魏略》一书也提到是诸葛亮亲自找上门来，刘备刚开始对诸葛亮还不入眼。大家都走了，只有诸葛亮死赖着不走。刘备也不闻不问，你就坐着，我也懒得赶你走。由于从小就编织草鞋，所以刘备有个习惯，就喜欢用牛尾巴编着玩。结果诸葛亮趁机献上计谋，刘备这才发现眼前的这个年轻后生不容小觑。联系到诸葛亮说过“先帝不以臣卑鄙，猥自枉屈，三顾臣于草庐之中”，《魏略》可能有点问题。但显然，刘备是不会听了徐庶的举荐，第二天马上去找诸葛亮的草庐的。

刘备很快就打听到了，卧龙“猪哥”是一个很有背景的人。诸葛亮的岳父是黄承彦，而黄承彦的岳父是蔡讽。这个蔡讽可是南阳第一号的大豪门，除了黄承彦外，连刘表也是他的乘龙快婿。而刘表身边的红人——大将蔡瑁，正是蔡讽的儿子。

理顺这中间错综复杂的关系之后，刘备决定把诸葛亮请到身边。即使他不像传说中那么传奇，至少也可以让自己在荆州站稳脚跟。

根据史书上的记载，诸葛亮是个自命不凡的人物。刘备三次去见他，才有面谈的机会。但是，第一次谈话就让刘备笑得合不拢嘴。这样的盖世奇才，别说三次，就是三十次、三百次，哭着闹着，跪着爬着，也要把他请出来。

第一次谈话的内容就是脍炙人口的"隆中对"。地球上的人没有不知道隆中对的。这个隆中对厉害就厉害在它是一个切实可行的行动纲领，是刘备今后的发展路线图。

隆中对合理与否，对这个问题有无数的名人卷入了大讨论之中。大家各说各话，已经把隆中对研究成一块烂豆腐。

在诸葛亮提出隆中对之前，东吴已经有人搞了两个类似的攻略，就是鲁肃的榻上对、甘宁的西进益州之策。在时间顺序上，鲁肃的榻上对最早，在建安二年（197），当时诸葛亮才十七岁。然后是甘宁的西进益州，最后是诸葛亮的隆中对。

我们稍微分析一下这三个攻略。鲁肃的榻上对比较简单，就是先灭江夏的黄祖，再并荆州的刘表，统一长江流域之后再跟曹操对峙。甘宁就比较激进，他不但要西并荆州，而且还要继续向西，把刘璋的益州也夺了，然后跟曹操争夺天下。

诸葛亮的隆中对简单说来，就两个内容：第一，跨有荆益，待机北伐；第二，联孙拒曹。诸葛亮为什么会提出这两个内容？跟他的家族有联系。由于背靠蔡氏豪门，诸葛亮在荆州可说是人脉广布，所以他估计帮助刘备占了荆州，应该没问题。刘表这个人就像是枯萎了的草木，根本扶植不起来，要不然诸葛亮借着亲缘关系早就前去投奔了。

而诸葛亮的胞兄诸葛瑾早在建安五年（200）就成了孙权的大臣，在东吴的政治地位仅逊于周瑜、鲁肃。无论从哪个方面考虑，都应跟东吴结盟。如果诸葛瑾老哥能够暗中撮合的话，联合孙权，诸葛亮也有六七成的把握。

至于说诸葛亮的隆中对有没有参考鲁肃的榻上对，我想兄弟就在东吴当大官，应该会泄露一点公开的机密吧。但是他与鲁肃和甘宁的最大不同是：诸葛亮透露出了更强烈的统一意识。

事后诸葛亮分析，隆中对有两个致命的缺点。第一，就是荆州。诸葛亮无视荆州也是孙权的心头肉。夺取荆州，是东吴的既定国策。这样一来，既要跨有荆益，又要联孙拒曹，岂不成悖论？鱼和熊掌不可兼得。第二，北伐路线。诸葛亮在隆中对提出的自益州出于秦川，与十年后的几次北伐中原路线基本上一致。可以说，这个北伐路线，诸葛亮在心中酝酿了最起码十年以上。所以以后魏延一提出奇袭长安的策略，马上被诸葛亮否决。

无疑，隆中对一出炉就注定了要遭遇失败的厄运。

但是不能就此对诸葛亮提出严厉的批评，毕竟刘备能从一个无家可归的流浪汉转变成益川的一方霸主，诸葛亮功不可没。

就这样，由于徐庶的推荐，刘备找到了真爱。而诸葛亮也被刘备的真诚所感动，于是惺惺相惜，上演了东汉末年轰轰烈烈的英雄传。遗憾的是，徐庶却无缘参加这场表演，由于曹操使坏，徐庶永远地离开了他敬爱的刘皇叔。从他踏进曹营的那天开始，徐庶就成了一个不想说话的废人。

逼走徐庶之后，曹操又企图消融刘备与诸葛亮的鱼水之情，把他挖过来。为此，曹操特意给诸葛亮送去五斤珍奇的鸡舌香，大献殷勤。但这时候刘备正跟诸葛亮打得火热，绝无第三者插足的余地，白白浪费了曹操那五斤西域来的鸡舌香。

既然诸葛亮那么不识抬举，干脆开战吧。

## 3.追袭刘皇叔

于是在建安十三年（208）八月，小小的南阳城（又称宛）涌进了七八万曹操的士兵，一下子拥挤不堪。根据大学者们的推算，曹操的全部兵力不会超过十六万人，除了一半留守邺城、许昌等各个城市以外，这次南征带来的总兵力应该在七八万人上下。

这时候，荆州的领导人刘表碰巧病重。跟袁绍一样，刘表的两个儿子也难逃遗产继承的纠纷。大儿子刘琦本受到刘表的看重，但是他的异母弟弟刘琮在舅舅蔡瑁（也是诸葛亮岳父的岳父的儿子）的帮助下，一齐将刘琦排挤出去。

伤心的刘琦向诸葛亮诉苦，向他求助。但是家家都有一本难念的经，再说刘琮的生母跟诸葛亮的岳母是亲姐妹。如果卷入这场家庭纠纷，一旦岳父黄老邪发飙，叫诸葛亮回家后如何去面对那个黄脸婆（开个玩笑，不是骂诸葛夫人，虽然她丑但很温柔）。

刘琦迫不得已，只好想出一个歪主意，把诸葛亮骗上高楼，然后来个上屋抽梯，要陪着诸葛亮在高楼上度日子。

诸葛亮想不到像自己这样的聪明人也会上当，于是给刘琦指点迷津。刘琦得到高人的暗示之后，主动向刘表提出去江夏接替死去的黄祖。没想到刘琦一走，奄奄一息的刘表也快归西了。

刘琦回来道别时，蔡瑁、刘琮竟然阻隔了父子相见之情。结果刘表一蹬腿，刘琮马上成了继承人。愤怒的刘琦一手把刘琮给他的大印摔在地上，准备趁丧作乱。这时候传来曹操大军南下的消息，吓得刘琦一溜烟儿跑回了江夏。

刘琮听到曹操的七八万大军已经到了宛城，也是吓得六魂无主，根本就不组织抵抗，反而准备投降曹操。这时候刘备在樊城，刘琮不敢把投降的主意告诉他。

曹操兵临宛城，听到刘琮决定投降，这消息对刘备来说不啻一记响雷，震得刘备两耳乱鸣。

这时候有人劝刘备干脆把荆州夺了（估计此人不是诸葛亮）。但是刘备向世人展现了他的高风亮节——刘表死前把两个孩子托付给我，我怎么可以辜负了他老人家的一番心意？夺了荆州，以后到了阴间，碰到刘表我该如何说呢？（估计这话是诸葛亮教的，一则刘琮的妈妈跟诸葛亮的丈母娘是亲姐妹；二则即使夺了荆州，曹操的战车来了，还不是照样被碾成粉末。）

守也不是，战也不是，诸葛亮跟着刘备开始大逃亡。对刘备来说，这也许是一生中最后的一次狼狈逃跑吧；但是对诸葛亮来说，却是人生中的第一次。

两个人从樊城开始跑，经过襄阳城时，刘备特意停下马，呼唤着刘琮的名字，阿琮，不要做出傻事，投降曹贼是不会有好结果的，跟玄德叔叔和孔明哥哥一起走吧。

刘琮很害怕，不敢起身。但是荆州的老百姓和官员却不愿意跟着刘琮而成为曹操的臣民，所以大多数紧紧随着刘备。尽管逃跑的目标不清晰，但是只要能够看到刘皇叔的身影，他们就觉得心里很安宁。

结果，刘备的队伍变成一群为数多达十万的难民，老人、小孩、妇女，挑着担的，推着小车的，背着布包的，简直是大搬家。这样拖泥带水的速度，一天只能挪十多里。

抛下这些难民，他们是诚心相随，于心何忍？但是带在身边，还不如蜗牛的爬行速度，一旦曹操追来，还不是玉石俱焚？刘备左右为难，只好派老弟关羽先行一步，乘坐几百艘船只，从水路南下抢占战略要地江陵。这个地方是荆州的物流重地，城内粮草、军械堆积如山。

曹操也很紧张，在九月直达新野接受刘琮的投降之后，马不停蹄地继续南下到了襄阳，一看，刘备早已逃得无影无踪。曹操也怕江陵落到刘备手中，赶紧下令抛掉辎重，亲自带领五千精锐骑兵，以每天三百里的急行军速度，跟刘备展开赛跑比赛。

曹刘双方速度是三十比一，结果只一天就在当阳的长坂坡追上了刘备的难民。长坂之战，简直就是一场乱七八糟的追袭战。一方是曹操的五千精锐骑兵，另一方是只顾逃命的十万难民和一两千誓死捍卫正义的刘备部下。

于是，长坂坡成了一个屠宰场。难民们的哀号声，战马的嘶鸣叫，双方士兵的喊杀声，汇聚成了不堪入耳的高分贝嘈杂声，久久回响在长坂坡的上空。

张飞、赵云这两个猛人把生命都舍弃了，上演了一幕幕可歌可泣的英勇奋战场面。这在罗贯中的笔下令人非常震撼，特别是赵云单骑救主，那个悲壮，后人读了泪奔不止。而张飞的惊天一呼，竟然让曹操身边的夏侯杰心脏病发作身亡，更是让人觉得匪夷所思。

根据科学上的研究，世界上嗓门最大的人能喊到129分贝。而130分贝就可以让人耳膜受到震伤。据此，可以推测当张飞率领二十个骑兵，据水断桥，瞋目横矛时，爆发出的那句话："身是张益德也，可来共决死！"绝对破了129分贝这个世界纪录。

当然，长坂坡之战结果是一边倒的。刘备再次丢了老婆和儿子阿斗，难民们要么尸堆如山，要么树倒猢狲散。至于辎重车辆都成了曹操的战利品，最后跟在

张飞

刘备身边的只有诸葛亮等几十人。要不是赵云凭着高超的武艺，恐怕世间已无刘阿斗。

最后刘备一伙人到了江陵之后，搭上关羽早已准备好了的船只，顺风顺水，跑到刘琦驻守的夏口去了。气得曹操在岸边跺脚嗷嗷大叫，眼睁睁地看着那个大耳朵、卧龙先生等一帮人顺着长江而下，直至最后完全消失。

## 4.结　盟

在曹操与刘备龟兔赛跑的同时，东吴的孙权也掺和了进去。这个阉党余孽，简直就是一颗扫把星，出现在哪里，哪里就遭殃。如何把这颗扫把星挡在门外，成了孙权很头疼的事。

这时候，东吴的大战略家鲁肃开始登上了历史舞台。英雄所见略同，跟诸葛亮一样，在鲁肃眼中，荆州恰好位于全国版图的几何中心，就是东吴生存的命门。谁夺取了荆州，谁就可以控制长江中游，谁控制了长江中游，谁就能控制整个长江流域，进而控制大半个中国。

可惜刘表昏庸，荆州在他手中，简直就是暴殄天物。现在刘表死了，两个儿子为了继承权闹翻了脸。而一代枭雄刘备待在一边，冷眼旁观。他早已对荆州这块肥肉垂涎三尺，只是碍于刘表的情面，才不敢明目张胆地抢夺过来。

这次曹操南征，醉翁之意不在酒。夺取荆州是一个目的，但是吞并东吴才是曹操最想做的。所以，要想不让曹操这颗扫把星祸害江东，就应该拒敌人于国门之外。我们应该跟刘备联手，要想打仗，那就让荆州成为一片焦土好了。

刘备跟曹操有不共戴天之仇，让我去荆州走一趟，劝说刘备整合荆州的力量，跟东吴同心同德，共抗曹贼。

虽然未曾与那个自吹是皇叔的大耳朵谋过一面，但是孙权相信鲁肃的外交才华，一定可以把刘备争取过来。只要跟荆州联手，与曹操打一场轰轰烈烈的仗是没问题的。

于是，鲁肃急急忙忙地向荆州奔去。可是到了夏口，就传来消息说曹操正日夜不停地冲着荆州而来，鲁肃就加快步伐，飞似的跑到了荆州。一到荆州，鲁肃这才发现自己打错了算盘,刘琮已经投降曹操,东吴也就失去了一支原本可以依赖的重要盟军。

现在最大希望就是不要让刘备成了曹操的阶下囚,如果这个不幸的事件发生了,那么东吴将成为曹操孤独的对手。鲁肃又从荆州匆匆北上,结果在当阳的长坂坡与狼狈南下的刘备邂逅了。

尽管刘备满脸灰土,夹杂在十多万闹哄哄的难民潮中,但是由于脸上独特的生理标志,很快就让鲁肃一眼认出来,毕竟长着特大耳朵的人在这个世界上还算稀奇。

当然总不能一见面鲁肃就邀请刘备到东吴去避难,毕竟失败者也是有尊严的。可是刘备的话让鲁肃很吃惊,苍梧太守吴巨是我的好朋友,我要投奔他。

刘皇叔啊,苍梧那么遥远,你不会准备一辈子就不回中原了吧?再说吴巨这个人也没有多少能耐,早晚是要被人吃掉的。为什么要舍近求远,舍大求小?江东的孙权可是一个响当当的大英雄啊!跟我们东吴结盟吧,一起成就一番事业,共创美好明天。

鲁肃代表东吴,伸出了温馨的援手,让落魄的刘备深为感动。患难之中见真情啊!

于是,刘备任命诸葛亮为特使,全权委托他处理结盟大事。毫无疑问,诸葛亮是能够帮刘备处理好与孙权结盟最适合的人选。鲁肃一听到孔明的大名,也是连声叫好,我是你家亲兄弟诸葛瑾的好朋友啊。

当时诸葛瑾在东吴的官职是长史,也就是辅佐孙权最重要的官员之一。亲上加友,孙刘结盟真是天赐良缘。

这时候又传来曹操准备从江陵顺着江水东下的消息,在诸葛亮看来,与东吴结盟是刘备目前唯一的出路。刘备于是做好两手准备,自己退到毗邻东吴的樊口,诸葛亮就跟随着鲁肃去柴桑,面见孙权。

诸葛亮的这次东行,立即展现了他那卓越的公关才能,他充分利用心理学的激将效应,成功地说服孙权的那一幕,无疑成了经典教科书式的说话艺术。

所谓的激将效应就是通过反向刺激促使被刺激者做正向行为的心理效应。

这个说服孙权的简单经过如下:诸葛亮故意把曹操捧得比天还高。曹操这么勇猛,连吕布、袁绍都不是他的对手,我看还是投降罢了,省得生灵涂炭,致使东吴也成为一片焦土。

先挖了一个坑,让你往下跳。孙权听了,心里酸溜溜的,那么刘备为什么不投降呢?

然后再给你一个弹簧,让你往上蹦。田横这样的壮士尚且不肯轻易低下屈辱的头,何况刘玄德乃是当今皇上的叔叔,英才盖世,大家对他的敬仰之情如长江之水滔滔不绝。如果战败,那只是天意而已,怎么可以随便说出一个“降”字?

年仅二十六七、气血方刚的孙权听了诸葛亮的话,简直连肝肺都要爆炸了。这个激将效应马上反映出来了。孙权当堂咆哮,我孙权不是龟仔,绝不会让东吴的十万大军成了曹操的仆从军。我要向世人证明,世界上想跟曹操玩命的不仅仅只有刘备一个人。

孙权没跟曹操低头,却乖乖地向诸葛亮举起了双手。

诸葛亮对自己的出色表现很满意,只要跟东吴联手,击退曹操,那么将向世人展示自身的价值,一个蕴藏了十多年的大战略即将成为现实。人生活在世上,就要像雄鹰那样翱翔在蓝天,去实现自己的宏伟抱负。

于是诸葛亮侃侃而谈,向孙权提出了自己的构思。事后证明,历史发展几乎就是按照诸葛亮的这一构思准确地进行的。

诸葛亮首先打消孙权的疑虑,虽然荆州大败,但是刘皇叔这个招牌也不是空有名号的。除了手头上的步骑兵和关羽精锐水军一万人,江夏的刘琦也有一万多人,完全听命于刘备。这样,刘备能够投入战斗的有两万多人。曹军虽然人数众多,但是存在三个致命弱点:第一,曹操追赶刘备每天急行军三百余里,体力上消耗得差不多了;第二,曹军大都是北方人,虽马背上的功夫了得,但船上的功夫一窍不通;第三,荆州投靠曹操,只是迫不得已,并非心服口服。只要东吴出兵数万,与刘备精诚合作,击走曹操,取得胜捷并非奢谈。

几句话就听得孙权眉开眼笑。但是最让孙权兴奋的不是如何打赢曹操,而是打赢曹操之后的美好前程。

诸葛亮像一位大画家,在孙权面前勾画出一幅灿烂的远景图。曹操一败,必然回老家去了。如此一来，荆州与东吴形成鼎立之势。成败与否，就在今日！

诸葛亮说得口沫横飞，孙权也听得如痴如醉。三足鼎立，这个又大又红的苹果也太诱人了！

当然，恐怕这时候两人各有所思。诸葛亮心想，立足荆州之后，再夺益州，怎样把蛋糕越做越大。孙权也在想，先把曹操赶回老家，再把刘备踢出荆州，然后如鲁肃、甘宁所策划的那样，控制长江中下游。

不管怎样，两个人都觉得存在三个“必然”：孙刘必然要联手，曹操必然会失败，未来必然是美好的，于是两双大手紧紧地握在一起。诸葛亮露出开心的笑容，联吴抗曹，已经成功了一大半。

# 第十三章 霸业转折

完美的周郎

曹丞相的难题

首战必胜

黄盖的那把怒火

迟到的刘皇叔

荆州争夺战

## 1.完美的周郎

说服孙权一个人容易，要说服东吴的一大帮人，那就难了。毕竟每个人的思想认识不一样。但是打仗不是孙权一个人的事，要打胜仗，首先必须凝聚共识，上下一心。

危难之时见真情。看待一个人是不是讲义气，不是看他胸脯拍得有多响亮，而是看他关键时刻是否有一颗友爱的心。东吴的一大帮文武官员，本来大家都在同一个屋檐下办公，相处得也很和睦，可是曹操来了一封信，马上泾渭分明，变成了针锋相对的主和派和主战派。

凭着曹操“对酒当歌，人生几何”的才华，写一封极具威慑力的劝降书是不成问题的。根据史书的记载，这回曹操写给孙权的信只有寥寥几十个字：近者奉辞伐罪，旄麾南指，刘琮束手。今治水军八十万众，方与将军会猎于吴。

翻译成白话文大概是：近期皇帝叫我去镇压那些有罪的人，所以我就不辞辛劳，南下走一遭，刘琮已经自首了。听说在东吴打猎是一种美好的享受，我特意带来了八十万个人，想陪你玩玩。

其实明眼人一看就清楚，曹操是在以一种玩世不恭的笔调向孙权宣战，我拥有八十万大军，要战则战，不战就趁早投降吧。

按照一般的规律，主战派都是手中握有一点兵权的人，他们喜欢战争，恨不得在战场上杀得天昏地暗，自己才有升官的机会，不是有句话说，军人是在血与火中超越自己的，这类有周瑜、黄盖等一批将军。而主和派一般都是崇拜孔夫子的读书人，他们推崇中庸之道，追求一个充满和平与安定的世界，这类人如张昭等大批文臣。

游离于主战派与主和派之间的是那些能够审时度势的谋士，对他们来说，战、和无所谓，只要能够为国家或者某个政权谋求到最大的利益即可。鲁肃、诸葛瑾就是这样的人。

曹操的信件一到东吴，马上吓倒一大片主和派。他们的理由很多，曹操供养着天子，跟他作对就等于跟天子过不去，那就是大逆不道。再说东吴最骄傲的就是长江这一道天然屏障，现在却跟曹操资源共享了，优势全无了，等等。

听得孙权一阵尿急，结果谋士鲁肃跟到卫生间，他只说了一句话，别人皆可降，唯主公不可降。孙权大惑不解，鲁肃解释道：别人投降曹操，照样可以优哉游哉，无忧无虑地大吃大喝。可是主公你降了曹操之后，要去哪里啊？好的话像刘琮那样被赶到山东的青州当了个刺史，坏的话那就不得而知了。听得孙权尿意全无，大骂：张昭这班人，就是自私，根本不替孤考虑考虑，可恨！

这时候鲁肃想起一个人——周瑜。这个跟前任领导人孙策是同龄人的周郎，几乎是一个完美的男人。

英俊潇洒，武功高强，风流儒雅，足智多谋，心胸坦荡，等等，一个好男人所应该拥有的优良品质，周瑜一样不少。绝对称得上帅哥、猛男、情圣、忠臣、儒将、大侠、音乐家、军事家、水陆两栖战将，等等，太令人羡慕了！

所以鲁肃建议，主公把在鄱阳湖练兵的周公瑾叫回来吧，他一定能够震慑住那些人的。

事实证明，周瑜这样一个重量级人物一回来，的确极大地重创了主和派。

朝堂之上，周瑜作了一次慷慨激昂的演讲。曹阿瞒，是一只披着羊皮的狼。大汉帝国丞相的幌子，遮掩不住曹操那颗阴谋篡逆的贼心。我家主公雄才大略，豪气冲天，继承了父亲和哥哥的基业，也算是江南之霸主。加之地大物博，兵多将广，理应为大汉帝国的子民除奸。没想到曹贼自己却撞上门来，难道我们要向前来寻死的人脱帽致敬吗？

让我替主公向大家说几句话，现在北方还不是一片净土，西凉的马超、韩遂蠢蠢欲动，随时都会在曹操的背后插一刀，此其一；曹操避长扬短，把那些马背上的旱鸭子赶到水里去，随时都会发生淹死的惨剧，此其二；天气严寒，连马儿都没的吃，北方人来了南方之后水土不服，必然大病，此其三。曹操利令智昏，冒着这三大错误，岂能不败？周瑜愿率领几万人马，把曹操活捉过来，献给主公。

听得底下叫好声不断，孙权更是异常激动，曹操老贼早就想篡夺政权了，只是忌惮袁氏兄弟、吕布、刘表跟孤这五个人。现在他们都相继归天了，只剩下孤一人。孤与曹贼势不两立，有我没他，有他没我。

鲁肃
周瑜

说着说着，孙权竟然拔出腰间的利刃，猛地一砍，当的一声，桌子四个角变成三个角。想恭迎曹操的，这就是下场。惊得那些主和派张开大嘴，再也合不拢了。

但是在散会之后，周瑜觉得这样简单的以势压人的会议开得实在很荒唐。所以在当天夜里，周瑜又去见孙权。

当然目的不是向孙权说些肉麻的尽忠话语，而是要把白天抗曹的豪言壮语变成脚踏实地的行动。要知道，曹操的八十万大军，不是一两句豪言壮语就可以解决的。

其实孙权心里也发毛，八十万啊，东吴地区所有的男女老少加起来也只有两百万，东吴拿什么去跟曹操拼命？

周瑜觉得曹操信件中八十万这个数字肯定有猫腻。恐怕曹操是在玩文字游戏吧，别说八十万，就是转过来变成十八万，也未必有这个数。周瑜给曹操算了一笔账，曹操的全部兵力只有十五六万，就算都带来了，加上荆州投降的七八万，也只有二十三四万。虽然这个数字听起来很吓人，但是那是一支病号累累的残废军队啊。只要给我五万精兵，绝对可以击败曹操的。

孙权听了当场泪奔，抚摸着周瑜的后背，公瑾真是一个好兄弟。张昭、秦松等人，只顾着家里的老婆，实在令我很失望。

就在那个晚上，周瑜与孙权共同策划了一场流芳百世的大战。按照孙权的部署，抽调出三万精兵，由周瑜跟老将程普共同指挥，协同刘备两万人马，迎战曹操。任命鲁肃为总参谋长，运筹帷幄，确保此战的胜利。

孙权铁下心来，要跟曹操一决雌雄。曹阿瞒，你的末日来临了！

## 2.曹丞相的难题

正当孙权与周瑜商量着该划出长江的哪一段来当作曹军的坟墓区时，在江陵的曹操也正为军队中出现的一系列问题而烦恼。

最最重要的问题是要不要进攻孙权。本来此次南征，攻打东吴还不在曹操的计划之内。自从消灭河北的袁氏势力之后，荆州的刘表成了曹操下一步打击的首个目标。为此，曹操也做好了打第二场官渡大战的思想准备。毕竟刘表长期拥兵自重，势力也不容小觑。

所以在南征之前，曹操也审慎地向第一谋士荀彧寻求战法。荀彧给他支招，大军从宛城、叶城之间长驱直下，给刘表一个措手不及。像往常那样，曹操留下荀彧守许昌，自己亲率七八万大军浩浩荡荡地向荆州开拔。

一路上几乎是遇不到一个荆州兵，到了新野却来了一帮求和的荆州官员。原来是刘表死了，刘琮准备投降。于是，想象中的第二场官渡大战自然没有机会发生，曹操很顺利地进入了襄阳城。

可是进入襄阳城之后，发现刘备早就跑走了，于是曹操又急急忙忙南下追赶刘备。经过一天一夜的长途奔袭，终于在当阳长坂坡逮住了刘备的难民队伍。可是一场混战之后，又让这个狡猾的大耳朵逃得无影无踪。曹操只好把事情做绝，一路穷追猛打，一直追到江陵，这才戛然而止。

这时候，要不要继续顺江而下进攻东吴摆在曹操的面前了。

谋士贾诩第一个提出反对意见，前年刚刚剿灭袁氏，今天又攻占荆州，威名远播海内。荆州土地肥沃、物产丰饶，只要在这里好好发展经济，让百姓安居乐业，如此不费一兵一卒，东吴的孙权自动就会前来投靠的。

贾诩的话让曹操哭笑不得。文和啊，马超和韩遂时刻威胁着我们的大后方，刘备和孙权早就对荆州这块肥肉垂涎三尺。我一回家，荆州能不能守得住还要打一个问号。再说孙权这小子是何等的人物？他会自动降服？何况我们手里还有一支刘琮无偿赠送的强大水师，这时候不趁机消灭孙权，难道要等到猴年马月？

战船有了，兵力也足够多了，如果还要如同贾诩所说，等着孙权前来投降，那简直是守株待兔。

坐失良机绝不是曹操的作风。那就跟孙权打仗吧！

可是一提“打仗”两个字，曹操又头疼了。那些从北方来的士卒一登上战船，马上就摇摇晃晃地呕吐不止。别说打仗了，能不能站稳都成了问题。

更可怕的是，军中出现了流行病。至于是什么病，史书上没有记载，估计连军中的大夫也诊断不出来，开不出药方治疗。

根据当代医学界的研究,当时曹军的流行病可能有三种。第一种是急性血吸虫病,这个也获得考古上支持。比如长沙马王堆汉墓出土的女尸木乃伊,就在她的肠内和肝脏发现了血吸虫卵。江陵一带正是血吸虫发病区。染上了此病,发热、腹痛、腹泻是难免的。

第二种是疟疾。荆州一带草木丛生,蚊虫横行,正是严重的疾病区。曹操南征荆州时,正值疟疾传播季节。要是不幸得了疟疾,高烧不退,上吐下泻,浑身软弱无力,这时候恐怕连武器也拿不动。

第三种就是斑疹伤寒。这在医圣张仲景的书中得到证实,“余宗族素多,向余二百。建安纪年以来,犹未十稔,其死亡者,三分有二,伤寒十居其七”。也就是说从建安元年(196)开始,荆州地区的南阳一带,斑疹伤寒肆虐成灾。由于当时战祸连年不断,根本谈不上卫生防疫,老百姓叫苦连天。曹军流行斑疹伤寒那是大概率事件了。

十几万的人马,上述任何一种流行病都有可能爆发,那对战斗力的削弱是不堪设想的。要是不幸同时出现三种流行病,那曹军不攻自灭。

在战争开始之前,还处于发病初期。曹操也不以为然,总不能因为几个病号,就影响了自己的宏图大业。

可是形势马上变得很严峻,现在不再是要不要进攻东吴的问题。侦探回来报告说,周瑜已经带领三万大军、战船数百艘,沿江西上,很快就要先发制人了。

曹操怒气冲冲地大叫一声:开战!

## 3.首战必胜

曹操任命文聘为大将,率领一支数万的北军,驻守江陵。自己率领七万荆州南军、三四万北军,数百艘战舰,气势磅礴沿江而下,战旗飘扬,鼓声震天,宽敞的长江水面拥挤不堪。曹操把这支混成兵团分成七个军,一口气任命了七个军长:于禁、张辽、张郃、朱灵、李典、路招、冯楷。这七个军自襄阳出发,沿着汉江直指江夏。

而曹操率领本军以荆州水师将领蔡瑁、张允为水师先锋，徐晃、满宠为陆军先锋，自江陵出发，锋芒也是指向江夏。

建安十三年(208)十月初十，东下的曹军先头部队跟西上的周瑜在长江中赤壁处(赤壁的具体地理位置众说纷纭，但是蒲圻一说证据确凿，从文献到考古文物)碰头了，就此拉开了闻名于世的赤壁大战的序幕。

这次序幕战，史书上只记有八个字"初一交战，操军不利"，让很多人怀疑史学家是不是在发新闻标题。建安七子王粲在《英雄记》中记载了一次战斗，应该就是曹操与周瑜的第一次较量吧。但是这本书已经全部遗失在历史的某一个角落，现在所能见到的残篇断简，都是从其他史籍引用中抽出来的。

参考《英雄记》的说法，联系一些史料，赤壁初战应该是曹操一次急不可耐的试探性进攻。

曹操的意图很明显。摇摇晃晃的江面，会让那些北方士卒尝尽苦头，所以最好的办法是，渡江之后，从长江右侧的赤壁登陆上岸。一旦爬到了陆地上，那些强悍的北方士卒又将生龙活虎，就可以从背后攻下周瑜的司令部所在地江夏，威逼孙权的政治中心——柴桑。

曹操派遣了一支数量超过一万人的突击队，准备抢滩登陆赤壁。由于赤壁近岸水浅，大船根本派不上用场。于是曹操就想出了一个好办法，把周边茂密的竹林砍下来，扎成几千个竹排，组成了一支规模庞大的长江漂流队。

貌似江水湍急，或者竹排的打造还没有全部完成，所以曹操就把这些竹排随便放在江边的某个口岸，估计是在赤壁对岸的乌林附近。一俟准备妥当，就从乌林横渡长江，直抵赤壁，当然这个想象的成分很大。

精明的周郎很快就发现了曹操的这一阴谋，于是在深夜秘密派遣一百多只小船，每只小船上有几个人手持火把，另外五十人在划桨，以确保小船的行动速度。这支特遣队一靠近竹排停放地，就把手中的火把丢到竹排上，之后迅速撤退。等竹排的大火熄灭，东吴特遣队又来偷袭，结果一夜之间来回焚烧，很快就把几千个竹排烧得干干净净。当夜大火冲天，映得江面一片通红。

周瑜的这把小火烧毁的不仅仅是几千个竹排，更是烧毁了曹操的水战信心。陆战内行，水战外行。面对周瑜这个奇才，在曹操多年的征战历程中还从来没有产生过这样的恐惧感。抛弃了马背上的优势，硬是跟周瑜战船上的优势一争长短。再加上军营中的各种传染病开始蔓延，发热的、呕吐的、腹泻的，一天比一天增多，军营里到处弥散着浓烈呛鼻的中药味，弄得曹操心烦意乱，精神不得安宁。曹操这才开始怀疑，自己是不是头脑有点发热？

但是无论如何都要挺下去，跟袁绍在官渡殊死搏斗之后，曹操觉得这个世界上再也没有可以让他退缩的。

于是曹操把大军撤到江北的乌林，在岸边扎下了水营。那些北方的旱鸭子就在陆上安营扎寨，跟水寨连成一片，相互照应，抱团固守。

曹操此时非常清楚，船上的功夫他们绝不是周瑜的对手，看看东吴的那些战舰吧，在江面上的行走犹如草原上的骏马奔驰，来去自如。再看看自己的那些北方军，简直就是一群窝囊货，个个病得东倒西歪，差不多都要去找阎王爷报到了。两相鲜明的对比，让曹操看得既羡慕又嫉恨。

还是明年吧，一待春暖花开，将士们也就习惯了水上交战的规则。到那时活捉周瑜，直捣柴桑。

这时候有人建议把战船首尾用铁链相连，船与船之间还可以铺上木板，这样就可以变成长江上不沉的坚固堡垒。当然这人绝不是罗贯中笔下的凤雏庞统，这时候庞统还远在河南的颍川当着一个屁大功曹。至于是不是东吴的卧底，我看可能性也很小。

这个脑残建议很快就得到曹操的认可，当然当时的曹操并不觉得有什么不妥。战船相连之后，任凭惊涛骇浪，我自岿然不动。在这样的“航空母舰”上不但可以跑马训练，而且还可以观看令人赏心悦目的各种文娱活动。甚至曹操还突发奇想，让这样的巨无霸漂流直下，沿途所经什么江夏、柴桑，都不在话下。

## 4.黄盖的那把怒火

自从赤壁初战以来，夏口的周瑜就很纳闷，一连半个月，乌林那边的曹操一点儿动静也没有。这只狡猾的老狐狸躲在家里，究竟在搞什么东东？

你越神秘，人家就越关注你、越在乎你。周瑜连续派出几支小队伍前往乌林挑战，结果曹操变成缩头乌龟。任你在水寨外如何叫骂，我就是待在家里看着好玩。

研究曹操的作战历史，周瑜感到一阵害怕。这个老家伙越沉得住气，就说明越有战胜的把握。于是周瑜带上一帮东吴将领，乘坐楼船，趁着浓雾亲自到乌林江面去偷窥。

不看不知道，一看吓一跳。我的妈呀，看看曹操富有个性化的创意！只见乌林江面突然出现了一座座水上堡垒，井然有序，曹操竟然把地面上的治军方法搬到船上来。

显然曹操是在打一场持久战、消耗战。弱小的东吴可玩不起这个，三万大军的后勤供应就已经搞得孙权手忙脚乱，疲惫不堪。如果曹操再坚守不战，那么等待周瑜的只有困死的结局了，这也是周瑜最担忧的。

这时候，身边的老将黄盖凑过头来说话了。这个黄盖在东吴也算是老资格的人物了，从小孤苦伶仃，长大以后就一直跟着东吴的三任领导人：孙坚、孙策、孙权。可以说周瑜看到过的，黄盖都看过了；周瑜没见过的，黄盖也看过了。现在是周瑜没想到的，黄盖也想到了。

曹操本来是无懈可击的，只要他坚守不战，我们就拿他没办法。但是，现在曹操却全身脱得干干净净，把软腹部上的最致命部位显露出来。曹操让所有的战船首尾相连，只要一把火炬，就可以让它们化为灰烬。

周瑜听了一阵苦笑，黄老将军，曹操戒备森严，我们如何去靠近他们的水寨？再说即使靠近了他们，现在大寒天，刮的是凛冽北风。恐怕还没有接近他们，就先把我们的水军烧成焦炭。这个常识，曹操怎能不懂？

看到周瑜朦朦胧胧，黄盖给他上了一节气象课。我自幼在零陵生长，长大以后也是常年在长沙、零陵、桂阳等地混。这里的每一个农家小孩都知道，在每次天气剧变之前，冬至前后必会刮起一阵东南风。

其实黄盖所讲的只是一个很常见的现象。虽然说冬天，但是总不会每次刮的都是北风。因为局部气旋，气流运动，导致在反气旋的西北方向吹东南风。

兵不厌诈，我就诈降一回。借机靠近曹操水寨，烧得他浑身没一块好皮。

几句话直说得周瑜心花怒放，想不到我军中能有如此英雄，真是天佑东吴也！黄老将军，曹操遇到你真是惨了！

于是，东吴一个代号为“烤鸭行动”的作战计划浮出水面了。

行动第一步，周瑜准备了数十艘漂浮在水面上如同一根羽毛的蒙冲斗舰，上面载满了干燥的荻草、枯柴。又怕一旦起火，火势不够猛，为了增加曹军的痛苦指数，周瑜干脆在荻草、枯柴里灌满了几大桶芝麻油、鱼膏。上面覆盖帷幕，插着旌旗龙幡，伪装成运载军粮的模样。同时在每条蒙冲斗舰尾部各系住一条逃生小船，使得黄盖等人光荣完成任务之后，能够安全脱离火海。

行动第二步，黄盖给曹操写了一封感情真挚的投降书。大致内容是，我黄盖算是东吴元老级的人物了，东吴的三代领导人对待我也是特别的优厚。但是我为什么如今要背叛他们投靠曹丞相？我活到这个年头，已是黄泉路近，不怕背上叛徒的可耻名声。我要用自己的行动向东吴人民喊话，不要抵抗了。曹丞相拥兵百万，扫荡东吴易如反掌。某些愚蠢的人为了自己的私心，不惜一战，那简直是荼毒生灵，必将被牢牢钉在历史的耻辱柱上！周瑜就是这样一个不识时务的罪人。跟曹丞相交战的那天，黄盖是先锋将领。黄盖会审时度势，献上周瑜的猪头，作为效忠丞相的见面礼。

一封信读得曹操泪流满面，黄盖真是东吴人民的好儿子！只要东吴多出几个黄盖，江南地区将一片和平安定。

万事俱备，只欠东风。不单单黄盖在等着起东南风的征兆，全东吴有无数双眼睛正没日没夜、眨也不眨地盯着天空，老天爷，快起风吧，让不可一世的曹操灰飞烟灭！

等待的过程是漫长的，但是结果很美好。在十一月中旬的某一天（这一天的确切日期史书不见记载。在《三国演义》中有一个十一月二十日甲子，但是这一年的十一月二十日干支是壬申，甲子是十二日。所以到底赤壁大战是在哪一天，仍然是个谜），中午的时候还是晴空万里，忽然迎面吹来一阵轻微柔和的东南风。

终于来了，周瑜和黄盖兴奋地紧紧拥抱。

黄老将军，祝你一路顺风！

周大都督，你们要宰得狠一点儿，不要手下留情！

我们乌林见！

不见不散！

……

黄盖跟周瑜相互道别。

经过了一个下午的紧张准备，夜幕降临了！这时候东南风愈刮愈紧，黄盖船队如同离弦的箭，很快就到了长江中江赤壁附近，跟乌林的曹操大营紧邻相望。

跑在黄盖船队前头的是十艘肩负纵火重任的轻便战船，在猛烈东南风的推送之下，迅速靠近曹营。大约距离曹营二里许，也就是一千米左右。黄盖举起手中的火把，向各船发出一个信号。于是大家站上船头，高声喊话，我们过来投降了。

曹营里立即一片欢腾，曹操更是登上高台，献上了自己生平最得意的颂歌，"对酒当歌，人生几何……"。歌颂这个美好的夜晚。

虽然早就有人提醒曹操注意黄盖是否存在欺诈的行为，但是要讹诈曹操显然是一件难度系数极高的事，再说就算是骗了自己，黄盖又能怎样？所以曹操不以为然，叫人赶紧出去迎接，一定要让黄盖觉得这里就是他最温暖的家。

于是曹操的士卒都站到水寨最突出部、最高处，谁也不愿意错过这精彩的一面。结果大家看到了最惊心动魄的一幕，黄盖的十艘轻便战船像十条火龙，喷吐出愤怒的火焰，正急冲冲朝自己而来。一千米的距离，就是跑步也只要五分钟。所以当黄盖冲到面前时，没有丝毫抵抗准备的曹军立即陷入一片空前的混乱之中。

这时候曹军只好搬出远程武器，用漫天的箭雨来挡住黄盖的纵火队。结果黄盖身中一箭，落到冰冷的江水中。但是很快就被后续韩当的部队捞上来，放在担架上。慌乱之中，谁也没有认出他就是突击队队长——黄盖老将军。所幸的是黄盖尚有余力，用尽最后一点儿力气轻声呼唤："韩当……韩当……"韩当这才认出了黄盖，于是脱下军衣给黄盖保暖。黄盖由此保住了一条老命。

黄盖偷袭成功，周瑜的主力部队又及时赶到，趁火打劫，赤壁江面成了曹军的火葬场和屠宰场。

黄盖

罗贯中是这样描述火烧赤壁的："火趁风威，风助火势，船如箭发，烟焰涨天……但见三江面上，火逐风飞，一派通红，漫天彻地。"总之，那是一个令人震撼的夜晚。大火没完没了，烧得噼里啪啦响，顷刻之间，曹操的所有战船变成一块块黑乎乎的木炭。空气中更是弥散着一股恶臭难闻的腥臊味，首当其冲的是荆州水军，很快就化为乌有。

岸上曹操的北军嫡系部队也难逃厄运。大火还没有熄灭，周瑜的三万大军在惊天动地的擂鼓声中又冲上岸来，还有一路从洪湖登岸，包抄过去。一阵砍瓜切菜，让乌林江岸堆满了尸体。这时候曹军的所有人都在做一件相同的事，那就是逃命。兵败如山倒，狼狈不堪的曹军在寒夜之中慌不择路，踩踏死的、淹死的、烧死的、被吴军杀死的，不可胜数。

曹操一马当先，跑在最前头，把周瑜的追兵远远地甩在后头。正在暗自庆幸时，忽然几声炮响，无数高举着刘字大旗的人马又冲杀过来。原来刘备早已在这里等候多时了！

## 5.迟到的刘皇叔

当赤壁的江面如同沸水般热浪滚滚时，刘备躲在哪里？

虽说是孙刘联军，但是这个提法无疑是极大地拔高了刘备的地位。当阳长坂坡一战，彻底打残了刘备。当时赶赴荆州的鲁肃误判了刘备在荆州的政治地位，以为刘备振臂一呼，荆州的七八万军队马上就会热血涌动。

本来是满怀着热情的期待跟刘备结盟，但是事与愿违，鲁肃在当阳长坂坡跟刘备相会之后，不禁有点后悔了。就那么点兵力，还不够一个营（豫州之众不当一校）。别说结盟，组成强大的联合作战部队，就是在曹操的重拳之下，刘备能不能存活下来还是个问题。

基于人道主义救援的原则，鲁肃提议刘备暂且流亡到鄂县的樊口，在东吴的庇护之下以求一生。后来，曹操的大军如泰山压顶，眼看自己无法扛住了，于是刘备派遣诸葛亮前往柴桑面见孙权。虽然在史书上找不到明确的记载，但是柴桑之会，诸葛亮显然与孙权达成一个协议，至少是口头上的协议：孙刘联军击败曹操之后，共同分割荆州这块地盘。

对于诸葛亮来说，分割荆州无疑是一件很痛苦的事。这大大违背了自己在隆中对中提出的“跨有荆益”这一个大战略。如果只拿到不完整的半个荆州，怎么可以“跨有荆益”？然而，人在江湖，身不由己。如果不与孙权结盟，恐怕连半个荆州的美梦也不敢做。

而对于孙权来说，西取荆州，前有鲁肃，后有甘宁，是东吴的既定国策之一。但是刘备经营荆州多年，其人气之旺，不可忽视。自刘表死后，头顶皇叔光环的刘备实际上就是荆州人民的精神领袖。何况单凭东吴的三万军队，能否击败曹操，孙权心里真没底。年轻的孙权看不到自己的力量所在，缺乏政治眼光，意志不够坚定，结果就轻易允诺了战后利益均分。

瓜分荆州，成了孙刘两方的最大公约数，有了瓜分荆州的协议才有了孙刘联军。刘备跟诸葛亮的厉害就厉害在这里，趁着东吴处于生死的危难关头，占了孙权的便宜。反正自己一无所有了，现在能捞多少就算多少吧。

于是，孙刘联军勉勉强强成立了。

当阳长坂坡的惨败，让浑身无数伤口的刘备再添新伤，对曹操的恐惧也达到了高峰。诸葛亮去了柴桑，窝在樊口避难的刘备就成了离群的孤雁。曹操的每一个动静都牵动着刘备的神经。

一听到曹操将从江陵东下，刘备的恐慌到了极点。一整天不停地派人在江面上来回巡逻，每见到一只小船，就会让刘备的神经紧绷一回，弄得惶惶不可终日。没日没夜地眺望远处，盼着大救星周瑜能够早日到来。

结果周瑜的大部队来了，这时候刘备已经被曹操吓破胆，竟然迷失了东西南北。刘备问侦探，真的是周瑜来了吗？怎么知道不是曹操的队伍？

侦探理直气壮地回答，看看高大威猛的船只，就知道是东吴的大都督。

刘备这才放下心，赶紧派人前去慰问，还亲自乘坐一条小船前去跟周瑜相见。当打听到东吴只有三万人，刘备的心情又一下子跌落到谷底。这么丁点儿，还不够曹操塞牙缝呢。

周瑜却信心百倍，对付曹操已经足够了，你就等着我的捷报吧。

按照同盟军的一般原则，结盟的双方应当肩并肩共同作战。周瑜对刘备那么点儿微末的兵力似乎也不屑一顾，而刘备也不相信周瑜具备了击垮曹操的实力，所以他采取了一种观望的态度。

刘备拨给了张飞、关羽两千人马，叫他们不要搭上周瑜的顺风船。怕一上了周瑜的船，以后能不能再独立出来，就难说了。让周瑜去打头阵吧，我们看情况再发挥同盟军的作用吧。

周瑜的水师与曹操在赤壁轰轰烈烈地干上了，刘备的军队就趁机埋伏在长江北岸，水师由关羽率领，集结在夏口一处，陆军由张飞、赵云率领，埋伏在鲁山一地。

得知了曹操被周瑜打得落花流水，刘备再也坐不住了。于是关羽水师沿着汉江追击，张飞、赵云由鲁山南下乌林，从侧背对已经伤痕累累的曹操发动猛烈一击。

就这样，到了赤壁大战的末期，刘备终于从地缝里钻了出来，履行了同盟军应尽的义务。

由于赤壁江面上损失的大部分只是荆州的非嫡系南军，曹操的嫡系部队北军损伤基本不大。只是因为这时候军中大面积出现各种各样的流行病，战斗力大大削弱，组织反击几乎不可能。于是曹操下令烧毁了剩余的战船，从孙刘联军的夹击之中开始了"体面的北逃"。

看着军中病得已经挺不起腰杆的那些士卒，曹操这才想起鬼才郭嘉的那句话，"南方各种疾病流行，我到了南方恐怕再也回不来了"。曹操深深地叹了感伤的一口气，郭奉孝走得太匆忙了。要是他还在，孤绝对不会落到如此悲惨的地步！

哀哉奉孝！痛哉奉孝！惜哉奉孝！

撤退的方向几乎是沿着乌林与江陵这两点间的最短距离，做直线运动。

曹操路经云梦大泽，雾气茫茫一大片，让曹操找不到出路，只好率领残军败将抄着一条被称为华容道的小路向西狼狈而逃。可是祸不单行，大雨又倾盆而下，让本来就疲弱不堪的队伍更是雪上加霜。道路泥泞不堪，辎重和战马根本就难以通过。曹操命令那些老弱的士卒四处背着柴草垫路通行，结果连那些老兵也垫上去了。慌不择路的骑兵们竟然无视生命的孱弱，踏着自己的同胞仓皇逃跑。

一路的撤退，就是一路的哀嚎痛哭，一路的尸体累累，终于走过了华容道。其情状之惨，恐怕要让曹操终生难忘。

当然这个脱离并非出于关羽私纵逃犯的恩德。实际上关羽是率领一支水师，沿着汉江追袭曹军的残余船队。从陆路追赶曹操的是张飞和赵云，眼看就要追上了陷入华容道沼泽地中的曹操，这时候张辽和徐晃的骑兵部队赶来了，才让曹操这只到嘴的鸭子飞走了。

脱离了华容道，曹操又路经一片茂密的松树林。这时候，曹操却非常高兴，一度让部下大惑不解。曹操解释说，本以为刘备才是我的劲敌，没想到他是如此迟钝。假如他能早一点儿在松林里放一把大火，我们这些人恐怕真要彻底葬身火海了。

曹操安全走过松林之后，身后才黑烟滚滚，火光冲天。刘备终于放火烧林了，但也只是野蛮地破坏环境而已，林中已经没有一个曹操的士兵了。

由此可见，刘备的参战是多么的不力！尽管是因为刘备兵力不济，不满万人，但是刘备的迟缓、观望、消极态度也难逃干系。

曹操回到江陵之后，感到一阵愧疚。本来是威风凛凛的队伍，现在一半已经成了赤壁的孤魂野鬼。而这一切惨祸，完全是自己一手酿造的。曹操就留下征南将军曹仁、横野将军徐晃守江陵，折冲将军乐进守襄阳，自己灰溜溜地跑回许昌去了。历时两个月的赤壁大战，至此落下了帷幕！

## 6.荆州争夺战

赤壁大战一结束，荆州这块大肥肉的分夺行动就开始了。战后荆州七个郡的形势是这样的：长江以北的南阳郡（宛城）、南郡（江陵）落到曹操手中。荆州最最重要的城市，也就是现在的首府——江陵由曹仁、徐晃两位大将防守，南阳郡由于靠近许昌，“卧榻之侧，岂容他人酣睡”，其他的势力根本就无法染指。另外，曹操还在南阳与江陵之间的重地襄阳布下乐进一支重兵，当阳也留下满宠一军，形成梯次防守的态势。

荆州东部的江夏郡由刘琦镇守，可以说是刘备的地盘。长江以南的四个郡：零陵郡、桂阳郡、武陵郡、长沙郡，几个太守尚未表态。一旦把曹军赶出郡治江陵，这些中间势力马上就会倒向孙刘一侧。所以能否拿下江陵，关系到荆州（除了南阳郡之外）的归属问题。

于是，在赤壁大败曹操之后，孙刘联军继续穷追猛打。周瑜率领程普、黄盖、韩当、周泰、甘宁、凌统等人沿着长江逆流而上，在巴丘水域发现了曹军的运输船队。没等周瑜吹响进攻的号角，曹操的长水校尉任峻就吓得屁滚尿流，一把火烧掉船队之后，跑得无影无踪。

刘备的部队则继续沿着云梦大泽向江陵方向运动，最后在江陵城外的江面上跟周瑜握手胜利会师。

但是这座城市的坚固程度远远超出了周瑜的想象，一块块巨石垒砌的城墙高不可攀，从江面上进攻，几乎是不可能的。刘备更是以多年生活在荆州的经验告诉周瑜，这样坚固的城池要想把它攻下来，最少需要一年的时间。曹仁和徐晃的军队比我们还要多，况且城中粮草堆积如山，军械物资更是不可胜数，硬攻这样的要塞无异于让士兵们往火坑里跳。

于是刘备跟周瑜做了一笔交易，刘备以张飞的一千人做抵押，让周瑜拨出两千人马给自己，继续沿着长江向西，进攻江陵的侧背面。一旦退路被断，曹仁和徐晃必然撤军。

这时候，一向主张西进运动的东吴名将甘宁也提出战法，直取夷陵，威胁江陵的后方防线。两人想法如出一辙，就携手西进，没费多大劲，夷陵就到手了。

攻下夷陵之后，刘备见目的达到了，留下几百人给甘宁，自己率领大队人马南下进攻荆州南方四郡。刘备的这一招堪称绝招，趁着周瑜正为江陵城焦头烂额时，自己却金蝉脱壳，趁机把势力扩展到华南一带。武陵太守金旋、长沙太守韩玄、零陵太守刘度、桂阳太守赵范，根本就不愿意把战火引燃到自己的辖地，所以刘备一到，无不纷纷竖起白旗，自动缴械投降。

就这样，刘备不费吹灰之力，一下子把荆州江南四郡收入囊中，可以说是占了一次特大的便宜，气得周瑜在江陵城下直发抖，差点儿就喷血了。刘备也太邪门了，尽做一本万利的生意，怪不得吕布临死之前会恨恨地大骂大耳朵最不可信。

但是现在周瑜再也没有心情去思考刘备的事了，在夷陵的甘宁正被曹仁派去的五六千人马打得连气也喘不过来了。曹军在城外架起高高的木楼，一整天就从上面没完没了地射箭，射得甘宁的一千守军连脾气也没有了。甘宁却镇定自若，谈笑风生，趁着曹军不备，急忙求救于周瑜。

夷陵危急！甘宁危急！周瑜听从大将吕蒙的建议，只留下凌统一人对江陵围而不攻，自己率领大部队西援夷陵。周瑜一来，围攻夷陵的曹军立即土崩瓦解，被周瑜打得落花流水，几乎全军覆灭。夷陵大捷，周瑜缴获了曹军战马三百匹，东吴军队的士气一下子涨飞到天空。当然，最大的收获是现在可以从陆地上进攻江陵城了。

江陵守将曹仁看到凌统兵少，于是派出大队人马发动反攻。一直进攻了十天十夜，都被凌统英勇击退。等到第十一天，周瑜的主力部队从西面杀奔过来，吓得曹仁赶紧鸣金收兵，收缩城内，坚守不出。

为了配合周瑜进攻江陵，十二月，孙权亲自率兵攻打长江以北的合肥。这时候东吴的主和派领袖张昭也完全转换了角色，变成坚决的抵抗派，带领一支队伍进攻九江的当涂要塞。

东吴在南方的三路攻势让曹操穷于应付，手忙脚乱。曹操只好于建安十四年(209)三月坐镇老家谯，并派遣将军张喜增援合肥。

虽然孙权的合肥攻势没有取得任何战果，但是牵制了曹操的大量兵力，让周瑜得以安心进攻江陵城。

经过了一年的艰苦围困战，曹仁的几万守军也消耗得差不多了，再坚守下去恐怕真要人城俱亡了，只好弃城逃走了。

江陵终于攻克了，消息传来，孙权热泪盈眶。了不得，长达一年多的攻坚战。没有江陵，就没有荆州。拿下了江陵，就意味着控制了大半个荆州。这是自孙策以来，东吴最辉煌的一次开疆拓土。周瑜功不可没，所以孙权马上任命他为这片新领土的最高长官——南郡太守。此外还任命程普为江夏太守，把江夏郡占为己有。

这么一来，荆州七个郡的形势马上又发生了变化。曹操除了牢牢控制北部的南阳郡以外，荆州最重要的南郡已经易主。而孙权由于周瑜的浴血奋战，终于取得了江陵和江夏两个郡。南部四个郡，长沙、武陵、桂阳、零陵则成了刘备的势力范围。

虽然说在比例上，曹、孙、刘是1:2:4，但实际上孙权收获最大，取得了荆州的绝对控制权。刘备名义上拥有（实际上是没有控制）南部四郡，但是地广人稀，经济落后，又远离中原，所以这些地方对称霸天下几乎没有什么战略价值。刘备在接受四个太守的投降之后，也就垂头丧气地回江陵了。

刘备跟周瑜吵起了架，不是战前跟诸葛亮协议好了，组成同盟军击退曹操之后，双方利益均分吗？再说，虽然在江陵攻坚战中，东吴起了决定性的作用，但是我也任命了关羽为襄阳太守，是他镇住了襄阳守将乐进，绊住了当阳的满宠，使得江陵完全变成一个孤岛，周大都督才有攻克的机会啊！总不能把我赶到人烟稀少的南部四郡，去过着啃草根的苦日子吧。

在斗心机上，帅气的周郎显然不是大耳朵的对手。周瑜一则看到刘备也真有点儿可怜，二则刘备说的也是实情。可是江陵是用东吴无数士卒的性命换来的，总不能白白送给刘备。况且刘备本来就是荆州的地头蛇，刘琦一死，荆州太守的名号马上落在了刘备的头上，为争夺荆州做好法理上的准备。

俗话说“强龙不压地头蛇”，周瑜为了给刘备一点儿安慰，把江陵郡在长江以南的一小块地盘割出来，让刘备蜗居于此，省得他每天吵吵，听着就心烦。

刘备几乎是磨破嘴皮、用尽心机，才求来了江陵南岸的一隅之地，所以他倍加珍惜，在油江口建立了荆州太守的办公机构，并想出一个花招，改了一个大众化的草根地名——公安。其用意很明显，大家都来投靠吧，这里很安宁，绝对是一片乐土。加上刘备魅力四射，荆州原来那些刘表的官员、士民，本来已经投靠了曹操，一听到刘皇叔的大名，纷纷弃暗投明。由是在短短几个月之内，刘备竟然势力剧增，终于成了气候。

# 第十四章　西进运动

痛苦的自白

刘备借荆州

张天师的传人

一次危险的渡河行动

巧舌破马超

## 1.痛苦的自白

这时候的荆州就好比一张大餐桌，上面摆满了各种精美的食物。孙权和刘备就像两个饥肠辘辘的孩子，津津有味地把食物一口一口地往嘴巴里送。但是曹操却失落在一旁，只能看着餐桌上一碟碟的美食直流口水。

无疑，赤壁大战是曹操一生中最大的失败，不仅仅失去了对荆州这一天下腹心之地的控制，同时也没有了短时间内征服江南的可能。更可怕的是，孙权和刘备打击了曹操集团的信心，人们开始怀疑“奉天子以令不臣”这面飘扬的大旗究竟还能扛多久。信念的丧失比失败本身更危险，曹操日益感到危机正在一步一步地向他靠近。

更可恨的是，孙权和刘备得了那么大的好处，还是不肯罢休。于是一种阴谋篡权论很快地像爆炸之后的硝烟，不断地向四面八方扩散。

许昌城内，曹操几乎待不下去了。不是说赤壁惨败之后无脸见人，而是每走一步路，周围的人都用一种异样的猜疑目光盯着他，仿佛曹操是一只偷吃腥的馋猫。汉献帝那边也是蠢蠢欲动，曹操的政敌们，那些体内只流着大汉帝国的热血的拥汉派，早已经把曹操当成不逊之臣。

这一切，都让曹操既感到愤愤不平，又有一种孤独的悲哀。从己吾起兵开始，曹操就立志要做一个能够千秋万代受世人铭记的人。

当然，做一个皇帝无疑是永远活在人们心中的最佳途径，好皇帝千古传颂，坏皇帝遗臭万年。无论好皇帝还是坏皇帝，他们都有一个共同点，那就是尽管他们的肉体很快就消亡了，但是他们的名字却深深地镌刻在历史的柱子上。而作为一个一般的臣民，几千年以来，能够获此殊荣的概率恐怕比黄河中捞起一粒细沙的概率还要小。

但是，当一个皇帝真的就那么美好吗？君不知，“皇帝”两个字是千千万万的人用鲜血书写出来的。君不见，走向帝位宝座的每一块砖石之下，都埋藏着数不清的冤骨。曹操压根儿就没有想过当皇帝，那个看似光辉灿烂，实则充满了血腥味的名词太令人窒息了。

多年来的奋斗，无非是要一个澄清的世界，一个没有硝烟、没有苦难、没有分裂的帝国。每一次行军打仗，满眼所见，无不都是“白骨露于野，千里无鸡鸣”那令人断肠的荒凉。但是，这世界上没有一个人能够理解我，汉献帝不理解，大臣们不理解，就是最忠诚的第一谋士荀彧也是颇有怨言，更何况自己的敌人——孙权、刘备等人？

曹操再也无法压抑心中的苦闷，总不能每天对着没有生命的花草树木喃喃自语，于是在建安十五年(210)十二月，向天下颁布了《让县自明本志令》。这个《让县自明本志令》出台的背景是汉献帝封曹操邑兼四县，食户三万。具休说来就是：本来有一个武平县，一万户，现在又增加了夏、柘、苦三个县，共二万户。

但随后曹操宣布，新增加的夏、柘、苦三个县我不要，全让出去，以此向天下表白，我曹阿瞒绝不是一个贪得无厌的人，这也就是著名的《十二月己亥令》。

这个重要文件的发布日期是十二月己亥日，可惜笔者查了当时的日历，在建安十五年(210)的十二月没有己亥这一天，所以应该是史书的记载出了问题。如果曹操泉下有知，又会深深地发出一声叹息：难道我死之后，历史学家还要没完没了地让后人误会我吗？

尽管如此，《让县自明本志令》还是成了曹操一生中最重要的文章之一。说是文章，其实是曹操心灵的自我解剖，是人们揭露曹操心灵深处秘密的内窥镜。

在回忆过去的人生足迹时，曹操坦承，自己不是一个甘于寂寞的人，总想成为一个明星。但那时候不流行微博，自己又缺乏炒作的题材，于是当一个贤明、日后能留下好名声的地方父母官成了曹操的最大理想。不久以后，曹操认识到社会的黑暗，为了免于连累家族，只好违背自己的理想，辞职不干了。

从这段自述来看，还真有点愤世嫉俗的意味。回家之后，曹操仿佛看透了这个花花世界，于是过上了与世隔绝的日子，在谯东边五十里一个清静的地方隐居下来，成了一个宅男。

如果就这样下去，恐怕曹操将永远失去了人生的理想，从此将在历史上销声匿迹。可是不久以后，曹操连宅男也做不成了，张角的黄巾军到处作乱，弄得民不聊生。

于是已经沉淀下去的激情被激活了，从参与镇压黄巾军的第一天开始，曹操的世界观、人生观发生了质的变化。也就是从那以后，曹操再也没有自暴自弃过，要轰轰烈烈地过一生。这时候，曹操要封侯、要当征西将军。如果死后他的坟墓前竖立着“汉故征西将军曹侯之墓”这样的石碑，那么他将非常自豪地在清明节与冬至日接受后人的祟祀。

再之后，时势造英雄，曹操相继打倒了一系列地方巨头人物，终于当上了东汉帝国的唯一丞相。官拜相位，夫复何求？曹操的人生追求就此戛然而止。

要是你有耐心看完《让县自明本志令》的全文，你就会觉得，这简直是法庭上的辩护书，有力地反驳了那些把自己告上历史法庭的敌人。当然，里边最有力的驳词是：“今孤言此，若为自大，欲人言尽，故无讳耳。设使国家无有孤，不知当几人称帝，几人称王。”

这个意思是说，我把话说绝了，大家都认为我是个疯子，但是要想堵住那些无聊之人的大嘴，我就暂且疯一回。要是世界上没有我这个疯子，恐怕什么狂帝、魔帝啊，什么海贼王、地王，跟雪花一样漫天飞舞！

说了这么多其实都是跑龙套的，皇帝的封邑可以让出，但是兵权不能交出，一交出天下就大乱了。所以这个《让县自明本志令》的发布是曹操以退为进，打了一场有利于自己的舆论战。

## 2.刘备借荆州

这样的自白书一公布，曹操估计到自己在舆论上应该占了上风，放下了心中这个沉重的包袱，觉得重新踏上统一之路仿佛变得很轻松。

尽管赤壁大战断送了曹操涉足江南的计划，但是击败孙权一直是曹操统一全国最重要的一环，所以，周瑜的那把大火并没有烧掉曹操的决心，反而把曹操的欲望越烧越旺。

当然，曹操也意识到，东吴是一颗硬桃核，从外面砸是砸不烂的，需要一些技巧。这个技巧就是找出桃核的缝隙，然后用一把尖刀把它撬开。

在曹操看来，周瑜就是东吴坚不可摧的缝隙，而这把尖刀就是蒋干。蒋干据说是周瑜的少年同学，在罗贯中的笔下，成了周瑜的掌上玩偶。但是历史上真正的蒋干，却是一个了不起的人。能被曹操看得上眼的绝对不是一般的人。蒋干的了不起首先在脸蛋、身材上，跟周瑜这样的美男子有一拼。第二个了不起是口才，辩论、演说，在江淮一带绝对是排名第一，无人能比得上。

在前往东吴之前，蒋干得到了曹操的指示，一定要把周瑜这样的人才争取过来。只要周瑜肯投靠，大都督还是那个大都督。至于加官进爵、封侯封将，那就看周瑜的个人爱好了。

显然曹操是患上了一厢情愿的单相思，在周瑜看来，荣华富贵是蓝天浮云，高官厚禄是过眼云烟。也就是说一切皆空，只有报效东吴是真。周瑜对曹操的频送秋波似乎也有所觉察，根据曹操的办事风格，凡是策反对象，曹操一定事先赠送给他难以拒绝的物件，比如香喷喷的烤鸭、优质花露水，等等，曹操就曾经送给过诸葛亮五斤香料。所以，周瑜私下里是否收到了曹操的某些心意，这个也很难讲啊。

于是蒋干一到，周瑜先堵死了他的嘴巴。子翼（蒋干的字）老弟不辞辛劳，从那么遥远的地方来东吴，是不是想当曹操的说客啊？再对蒋干彻底洗脑，向他展示东吴的物资储备情况。一切都是那样大大方方，那样的热情坦诚。最后，一向自命为“张仪、苏秦再世”的蒋干，不得不向曹操宣布，我的任务没完成！

曹操似乎并不感到意外，毕竟这个周郎可不是随便一两句话就可以解决的人。但是曹操也感到放心，只要孙权身边有这样的人，那么刘备要想跟孙权紧紧捆绑在一起，恐怕并不是一抬脚就可以成功的。

对周瑜的放心，就是对刘备的不放心。这个一直在搞投机取巧的大耳朵，早已把荆州当作他的私有财产了。要不是曹操率兵南征，恐怕刘表一死，荆州就成了刘备的独立王国。

从认识刘备的第一天开始，曹操就断定这是一个非同小可的人物，他的最大卖点就在于具备了不可思议的魔力。刘备的微微一笑，刘备的一举一动，无不让人产生一种奇特的念头——这位刘皇叔就是自己的归宿所在。对付刘备最好的办法，就是将他永远禁锢在一个圈子里，防止他无限制地扩张势力。

在小池塘里，一条龙只能是毫无作为的一条小泥鳅。可是一旦腾空而去，定会翻江倒海，闹得天地不宁。

但是如果真的是龙，早晚都是要腾飞的。

现在的刘备还只是蜗居在公安这个鼻屎大的地方，但是，前来投奔的人却像滚雪球一样，越滚越大。人口剧增带来的问题是很可怕的，首先是人均生活资源减少了，以前大鱼大肉，现在恐怕连干饭也吃不上了。接下来就是一系列住房问题、治安问题，等等。就连诸葛亮这样的治国能臣也是束手无策，每天为这为那搞得筋疲力尽。

刘备更是心乱如麻，每天眼睛一睁开就想着替他的人马找出路。但这时候的出路只有两条：一夺二借。夺谁的？夺曹操的地盘，自己还没有那个实力。可是夺孙权的地盘，又违背了同盟的道义。于是就剩下了“借”这一条路，向孙权暂借一片土地，以后自己的领地扩大了，再还。

借？诸葛亮一听到刘备要去东吴借地，怀疑自己的耳朵有问题。借人、借钱，这些都没有问题。可是要借地，真是闻所未闻，见所未见。那周瑜不把主公绑架起来，就已经谢天谢地了。

可是刘备无惧，为了他的前途大业，必须要厚着脸皮张次口。

听到刘备亲自来到了京口，要借荆州的地盘，周瑜赶紧写了一封书信给孙权：刘备号称一代枭雄，又有关羽、张飞这样的猛人，早晚会成为人上人的。自古英雄爱美女，不如就赏给他一堆大美女和高档装修的住房。刘备见色忘友，一定会把诸葛亮、关羽、张飞抛到九霄云外去的。如果关、张二人闹事，我们就挟持刘备做人质，逼他们乖乖就范。可是一旦借给刘备领地，让他飞龙在天，恐怕以后终为东吴的祸害。望主公三思！

可这时候孙权的眼光就有点近视了。恐怕没有周瑜说得那么严重吧！况且眼前最大的敌人是曹操，而不是刘备。现在正是四处引进人才的时候，怎么可以这样无礼地对待刘备呢？

孙权放刘备回家，但并没有满足刘备的愿望。

粉碎了刘备借地的美梦之后，周瑜又亲自来到京口见孙权。当然不是为了刘备的事，而是周瑜突然间想到了一个打败曹操的计划。这个计划分两步走，第一

孙权
刘备

步趁着曹操赤壁惨败，短时间内无力大举南征，让周瑜跟孙权的堂兄孙瑜西进益州，灭了刘璋；然后北上跟张鲁决战，吃掉汉中。第二步，周瑜跟西凉的马超结盟，孙瑜则回到江东，跟孙权一道攻占襄阳。让曹操首尾不能相呼应，扫平北方指日可待！

这个计划简直就是诸葛亮隆中对的复写版。不得不感叹天下英雄所见略同啊！

孙权听了周瑜的话之后，心里也是一阵兴奋。要是孙权真的这样做了，恐怕诸葛亮的隆中大略就要胎死腹中的。

看来刘备命中注定是真龙天子。当周瑜回到江陵，准备大展宏图时，突然天降奇祸，周瑜得了一场大病，倒在榻上之后，再也没有起来，这真正是出师未捷身先死啊。

周瑜一走，刘备马上好运连连。孙刘联盟的倡导者与奠基人鲁肃，代替周瑜成了东吴的三军总司令。鲁肃一走上工作岗位，马上执行既定的结盟政策，为了跟曹操抗衡，劝孙权把荆州的南郡（江陵）借给刘备。任命原南郡太守程普为江夏太守，也就是让出江陵，退守江夏。而鲁肃为新设立的汉昌太守，退到陆口。

于是一笔糊涂账产生了，这就是历史上著名的“刘备借荆州”。以后的事情看过《三国演义》的人都清楚，刘备以江陵为立足点，称霸事业红红火火地发达起来，最终达成了三强鼎立的宏伟目标。后来又是因为荆州这笔糊涂账，刘备跟孙权闹翻了脸。

## 3.张天师的传人

孙权把荆州南郡借给刘备，无疑是曹操最不愿意看到的事。因为这么一来，曹操面对的将是两股强大的势力。

曹操强烈地预感到，一旦刘备有了自己的一片天，那么统一南方从此没戏了。史书记载说曹操本来在兴致勃勃地练习毛笔字，突然有人来报，刘备占据江陵了。曹操一时惊慌失措，手中的毛笔“啪嗒”一声掉到地上。从此，江南一大片地区成了曹操心中永远的伤痛。

但是不能一错再错，赤壁大战算是弥天大错了，如果再不进军西凉，灭了马超，后取道汉中，南下吞并益州，恐怕这辈子的宏图大略就此画上句号。

于是，西凉的马超开始走进曹操的视野。

在三国猛人中有个排名，一吕二马三典韦，四关五赵六张飞，由此可见人们对马超的评价高度。对于马超的勇猛，诸葛亮也是赞叹不已，说他"雄烈过人，一世之杰"，简直就是现代版的英布、彭越，跟张飞有的一拼。

虽然身为盖世英雄，马超的一生好像活得并不非常精彩。更令人哀叹的是，马超不但自己英年早逝，只活了四十七个春秋，而且家族惨遭曹操灭门，宗亲二百多人成了曹操的刀下冤魂。

马超对曹操的最大威胁在于他是西北地区各个少数民族的精神领袖，只要马超大手一挥，就可以动员数十万羌族的大军，浩浩荡荡地奔向各条战线。马超成了威胁着和谐、稳定、繁荣大西北的最危险因素。

所以，曹操一直把马超当作潜在的强敌。只是由于曹操总是按照自己预定好的程序办事，所以一时也轮不到马超的份儿。但是自从南征东吴铩羽而归，曹操就开始把目光转向大西北了。

建安十六年（211）三月，汉中的土皇帝张鲁成了曹操的下一个目标。

这个张鲁跟他的父亲张衡、爷爷张陵，可是民间传说中赫赫有名的驱鬼捉魔能手。他们祖孙三代，就从事着一个行业——传播五斗米道。五斗米道跟张角的太平道一样，都是道教的初生阶段，在治病幌子的掩护下，进行宗教宣传活动。但是五斗米道跟太平道有所不同，就是张角给人治病是免费的，但是张鲁要收医疗费——五斗米。

这个五斗米道是张陵创立的。张陵就是假托自己是太上老君所任命的天师，下凡救人于苦海之中。

由于信徒众多，五斗米道形成了一个庞大的产业，所以张陵死后就把这个产业交给儿子张衡。张衡看到五斗米道前景一片美好，如果在今天大有可能发行股票，进行融资，所以他死后又把接力棒交给了儿子张鲁。

就这样，张鲁成了五斗米道的第三任教主。但是在他的手里，五斗米道获得了质的飞跃，很快就介入政治领域。其间，一个女人的作用功不可没，她就是张鲁的母亲。由于天生丽质，张母得到了益州太守刘焉的青睐。当然，张母的大胆献身带来的回报也是巨大的。刘焉看到五斗米道的超强号召力，就任命张鲁为督义司马，与另一个别部司马张修，让他们一起去攻打汉中太守苏固。

杀了苏固之后，张鲁、张修竟然宣布独立，不但毁坏了长安进入西蜀的道路——褒斜道，而且还把中央政府派往西蜀的使者给杀了。张鲁第一次尝到了利用宗教攫取政权的甜头。

尝到甜头的张鲁自然不会就此罢手，干脆一不做二不休，把张修给杀了。张修一死，张鲁独揽汉中一切军政大权。这时候，刘焉也奔向西天了，继位的儿子刘璋是一个非常糊涂的笨蛋。张鲁根本就不买他的账，几次打退了刘璋的军事进攻，最终彻底跟西蜀脱离关系。

既然脱离了中央政府，又与西蜀的刘璋一刀两断，张鲁在汉中当起了逍遥的汉中王。虽然没有建国，但是此时的汉中完完全全变成了一个独立王国。

这个独立王国在中国历史上是非常有特色的，那就是政教合一。五斗米道也成了一个集宗教、政治为一体的严密组织。张鲁自称为师君，也就是五斗米道的最高领袖，自己居住在汉中阳平关的中央教区，担任总教主职务。

张鲁废除了各种繁杂的地方行政机构，什么州司马、东曹、校尉，等等。而改之为祭酒制度，在汉中设立二十四个祭酒，就是地方的行政官员。既承当地方管理，又负责五斗米道教义的宣传工作。

同时实行普遍的社会救济，在路旁设立“义舍”，里面堆放着米、肉，让过路的行人填饱肚子。在社会治安管理方面，倡导以德治汉中，轻视对犯人的体罚。这样的执政理念在当时无疑是非常开明的，在东汉末年全国各地到处战火纷飞、民不聊生时，汉中成了一个非常令人向往的世外桃源。

这样的好景持续了三十年，之后，宁谧的汉中被外来的动乱打破。先是马超和韩遂的作乱，大量的难民涌入汉中这个孤岛，再之后就是曹操来了。

建安十六年（211）三月，曹操心里显然不爽，怎能让汉中这块战略要地成为与世隔绝的宗教王国？于是派遣司隶校尉钟繇、征西护军夏侯渊入侵张鲁的地盘。

曹操做出这样的决策无疑是很冒险的，当然说冒险并非是说会遭到五斗米道狂热的战争，而是因为进攻汉中必须从关中经过，而关中是当时以马超为首的西凉军事集团的集结地。

曹操的决策令谋士们大跌眼镜，这个假途灭虢的计划可是玩命的。大军一出动，岂不是把马超逼上绝路？大家都为曹操捏了一把汗，可是曹操笑嘻嘻地说，那就把他们逼上梁山吧。

## 4.一次危险的渡河行动

果然，长安的马超、韩遂、侯选、程银、杨秋、李堪、张横、梁兴、成宜、马玩等人一听到曹操要从自己的头上踏过去，无不义愤填膺。我们这些可是一贯的良民啊，曹操这么做简直是逼良为娼。既然曹操这么无良，那谁怕谁，我们就反吧！

这十几股势力就紧紧地团结在以马超为中心的西凉集团周围，开始了跟曹操集团的军事对抗。

西凉集团一反，曹操高兴得手舞足蹈，果然造反了，这下子师出有名了。

当然，马超等人也不是只懂得骑着高头大马，四处兜风溜达的莽汉，他们还是具有战略意识的，迅速占领了潼关这个要隘。因为曹操要想入侵关中，走陆路必经潼关，否则只有从马超等人的头顶上飞过去了。

显然马超的这一招对曹操来说是致命的，十万人聚集在潼关，就等于扼住了曹操西去的咽喉。曹操赶紧写信告诉攻打马超的安西将军曹仁，敌人势力这么强大，你们还是老老实实地待在家里，不要外出活动。

曹操的用意很明白，他只相信自己的智慧，还是等自己到了之后再想办法吧。

曹操留下儿子曹丕守护邺城，让奋武将军程昱、门下督徐宣等人帮助这个缺乏执政经验的未来继承人料理事务。这一切都安排妥当之后，建安十六年(211)七月，曹操亲征马超，开始挺进大西北。

大军出发时，大家都很担忧，马超的关西骑兵个个手里拿着一丈多长的锋利长矛，根本就无法靠近。如果不派一些武艺高超的人担任先锋，恐怕是无法战胜的。

但是对曹操来说，像吕布这么猛的天下第一牛人都打败了，还怕排名第二的马超？关西骑兵的武器虽然很长，但是我会让他们使不出来，也刺不到任何目标。

经过一个月的行军，八月曹操到了潼关城下。马超就在潼关城头，对着曹操破口大骂。曹操也不甘示弱，下令四面团团包围。

攻坚战显然不是曹操的强项，曹操也不会那么傻，让部队像飞蛾一样不断地扑向灯火。除了派人跟马超对骂之外，每天就是在潼关城下让士卒们做体操，所以根本就没有发生流血事件。

马超等人躲在潼关城内，看着曹操似乎束手无策，大家都笑呵呵的，除了喝酒之外还是喝酒。只要潼关城里还有酒，曹操就休想过关。要想过潼关，那就留下曹操的那条小命吧。

就这样过了郁闷的几天，突然有一天侦探慌慌张张地向马超报告，说在黄河以北、以西发现了大批曹操的人马。马超傻了眼，这个曹操在耍花招，袭击他的侧背。

原来曹操在迷惑了潼关的马超之后，就暗地里派徐晃、朱灵带领四千步骑兵，偷偷地从蒲阪津渡过黄河，在潼关的北部建立了进攻基地。

得知徐晃、朱灵计划完成之后，曹操决定舍弃潼关这个硬桃核，北渡黄河，跟徐晃、朱灵会合，然后再从背后狠狠踹马超一脚。

在渡黄河时，曹操让队伍先行，自己留在黄河南岸，跟许褚率领的一百多个像老虎一般的斗士断后。

马超一看，乐了，曹操还真是玩儿命，赶紧带领一万多骑兵冲出关门，高声大喊：要活捉曹操！但是曹操却无动于衷，坐在床榻上岿然不动。显然曹操是用心良苦，因为他知道，把马超吸引到自己的身边来，那么渡河的部队就安全了。

眼看着马超的一万骑兵飞驰而来，扬起的尘土满天飞，搅得日月无光。这时候，张郃有点紧张了，死拉硬扯，把曹操拉上了渡船。

令人绝望的黄河水流湍急，船只根本就无法顺利过去，还没有划，就被冲走了四五里。当然让曹操更加害怕的是，马超的一万追兵很快就到了身后的岸边。本来万里晴空，这时却下起了一阵阵箭雨来，曹操渡船上的船工身上插满箭，成了一只只刺猬。

此时的情景简直让人窒息，“虎痴”许褚左手举起马鞍当盾牌，避开箭雨，确保曹操的生命安全，右手拿着船桨，不停地划呀划。而远处的马超一边射箭，一边做高速运动，所有关西骑兵手中的长矛和弓箭就只有一个目标——曹操。

黄河岸边混乱不堪，此起彼伏的喊杀声更是让空气凝固。只见漫天飞舞的尘土夹杂着嗖嗖的箭，仰天长嘶的战马，黄河里无数的船只横七竖八，杂乱无章，船上的士卒们慌作一团，而曹操已经从人们的视线中消失了。这时候，曹操的一个校尉丁斐放出成百上千匹牛马，吸引了马超的关西骑兵闹哄哄地前去抢掠，让这个混乱的场面更是不成样子。

由于丁斐利诱之策的成功实施，让曹操彻底脱离危险，安然渡过黄河，通过了风陵渡，登上了北岸。

应该说，这次北渡黄河，是一次成功的兵力转移。但是渡河组织得并不很成功，曹军上下一时找不到曹操，竟然一度失控，秩序大乱。等到曹操出现在人们眼前时，大家心里是一阵欢喜一阵恐惧，相拥而哭，简直如同劫后余生。

看着那些喜极而泣的士卒，曹操哈哈大笑，今天差点儿就成了那个“超级马”堂上的贵宾了。

## 5.巧舌破马超

渡过了黄河，曹操再度继续向北，沿着先前徐晃、朱灵所制定的西行路线，在蒲阪津渡过黄河之后，跟徐、朱二人胜利会师。由于徐、朱二人早就在敌后打了一个楔子，基本上肃清了黄河以北马超的关西骑兵，所以曹操一过了蒲阪津，就可以随心所欲了。

在进攻路线上，曹操选择了最快的方式。顺延着黄河沿岸，有一条用砖石铺成的甬道，曹操的千军万马就踏着这条甬道急速南下，像一把断头铡刀直砍向

马超
许褚

潼关的背后要地——渭口。

渭口就是渭水流入黄河的出口，马超和韩遂不是白痴，渭口被曹操占领了，自己就成了热锅中青蛙。本以为占据了潼关天险，就等于紧紧地捆绑了曹操的双脚。孰料曹操的双脚没有绑成，反而拿起大刀要砍自己的双脚。

马超吓出一身冷汗，只好忍痛抛弃了潼关，抢先一步躲入了渭口。就这样，三国猛人排名第二的马超如同动物园里一只看似凶猛的老虎，却被驯兽员牵着乖乖地到处乱转。

但似乎曹操还没有玩够，毕竟隔着一条渭水，别说想把马超赶出渭口，就是想跟他对骂都很困难。

待在渭口里边的马超也觉得很闷，他很想用手中的丈二长矛把曹操的脑袋挑下来，可是这只狡猾的老狐狸就是不肯正面冲突，一味地猛踢马超的屁股，手中的长矛没有发挥作用的机会。

这正是曹操想要的结果。在曹操看来，打架的最高明打法就是无招胜有招。踢屁股、击腹部、敲脑袋，让对方的拳头几乎没有出手的机会。对于吕布和马超这样超一流的高手，曹操遵循一个原则，就是万不得已，绝对不会跟他掰手腕。

尽管曹操这样的打法看起来很流氓，但这正是兵家追求的最高境界。不战而屈人之兵，乃善之善者也！

夜里，曹操派人在渭水北岸点起大火，又是叫嚷又是乱跳，搞得马超晕头转向，不知道曹操在耍什么诡计。但这回曹操不再踢屁股了，他决定给马超的脸蛋迅猛一击，打得马超鼻青脸肿。

曹操趁着黑夜秘密派人在渭水上架起一座浮桥，然后神不知鬼不觉地渡过渭水，在南岸建立一个滩头阵地。当马超前去攻打时，四面八方突然杀出大量伏兵，很快地曹操的人马在渭水南岸就站稳了脚跟。

看到曹操滑得如同一条大鲶鱼，根本就抓不住，马超有点泄气，开始怀疑跟这样的老狐狸作对，是不是有点不正常。于是他做出让步的姿态，只要曹操能够退兵，就可以把黄河以西的一些地盘割让出去。

马超显然低估了曹操的野心，消灭马超只不过是曹操争夺天下的一个小环节。曹操拒绝了马超的求和建议，到了九月，曹操亲率大军，开始横渡渭水。

但是马超是不会安静地坐在那儿，眼睁睁地看着曹操从水里爬上岸的。所以，曹操的队伍每次一爬上岸，立即惹来黄蜂般的关西骑兵。再加上渭水环境保护措施不力，流沙很严重，根本就没办法在细软的沙地上建筑防御堡垒。

如果再这样下去，恐怕曹操的队伍到了年老体衰的那一天也无法爬上岸。

这时候老天爷帮了曹操一个大忙。虽然说现在才九月，但是由于存在一个闰八月，所以按往年已经进入天寒地冻的冬天了。

有一个叫娄子伯的人出了一个主意：现在天气这么寒冷，水一倒下去立即冻成冰块。不如让士兵们爬上岸后，堆沙成堡垒，然后倒下水，天亮之后，就会有一座座坚固的堡垒拔地而起。于是曹操下令，士兵渡河时每个人必须带着一大袋河水上岸。

结果，娄子伯的这个好主意很快就让曹军在渭水南岸站稳了。

过了渭水之后，曹操仍然拒绝跟马超正面交锋，无论马超怎样叫骂，曹操就是躲在冰堡背后，一点儿脾气也没有。既然不想打仗，那就和平吧。只要大家井水不犯河水，割哪些地盘给曹操都行啊。

但是对曹操来说，这个“超级马”也不是很容易对付的。关西骑兵手中的长矛无疑是冷兵器时代最有效的进攻武器，所以曹操对马超也是畏惧三分，只好采取各种逼而不攻的办法，意图是通过心理战术，击垮马超的斗志。

“毒士”贾诩很快就看出了马超的弱点，虽然他武功高强，但是头脑比较简单，而且心理也比较脆弱。如果能够实施非常规的战法，击败马超易如反掌。

贾诩建议曹操，跟马超和韩遂讲和。

讲和？曹操简直不相信一向精明的贾诩会想出这么一个昏招。我曹阿瞒就是要把马超逼到墙角去，然后让他乖乖举起双手。

这时候贾诩又说了两个字：离间。

曹操茅塞顿开，原来文和老兄说的是假装讲和，果然对得起“毒士”的称号。

于是马超的老战友韩遂站出来讲和了。韩遂算起来也是一个老前辈了，是曹操在洛阳曾经的同事。这时候韩遂年已七十，白发苍苍，想到自己黄泉路近，再打下去恐怕连个全尸也没有了。

所以他主动走出阵营，要跟曹操谈判。可是让韩遂不解的是，骑马到了曹操跟前，曹操却绝口不提谈判的任何条件，反而跟韩遂拉呱起来。韩遂也是念旧的老人，一提起洛阳的那些陈年旧事，也是唠唠叨叨地说个没完没了。

曹操看着韩遂高兴的样子，干脆就浪费点时间，陪着老人一同追思那些流金岁月。说到兴奋点，曹操还在马上拍手叫好，笑得一张嘴巴都要歪掉了。

马超却满腹的冲动，只要曹操跟韩遂一谈上，自己冲出去，凭借浑身使不完的劲，曹操就可以手到擒来。可是曹操身旁一个彪形大汉立刻引起了马超的注意，私下里打听了一下，原来他就是绰号“虎痴”的许褚，不由得心生一丝恐惧，再也不敢想冲动的事了。

这个片段，在罗贯中笔下有个马超战许褚的震撼场景，实际上未发生过。

为了防止马超再次投机倒把，曹操也做好了安全防备的工作。每次跟韩遂聊天时，一定要隔着一排“×-×”形状的拒马木。那边两个人谈得热火朝天，这边的关西骑兵却看得迷迷糊糊，到底韩遂和曹操在讲什么故事？听说曹操向来喜欢女色，不会是在讲些带色儿的笑料吧。

战场上本来就很沉闷，有些关西骑兵凑过去，想跟韩遂分享一下快乐。曹操见听众越来越多，也就越来越嚣张了。那些花边新闻、桃色新闻什么的，从曹操的嘴巴里出来，更是绘声绘色。结果关西骑兵都跑过去，在曹操面前挤成黑压压的一大片。

毕竟人多了也不好，鱼目混珠，冷不丁突然飞出什么锁命针、孔雀翎之类的暗器，那就坏事了。曹操冒了一句玩世不恭的话，大家都是来参观大熊猫的吗？我曹阿瞒可不是四只眼睛、两张嘴巴的外星怪物，只不过脑容量比你们大而已。

听得关西骑兵自尊心大受伤害，一哄而散。

当然，其中也夹杂着马超的心腹，叫韩遂跟曹操谈判军机大事，可是一连几天除了看到两个人嘻嘻哈哈之外，没有谈成什么啊。马超心里酸溜溜的，两个老家伙是不是在搞些不正常的关系？如同一个醋劲儿很大的老婆对着晚归的老公，韩遂一回来马超劈头就问，曹阿瞒到底说了些什么？韩遂实话实说，就一些琐碎杂事。马超有点疑心了。

可是这时候曹操存心要拆散马超跟韩遂的同盟，每次在给韩遂的书信上故意圈圈点点，在某些暧昧的地方涂了又写。马超看了心里很不是滋味，再联想到最近几天曹操在军前摆下重甲骑兵五千人，每五百人为一个阵，太阳光一照，那些重铠甲反射出逼人的光芒，马超心里一震，莫非……

果然不出马超"所料"，九月十五日，曹操看到马超跟韩遂已经是形同陌路，于是吹响了总攻的冲锋号。

一开始，曹操投入轻步兵进行试探性的进攻，虽然是一些轻步兵，但是面对马超的长矛关西兵一点也不退缩。

这时候韩遂却按兵不动，冷眼看着马超陷入苦战，让他成了一匹跛脚的"超级马"。这才使马超感受到军心离异的痛苦，可惜已经来不及了。曹操一声令下，数不清的重骑兵立刻把马超淹没了。

由于身穿坚厚的"防弹衣"，关西兵的长矛刺出去除了迸溅出火花之外，根本就伤不了曹操重骑兵的半根毫毛。一盘散沙的关西兵算是真正领教了曹操骑兵的厉害，看到一个个如狼似虎猛扑过来，无不吓得屁滚尿流，于是溃不成军，纷纷败逃。

兵败如山倒，曾经几度横扫西北边疆的关西骑兵，这次成了一堆烂泥。结果，马超的战友成宜、李堪阵亡，杨秋逃亡安定，马超只好跟着韩遂跑回凉州。

渭南之战，曹操大获全胜。从此在中国古代战争史上创造了一个新型的作战模式——高高兴兴聊天，轻轻松松破敌。

# 第十五章 位极人臣

智多星之死
第二次较量——濡须口之战
新政权的诞生
皇帝的悲情

## 1.智多星之死

在渭南击败马超等西凉集团之后，曹操继续扩大战果。十月，从长安出发，北征逃往安定的杨秋。杨秋很识时务，曹操一到安定城下，城头上马上竖起白旗，投降了。

但是马超和韩遂却躲到遥远的凉州去了，如果再追过去，那就到了荒凉的罗布泊。从三月起兵，到现在已经有七个月的征战时间了，军中粮食也差不多耗尽了。于是曹操在十二月回到长安。留下夏侯渊镇守关中之后，自己要回到阔别将近一年的邺城，因为朝廷的形势和江东的孙权让曹操很不放心。至于建立在汉中山沟沟中的那个宗教王国暂时再让它疯狂几天吧！

东吴的孙权，从来就是自己最大的敌人，曹操把征服江东定位为统一天下的最后障碍。赤壁大战只不过是两个拳王争霸战中的第一回合，虽然曹操输掉了第一回合，但是他从来就不缺一颗夺冠的心。所以在扫平关中之后，曹操又把拳头挥向孙权。

当然，孙权也不是毫无准备的。第一个准备，把政府中心从京口迁到建业。好处就是建业外围的险要地形，简直就是一层厚厚的钢铁防护罩，即使曹操的拳头打来，碰到这层防护罩，就是拳头不碰得流血也会疼得要命。第二个准备，在濡须口建立水寨。这个主意是大将吕蒙想出来的，他的用意就是预防万一。如果东吴大军在跟曹军交战时，万一出现了不利的局面，来不及登船逃跑，那就可以暂时躲入水寨避难。从这两个准备来看，孙权主要是立足于积极防御。

曹操与孙权第二回合的较量开始于建安十七年(212)八月。可是在出兵之前，曹操集团内部出现矛盾。

这个矛盾的起因是曹操的谋士董昭。如果说曹操是“篡汉贼臣”的话，那么董昭就是曹操“篡汉”的总设计师。从主张让曹操迁都许昌开始，董昭就为曹操的前途精心设计。可以说，曹操想做的，董昭做了，曹操不想做的，董昭也做了。说白了，这个董昭就是曹操的马甲。

曹操内心深处是否有篡汉的贼心？我们可以这么说，在赤壁大战之前，曹操确确实实是一个忠实于大汉帝国的臣子。把汉献帝拉到许昌去圈养，并不是像曹操的敌人所说的那样“挟天子以令诸侯”，至少曹操对汉献帝还是比较客气的，让他有尊严地当着皇帝。

但是赤壁大战的惨败，宣告了曹操“奉天子以令不臣”这个策略的破产。尽管曹操有心维护汉室的尊严，但前提是自己的利益须得到保证，但是那些“不臣”不会就那么老实听命于曹操啊。

虽然说不听命于曹操不等于不听命于汉献帝，但是至少可以说明，这时候的东汉帝国已经千疮百孔，沦丧到战国时期天下无主的混乱局面。而孙、刘联军在赤壁将曹操烧得满脸灰土，更加验证了“奉天子以令不臣”已经成了曹操的鸡肋，食之无味，弃之不甘。

可以说，准确判断东汉当前的实际国情，让曹操不得不在要不要继续维护一个没落的王朝这个问题上，重新做出一个选择。

如果要继续维护，那么应该采取什么方式去维护？“奉天子以令不臣”这面大旗还要不要扛下去？如果不维护了，那么曹操应该为自己找到怎样的一个定位？要不要拆下东汉帝国这块已经腐烂的招牌，重新挂上曹家的牌子？而建安十五年(210)《让县自明本志令》就是在曹操这样一个思索之中出笼的，它给世人一个回答，我曹操要继续做汉室的忠臣，但是业已取得的兵权、行政权不但不会交出来，反而要更紧紧地握在手中。

所以大约在《让县自明本志令》发布之后半个月，曹操虽然让出了豫州东部一隅的夏、柘、苦三个县，但是三个儿子却得到了几个战略位置非常重要的地区：曹植得到平原，曹据得到范阳，曹豹得到饶阳，形成了一道从山东到河北的扇形屏障，以确保曹操政治中心——邺城的绝对安全。可以说，是丢了芝麻捡西瓜。做到这一步，可以说，无论什么时候，曹操都能立于不败之地。

就在这时候，曹氏集团开始分裂了。一派是以董昭为代表的“篡汉派”，因为这些人早已看到了东汉帝国难以逃脱覆灭的厄运，所以主张曹操干脆就废掉汉献帝，取而代之；另一派是以荀彧为代表的“拥汉派”，这些人是抱着匡复汉室之志的士人阶层，投靠曹操并非贪图自己的光辉前景，在他们的心目中永远飘扬着“大汉帝国”这面旗帜，即使这面旗帜已经破烂不堪。所以荀彧等人殷切地希望，能够假托曹操之手，扶起那棵摇摇欲倒的参天大树。这些人永远不想看到坐在皇帝位上的人由姓刘的变成姓曹的，或者姓孙、姓袁的。

分裂之后就是斗争，斗争爆发于建安十七年(212)十月曹操准备第二次南征孙权的前夕，首先由“篡汉派”的代表董昭发难。按照董昭的逻辑，自古以来建功立业的没有人能够比得上曹操，也没有像曹操那样久居人臣之位，但是久居大臣之位又会受人猜疑，所以应当赐予曹操九锡，晋爵封王。于是董昭竭力游说各派人士，建议曹操受王、公的尊号。

董昭的提议一出口，马上遭到荀彧的反对。荀彧跟曹操的合作，隐含着“曲线救国”的政治意图。绝非简单的府主与僚属关系，或者私人依附关系，这个跟董昭有着本质上的区别。

荀彧的理由是，曹公起兵的本意是匡扶汉室、拯救国家，是抱着忠贞爱国的一颗赤诚之心。作为一个追求德、义的君子，不应该这么做。

荀彧的担忧是，一旦曹操加爵封王，大汉帝国的根基就会动摇，他一直追求把汉室的根留下的愿望就会落空。

但是在当时人身依附于曹操、生死都掌控在曹操手中的荀彧，这一美好愿望无异于缘木求鱼。终于，难以避免的悲剧发生了。

在曹操看来，董昭的建议无疑是目前对自己最有利的安排。既让自己得到国家的军政实权，又让自己不背上篡汉的恶名，毕竟封王荣耀是荣耀，但还不是真正的皇帝。至于下一步怎么走，那只能看造化了。但是无论如何，此时的曹操只想当上一个魏王，绝无取代汉室称皇帝的意愿。

可是追随自己长达二十多年的首席军师竟然对自己的理想说三道四，这未免太小觑我阿瞒了。曹操心里显然很不高兴，于是大军南征出发时，让荀彧到谯去慰劳军队。荀彧到达以后，曹操乘机把他留在军中。按照惯例，曹操远征时，荀彧总是留在许昌。但是这一回曹操却叫他随军南下，显然是有深意的。

再之后，荀彧因为生病无法陪着曹操继续南行，终于死在寿春。对于荀彧的死，史书是这样记载的：曹操赏给他一盒饭，荀彧打开一看，原来只是一个空饭盒。荀彧马上猜透了曹操的哑谜，跟着我不是吃白饭的，既然你不想吃我的饭，那就自己解决肚子的温饱吧。在榨干荀彧的最后一点剩余价值之后，曹操终于抛弃了他，于是荀彧服毒自杀。

荀彧死后，在东吴流传着这么一个说法，寿春的人跑到东吴去向孙权汇报，说曹操逼迫荀彧杀掉伏皇后，荀彧不从，所以自杀。孙权马上转告正在攻打西蜀的刘备，刘备恨恨地说，这个老贼不死，天下就安定不下来。

可见，当时的人们已经把荀彧看作“身在曹营心在汉”的正义人物了。虽然那个传闻真假难辨，但是汉献帝对这个忠心为国的义士给予极高的评价。汉献帝竟然在祭祀祖宗神灵的仪式上废掉“说乐”(一种祭祀音乐活动)，谥曰敬侯，表达了对荀彧之死的无限哀思。

## 2.第二次较量——濡须口之战

我们已经无法想象当曹操获知荀彧已经殉身时的心情，懊悔、憎恨还是高兴？总之，事情很快就过去了，现在应该轮到“赐予”孙权一死的时候了。

当然，这个“碧眼贼”是不会自动前来领死的。

不见棺材不掉泪，那就宣战吧！于是，曹操委托写文章跟自己齐名的阮瑀，给孙权写了一封挑战书，这个挑战书可以说是中国历史上文笔最为优美的挑战书。虽然是阮瑀代笔的，但一切都依照曹操的吩咐写出来的，看看题目就知道了——《为曹公作书与孙权》，所以完全可以反映曹操的想法和用意。

这次，曹操没有扯出“奉天子以令不臣”这样的废话，因为曹操知道，孙权根本就不吃这一套。所以曹操首先向孙权温柔地挥挥手，哎呀，我们虽然打过一仗，但还是自家人(曹操的侄女嫁给了孙权的弟弟孙匡，而曹操的儿子曹彰是孙权堂弟孙贲的女婿)。毕竟血浓于水，我跟孙将军，就如同亲骨肉一般。所以跟孙将军反目为仇后，我也是彻夜辗转难眠，有时候也恨自己，干吗就为了点小事，闹得不可开交。我们还是捐弃前嫌，携手并进，共创孙、曹二族美好的明天吧！

紧接着，曹操为自己在赤壁战败辩护，以此证明自己是无敌的，赤壁战败只是一个小概率的偶然事件。要不是碰到了百年一遇的该死瘟疫，不得不自己烧毁船只，恐怕沉到长江底下的将是周瑜吧！

然后又假惺惺地说，荆州本来就不是曹操的东西，我都给你吧……扯出了一大堆跑龙套的词句，最后笔锋一转，语气突然沉重。孙将军那么聪明，不会不敬佩我阿瞒高超的用兵艺术。不要再幻想凭借长江天险，就可以挡得住王者之师！

最后，曹操给孙权准备了两条出路。第一条路，把张昭和刘备杀了，提着他们的人头来见我，我保你终身富贵。第二条路，如果舍不得杀了张昭，那么就杀刘备一个人吧，我照样会谅解你的。

接到了这么一封滑头的战书，孙权就是不被气死，也会笑死的。曹操，你要是想攀亲，我可以答应，你的儿子那么多，且都是单身汉，东吴的姑娘每一个都可以配得上王孙公子的。可是要我献出张昭和刘备的人头，我只能明明白白告诉你，绝对不行。张昭是我的左右手，而刘备也是我的妹夫。想取他们两个人的性命，那就从我的尸首上踏过去吧。

谈不来那就打吧！

建安十八年（213）正月，曹操率领十几万大军，号称步骑四十万，对濡须口的孙权发动了大规模的进攻。濡须口位于巢湖边上，这里距离孙权的统治中心——建业很近。如果能在濡须口大败孙权的水师部队，那么就可以顺流而下，一举攻占建业。

但是水乡泽国的低纬度地区，再次让曹操的一番雄心壮志成了噩梦。刚一开始，南方变幻莫测的天气就耍弄了曹操一回。

本来是晴空万里，一片骄阳，忽然间就乌云翻滚，大雨倾盆而下。担任先锋的张辽和臧霸成为最倒霉的将军，两人瞬间淋成了落汤鸡。当然，作为军人就要无怨无悔，对于各种灾难除了忍耐还是忍耐。可是到了濡须口一看，整个巢湖地区变成一片汪洋大海，水面上，无数的东吴战旗飘扬在一只只高大的战船上。

自赤壁大战之后，参加过战役的老兵都得了奇怪的“赤壁综合征”：一登上战船，浑身就会起鸡皮疙瘩，呕吐不已，有的竟然会像疯子一样，边跑边喊“大火烧到了”。

所以当那些老兵走到濡须口，便被大水吓得浑身发抖，再也不愿意前进一步。就连大将张辽，这个时候也失去了往日虎将的英勇本色，亦是心惊胆战，裹足不前，甚至还准备后退。所幸的是副将臧霸竭力阻拦，才没有让张辽背上未战先逃的罪名。

第二天，湖水稍稍退去，曹操便发起总攻。由于是在陆地上交战，曹操可以发挥骑兵的强大机动性，所以很快就攻破孙权的江西大营，还活捉了孙权的都督公孙阳。这也是曹、孙交战史上曹操取得的破天荒的第一次大捷。

但是，孙权率领七万援军迅速赶到，让曹操无法扩大战果。孙权任命手下悍将甘宁为先锋，带领三千人，要他趁着曹操忙于庆祝胜利，夜袭曹营。

于是，甘宁率领百余人的敢死队趁夜偷袭曹军。甘宁等人拔掉曹营前的鹿角（尖头木棒围成的栅栏，相当于现代战争中的铁丝网），然后越过壕沟，打了曹操一个措手不及。

经受这次打击之后，曹操就丧失了战场上的主动权。但是孙权也不敢贸然发动进攻，于是双方怒目对视，相持了一个多月。

这使得曹操回想起赤壁大战中的耻辱，当时正是在相持一个月之后被周瑜烧得片甲不留的。

周瑜可以做到的，我阿瞒也可以做到。

于是，曹操派出大量的油船，既然称作油船，那就应该是用来焚烧敌人、装满各种燃油——比如什么豆油、鱼油——的战船。曹操的意图是迅速抢占巢湖中的一个小岛，然后从小岛上袭击孙权的水师船队。

但是孙权早就料到曹操的这一企图，曹军在小岛上还没有站稳脚跟，就遭到孙权的围攻。结果那个小岛成了曹操的死亡岛，凡是登上去的人没有一个逃回来的。在孙权的猛烈打击之下，有三千人被杀死，另外还有数千人掉到湖里，成了鱼儿争抢的美食。

惨败一次接连一次，让曹操怀疑江南是不是永远要变成自己的伤心地。于是赤壁之战情形再次重演，曹操得不到便宜，只好拿出绝招，退入营内，坚守不出。

当缩头乌龟硬是不出壳，果然让孙权没招了。孙权就学着偶像周瑜，亲自前去曹营侦察敌情。孙权乘坐轻船，从濡须口进入巢湖。一靠近曹操大营，士卒们吓得哇哇大叫，孙权来了！孙权来了！又来烧船啦！

烧船，这回恐怕不会突然吹一阵东南风，帮了孙权的大忙吧。一想起赤壁那阵怪异的东南风，曹操就想喷血。但是看到孙权的模样，只能是来窥探大营虚实的，绝不是来打仗的，于是曹操下令全军警备，不准妄动。

《魏略》中记载，孙权成了草船借箭的发明人。孙权一到，曹操马上下令射箭阻击，结果孙权轻船的左侧插满了箭，眼看就要倾覆下去。这时候，孙权想到了平衡的艺术，于是把船掉头过来，让右侧免费收取曹操送来的礼物——箭。这大概就是罗贯中笔下诸葛亮草船借箭的原型吧。

但是在另一本史书《吴历》中变成这样，曹操料到孙权是来搞侦探活动的，所以严禁军中射箭，以免浪费宝贵的作战资源。结果让孙权潇洒地走了一回，回家的时候还大吹大擂。

无论哪一种记载，都只能说曹操是哑巴吃黄连——有苦说不出。

这时候，江南的雨季就要来临了。曹操师老无功，又看到孙权的水师阵势严整强大，不由得长声哀叹："生子当如孙仲谋；如刘景升儿子，豚犬耳！"

联系到《为曹公作书与孙权》中所说的骨肉那句话，我们还真的有点怀疑，在曹操的心里难道想把孙权认作干儿子？如果从年龄上看，曹操是可以当孙权老爹的。问题是，孙权会不会认这个阉党余孽做干爹？

当然这只是曹操的一厢情愿而已。发出那句千古至理名言，表明此时的曹操心里一片纠结，很想退兵，却又搁不下面子。最后还是孙权帮了曹操一回，他给曹操送去一张纸条：雨季要来临，曹公还是早点回家吧（春水方生，公宜速去）。另外还附加一张小纸条，上写着：你不死，我心里也不安呢（足下不死，孤不得安）。

孙权的用意很清楚，我与曹操势不两立，现在雨季一来临，我当与曹操决一死战。

但是曹操收到这样的字条后，一点儿也不生气，反而哈哈大笑，这个孙仲谋是不会欺骗我的，于是撤军而去。四月，曹操回到邺城。

就这样，曹、孙第二回合的较量在曹操的失利中落下帷幕。

## 3.新政权的诞生

曹操回到邺城之后不到一个月，就发生了一件让天下无数人义愤填膺的事，五月初十，曹操任命自己为魏公。这时候的汉献帝成了一个摆设，曹操已经是世界上最有权势的人了，所以想干什么就干什么。天地乾坤，唯我独断，这个魏公的权势远远凌驾于刘姓诸王之上。一时间山摇地动，人心惶惶，曹操迈出了篡夺皇位最关键性的一步，实际上已成了东汉帝国的摄政王。

手无寸铁的汉献帝没有法子，只好叫监察总长（御史大夫）郗虑到邺城去，完全依照曹操的布置，履行了册封曹操为魏公的程序。

在册封的诏书中，汉献帝详细罗列出曹操的十全武功。第一，造董卓的反。第二，镇压黄巾起义。第三，迁都许昌，奉养皇帝。第四，消灭伪仲家皇帝袁术。第五，杀吕布，降伏张绣。第六，官渡灭袁绍。第七，横扫河北，灭袁谭、高干。第八，远征乌桓。第九，南下荆州。第十，渭南大败马超。

纵观盘古开天辟地以来，除了西周的周公旦之外，真的没有一个人的武功能够比得上曹操的。曹操的最大功勋就是把一个支离破碎的东汉帝国重新拼凑起来。按照历史教科书的说法，东汉末年，地方军阀割据，人民渴望统一，曹操顺应民心，与时俱进，合乎时代潮流发展的需要。

既然这么说，那么假设曹操真的废去汉献帝，自己称帝，是否也可以说顺应时代发展的需要呢？

联想到建安十七年（212）十月董昭劝封曹操，之后逼荀彧自杀，之后是建安十八年（213）四月，急急地从濡须口撤军，在一个月后曹操就当上了魏公。一切都来得这么迅速，我们只能这么说，曹操已经走到了篡夺皇位的边缘上。但可以肯定的是，这时候的曹操还是没有胆量去触及取代汉献帝这条红线。

荀彧之死告诉曹操，就在曹操集团深处，也隐藏着一股拥汉派的力量。而在曹操集团的外围，刘备、孙权正在伺机而动。弄不好，里外两股势力拧成一股，曹操就会有众叛亲离的危险。在孙权和刘备俯首称臣之前，在全国完全统一之前，曹操是绝对不会把汉献帝踢下去，然后自己一屁股坐在皇帝位子上的。

但是即使曹操真的踢下汉献帝，自己当起大魏帝国的开国皇帝，我想也是合乎时代要求的。判断一个人是黑脸还是白脸，并非看他有没有忠心于朝廷，而是看他对谁忠诚，是不是适应了生产力发展的要求。

汉献帝时代，全国实际上就是处于无政府状态。作为一个腐朽透顶的政权，东汉帝国的中央政府已经无力去维持国家正常的运行秩序，所以只能这么说，东汉帝国早已名存实亡。是曹操，让这个已经脱离轨道的国家渐渐恢复正常状态，也可以这么说，曹操是这个帝国的中坚力量、定海神针。一旦失去了曹操，这个帝国又将坠入一个混乱不堪的局面，无数人殷切盼望的统一将成为遥远的梦想。

难道曹操一定要对汉献帝唯唯诺诺、低声下气，当一个默默无闻的普通臣子，才能够算是一代忠臣吗？换言之，这样的一个臣子，能担当得起扫平群雄、一统天下的重任吗？

只有比野狼更狡猾、更残忍，在那个混乱的时代才能担当重任。

这就是曹操的选择，唯一的选择。可以这么说，以赤壁之战为分界点，之前的曹操绝对是大汉帝国的忠臣，之后的曹操虽有篡逆之心，但是仍然没有跨越那条红线。这时候的曹操，对自己忠诚，也对处于乱世时期水深火热之中的芸芸众生忠诚，更进一步说，是对历史的负责。

我们打个比方，如果曹操篡汉自立，那将是另一个赵匡胤、另一个朱元璋。

这时候的曹操已经无心去考虑方方面面了，既然皇帝已经诏告天下，册封自己为尊崇无比的魏公，那就应该趁热打铁，加强这个新政权的各方面建设，从机构到制度，再到人员配置，使之成为一个国中之国，甚至变成东汉帝国的影子政府。

建安十八年(213)七月，曹操开始有了自家的社稷、宗庙。有了社稷、宗庙，也就有了国家的精神象征。再加上客观存在的"都城"——邺城，可以说一个崭新的国家正式诞生了。而那个挂着大汉帝国招牌的政权早已变成一个空壳，按现在的话说，只是一个皮包公司，除了虚无缥缈的法定代理人之外，一无所有。或者说，曹魏政权正在借壳上市，曹操现在是大汉帝国的实际控股股东。只要董事会一通过，大汉帝国这个名字就会更换成大魏帝国。当然，由于众多竞争对手存在的现实，让曹操不得不考虑，马上进行借壳上市、更换名字，是不是有点毛躁？

显然曹操是不会放弃彻底重组下去的决心，为了确保绝对的控股权能够在借壳上市之前牢牢抓在手中，曹操在汉献帝身边的各个岗位安插了自己的人。把三个女儿一下子都许配给汉献帝，大致相当于当今商战中利用女秘书控制了董事长。

在十一月，新政权一整套完整的机构及人员配置都完成了。荀攸为尚书令（相当于丞相），凉茂为仆射（相当于副丞相），毛玠、崔琰、常林、徐奕、何夔为尚书（丞相下面的高级官员），王粲、杜袭、卫觊、和洽为侍中（丞相的办事人员），钟繇为大理（负责刑狱），王修为大司农（主管财政经济），袁涣为郎中令、行御史大夫事（警卫队长兼监察百官），陈群为御史中丞（御史大夫的副手）。

当然，曹操也很注意新政权的律法建设。在任丞相时，本来就有一部现成的《大汉律法》，曹操根本就不用操心，只要做到知法、守法、执法就行了。现在不同了，作为新政权的最高领导人，曹操可能对法律有自己的想法，是时候去自己动手制定一部适合新政权的法律了。

这其中，争议最大的当是要不要恢复肉刑？汉代的肉刑有三种，墨刑——刺字涂墨，就是在犯人脸上打上条形码；劓刑——割鼻子，让你没脸见人；刖刑——砍掉左脚的大趾，让你出不了户。

西汉仁慈的汉文帝觉得这三个肉刑太残酷了，于是改用鞭笞——也就是杖打背部来代替。虽然说没有在身体上留下永不磨灭的罪犯标志，但是往往把人打成残疾甚至打死。把一个不该判死刑的罪犯打残或杖毙，无疑比肉刑更残忍。

所以陈群的父亲陈纪就建议恢复肉刑，曹操准备采纳，可是问题又来了，现在国家还没有统一，你恢复了肉刑，会吓跑人的。曹操就进行了一次投票，结果只有陈群和钟繇投赞成票，其他的都是反对票。根据少数服从多数的原则，曹操最终没有恢复肉刑。

在一系列运作之后，曹魏新政权似乎焕发出了勃勃生机，制度完备，人才济济，政治开明。曹操充满了无比的自豪，从小时候开始，就一直把刘邦当作楷模，现在自己终于可以骄傲地说一句：刘邦，我一点也不比你差！

## 4.皇帝的悲情

曹魏新政权的确立，无疑将汉献帝推上一个非常不利的地位。

曾经多么的豪迈，多么的坚强，就是不惜牺牲自己的宝贵生命，也要重振大汉帝国的雄风，找回失落了许久的皇家尊严。

为此，自己抗争过，跟董卓抗争，跟李傕、郭汜抗争，但是都失败了。这时候天降曹操，把汉献帝从沼泽地中拉出来，住进了许昌城内宽敞明亮的宫殿。

那时的皇帝，心中也是一片明亮，帝国雄风即将再起，皇帝的尊严即将再塑，但是皇帝万万没想到，除了屁股下的那张皇椅之外，在那个辉煌的宫殿里没有一个东西是真正属于自己的。

身边的随从没有一个是自己的心腹，找不到一个聊天的伙伴、一个诉苦的对象。只要有一个人跟自己说上五句话，马上就会涌进来一大帮凶神恶煞般的人。议郎赵彦就是因为跟皇帝多聊了几分钟，被曹操杀死。

肉体上的痛楚可以忍受，但是精神上的空虚却是难以忍受的。从赵彦死的那一刻开始，汉献帝就对曹操绝望了。这时候，对汉献帝来说，已不是当不当皇帝的问题，当一个正常人都成了汉献帝最大的奢求。

曹阿瞒，难道你就不容朕做一个快快乐乐的平常人吗？朕想做一个自由人也不可以吗？朕宁愿是路上的孤魂野鬼，也不愿待在这座看似富丽堂皇，其实暗藏杀机的宫殿里。

过了几天，曹操去觐见汉献帝。无比的愤怒、无比的悲哀，让汉献帝已经无法再忍受下去了。

曹阿瞒，你要是真心想做一个忠心耿耿的臣子，那就仁慈一点；如果不想，那干脆把朕一脚给踢开吧！

曹操一怔，想不到一向平静的皇帝还会发这么大的火，吓得脸如土色，支吾了几句，就灰溜溜地退出宫殿，汗流浃背，再惶恐地左顾右盼，确认两侧没有埋伏甲士之后，这才整理好衣裳，昂首挺胸、大摇大摆地走出去。这次朝见也是汉献帝最后一次看到曹操那张讨厌的脸。

更令汉献帝伤心的是，作为一个皇帝，别说后宫佳丽三千，就连属于自己的爱情也不可以拥有。刚刚跨入而立之年，最憧憬的就是美丽的爱情、幸福的家庭生活，然而这一切都被曹操无情地夺去了。

董承的女儿董贵人一直是汉献帝的最爱，曹操杀了董承之后让汉献帝交出董贵人。这时候董贵人已经怀上汉献帝的骨肉，所以汉献帝放下皇帝的架子，屡屡向曹操求情，但是蛮横的曹操就是不许。

太残忍了，简直没有人道主义精神。伏皇后看得心惊胆战，于是偷偷写信给父亲伏完，要他想办法，伏完根本就不敢去想有关曹操的事。

结果东窗事发，曹操勃然大怒，这些吃里扒外的混蛋！

于是在建安十九年（214）十一月二十日，曹操判了皇后伏寿死刑，下令郗虑前去没收伏皇后的印绶，让她失去皇后的资格；又派华歆带人进宫捉拿伏皇后。

可怜的伏皇后吓得浑身发抖，赶紧紧闭大门，躲到墙壁的缝中。

当然这些抵抗的动作都是无用功，华歆很快就破门而入，扯着伏皇后的头发把她拉出来。这时候汉献帝正在外殿苦苦地哀求郗虑，只听见伏皇后惨厉的痛哭声，披头散发，光着双脚，被华歆拉着从皇帝的面前走过。

人不人鬼不鬼的伏皇后向汉献帝投去最后的绝望目光，难道我们再也无法相守了吗？

此时的汉献帝说不尽的凄凉，道不完的无奈，朕也是不知道哪一天会是朕的末日啊！他随即愤愤不平地转向郗虑，大叫一声：天下还有没有公理！

政治斗争无疑是残忍的，伏皇后被幽闭而死，所生的两位皇子也被毒杀，伏氏宗族百余人被处死。

当然，汉献帝的故事还没有就此完结，但是东汉的命运基本上却结束了。

建安二十年（215）正月十八日，曹操的女儿曹节被立为皇后。

五年之后的十月二十二日，汉献帝被迫禅位给曹丕，贬号为山阳公。

再过了十四年（公元 234 年）的三月初六，山阳公死去。

汉献帝
华歆
伏皇后

后人对汉献帝的坎坷一生寄予深深的同情，史书上是这样评价他的："论曰：传称鼎之为器，虽小而重，故神之所宝，不可夺移。至令负而趋者，此亦穷运之归乎！天厌汉德久矣，山阳其何诛焉！赞曰：献生不辰，身播国屯。终我四百，永作虞宾。"

一句话——汉献帝生不逢时。

# 第十六章 再遭挫折

谁敢横刀立马？唯我闪电将军

出人意料的汉中之战

既得陇，不复望蜀

跟孙权和解

立曹丕为世子

夏侯渊战死定军山

汉中的无奈

## 1.谁敢横刀立马？唯我闪电将军

正当曹操为新政权的建设忙得晕头转向的时候，躲在凉州的马超等人又挑衅滋事，煽风点火，大西北就像沸腾的油锅，顿时热闹起来。

汉献帝的事，伏皇后的事，要册封魏王的事，甚至孙权的事，搞得曹操焦头烂额，于是大西北的事只好麻烦坐镇长安的夏侯渊了。

曹操坚信这个一担挑的兄弟（夏侯渊跟曹操是连襟关系）一定可以为他分忧，还他一个安宁的大西北。这个夏侯渊跟曹操可以说是患难与共的生死之交，是一个极重义气的人，为了知己绝对可以两肋插刀，甚至抛头颅、洒热血也不在乎。有一年闹饥荒，为了让死去弟弟的孤女存活下来，夏侯渊竟然抛弃自己的儿子不顾。简直令人泪奔啊！

这样一个柔情侠骨的肝胆兄弟打起仗来，也是一点儿不含糊，真正做到“其疾如风，其徐如林，侵略如火，不动如山”。在战场上，敌人刚准备架起锅来淘米做饭，夏侯渊就风风火火地杀来了，绝对让人措手不及。由于夏侯渊“快、准、狠”的战术特点，所以曹操军中流传一句话：典军校尉夏侯渊，三日五百，六日一千。《史记》上说，汉武帝时期的霍去病“转战六日，过焉支山千有余里”，夏侯渊简直就是曹操的霍去病。所以给夏侯渊一个“闪电将军”的美誉，一点儿也不过分。

被曹操打残之后的西凉集团，其余部闹事开始于建安十七年(212)秋天，曹操正在准备出兵攻打濡须口的孙权水师。马超、韩遂的余党梁兴在长安西南一百余里的鄠城聚众谋反，结果夏侯渊接到曹操的命令，不到半天时间就兵临鄠城下，梁兴还没有看清楚是谁就掉了脑袋。为此，夏侯渊得了一个新封号——博昌亭侯。

三国勇将排名第二的马超躲在凉州，看起来有点坐井观天，只知道曹操的狡诈，不了解夏侯渊的迅速。以为曹操一离开，大西北又将是自己的天下了。于是卷土重来，倾巢而出，在建安十八年(213)兵锋直指长安西部一千余里的冀城。这时候汉中的宗教王国领袖张鲁也派大将杨昂，跟马超会合，共一万余人，把冀城围得水泄不通。

这一次马超的包围的确很严实，凉州刺史韦康从正月一直坚守到八月，竟然看不到夏侯渊一个援兵的身影。这也难怪，当时没有无线电报，大西北又是那么荒凉，别说人，就是鸟儿也罕见。

韦康就派下属官员阎温偷偷溜出冀城，准备向夏侯渊求援。冀城外面的包围圈是一重又一重，阎温只好趁着黑夜潜入下水道逃出来。结果还是被马超的队伍发现了，捉到冀城下逼他向城中喊话："东边没有救兵。"但是阎温却大喊："兄弟们，再顶三天，闪电将军就来了！"冀城内一片欢呼声、哭泣声。马超一怒之下，将阎温斩首示众。

看到阎温血淋淋的人头，坚守八个月的韦康在精神上崩溃了，不顾参谋杨阜的苦求，贸然开城投降马超。结果马超不但没有表扬韦康，反而把他跟另外一个太守杀了。夺去了冀城，马超自称征西将军、凉州牧，以冀城为根据地，开始反扑。

这时候夏侯渊才得到曹操的命令，于是急急忙忙出动。快速奔跑了五六天，结果距离冀城还有二百里、一天多的行程时，就得到冀城陷落的消息。马超也先发制人，给夏侯渊一个猛烈打击，让夏侯渊遭受生平少有的损失。同时，氐人的酋长千万（名字就叫千万，不知道是不是一个千万富翁）也在冀城东北的兴国摇旗呐喊，响应马超的进攻。夏侯渊陷入两面夹击的险境，只好撤回长安。

马超的随意性杀戮让杨阜感到很愤怒，于是他借着老婆死去，向马超请假出城埋葬。没想到杨阜出城之后，就把老婆的遗体扔到山沟沟里，自己跑到历城的表哥——抚夷将军姜叙那边去了。

当然杨阜并非怕死避难历城，而是向姜叙和姜叙的母亲也就是杨阜的舅妈控诉马超的暴行。这时候，姜母表现出一个英雄母亲的高风亮节，她慷慨激昂地说：阿叙，人都有一死，但要死得其所，要死在"忠义"两个字上面。你速速前去为韦康报仇，不要顾虑我这身老骨头。

于是姜叙跟老乡赵昂、尹奉等人一起想办法，又跟冀城内的义士梁宽、赵衢里应外合，准备扳倒马超。

为了取得马超的信任，赵昂不惜把自己的儿子赵月献给马超做人质。毕竟是自己的亲骨肉，赵昂很快就后悔了，妻子异（可惜没有姓氏）破口大骂，韦康待我们恩如泰山，雪耻报仇，就是掉脑袋也在所不惜，何况一个小孩子？

看了姜母和赵妻异的感人事迹，我们不得不说，战争是男人的浪漫，但并没有让女人走开。

九月，驱除马超的战斗打响了，杨阜、姜叙突然袭击冀城南部的卤城，赵昂、尹奉也攻占祁山城。几个不知名的小人物竟然跟马超叫板，这让马超怒火中烧。

按照事先的设计，激怒马超之后，再让冀城内的梁宽、赵衢把马超骗出城。梁宽、赵衢此时紧紧抓住马超勇猛有余、智谋不足的缺点，在旁煽风点火，这些毛贼胆敢如此嚣张，简直是侮辱了马大爷您的盖世英名！

马超受了刺激，根本就没有考虑后果，二话没说直冲城外。当然冲动带来的惩罚很快就让马超后悔了。梁宽、赵衢没等马超走多远，立即关死城门，把马超的老婆儿子全部杀光，让马超成了一个无家可归的浪子。

马超只好往汉中方向逃窜，路经历城，把姜叙的母亲抓出来泄恨。姜母宁死不屈，骂得马超狗头喷血：你这个丧尽天良的逆子叛贼，早就应该到阎王爷那里去报到了。活在世上，还算一个人吗？

马超一怒之下，把姜母和赵昂的儿子赵月一块儿杀了。

曹操听到姜母的英雄事迹，大为感动，太伟大了，太伟大了！历史是不会忘记你的，姜大妈！（贤哉贤哉！良史纪录，必不坠于地矣。）

杨阜化悲痛为力量，怀着满腔的怒火，无视马超是三国第二猛人这一事实，不要命地冲向马超，要和他同归于尽。经过激烈的肉搏战，杨阜身上留下五处伤口，成了一个血人，还在咬牙切齿，死命地往前冲。马超一生多年征战，从未见过这样不爱惜自己生命的对手，首先就在气势上输人一等，最终抵挡不住杨阜的横冲直撞，败落下来，逃往汉中的张鲁。

第二年（即建安十九年，214），马超不甘心失去自己多年苦心经营的地盘，向张鲁借兵，杀气腾腾，从汉中直取祁山。这个祁山，就是后来诸葛亮与司马懿大战的地方，是关中的咽喉要地。

这回卷土重来，马超显然是抱着必死的决心，杨阜、姜叙赶紧向长安的夏侯渊求救。部下认为，要不要出兵需要得到曹操的批准。夏侯渊不耐烦了，邺城离这儿四千多里，来回一折腾，就要一两个月，到时恐怕杨阜、姜叙早已尸骨无存了。

将在外，君命有所不受。闪电将军不说什么，立即发兵援救。他令大将张郃为先锋，带领五千骑兵，抄陈仓小道直扑祁山。自己督运粮草紧跟其后，准备大干一场，把大西北彻底变成曹操最为稳固的大后方。

夏侯渊快，张郃比夏侯渊更快。没等夏侯渊赶到渭水一带，张郃就已经大败马超，把战场打扫得干干净净了。结果夏侯渊一到，看到的只是一大堆张郃缴获的战利品。

这一次大败之后，马超彻底失去收复凉州故土的信心，只好恨恨地望了一眼曾经生活过、战斗过的地方，夹着尾巴灰溜溜地逃回汉中。又看到张鲁整天忙着宣传五斗米道，跟着他几乎看不到前途，而这时候刘备和刘璋正在成都打得不可开交。"虎落平阳被犬欺"，身为绝代豪杰，竟然连老巢都保不住，还丢失了老婆、儿子的性命，马超心里一酸，干脆投奔刘备去了。马超的加盟，使刘备凑足了"五虎上将"，从此风风光光，跟曹操、孙权三足鼎立，成了力量超强的一极。

马超一走，整个大西北群龙无首，完完全全沦为一盘散沙。

在冀城以北显亲的韩遂知道大势已去，开始后悔当初中了曹操的离间计，从此让他和马超劳燕分飞，被曹操各个击破。为了躲避夏侯渊的追赶，韩遂只好向北寻找藏身之处，最后暂时落脚在略阳。

当然跟夏侯渊赛跑，韩遂绝对没戏，结果屁股还没有坐稳，略阳城下就出现了夏侯渊的身影。韩遂一阵恐惧，又逃跑到兴国城。

老是玩这种猫捉老鼠的游戏，让夏侯渊觉得枯燥无味。于是想来个好玩的，夏侯渊留下一部分人看守粮草，自己去攻打长离。这一步绝对是抓住了韩遂的要害，因为韩遂军中的那些羌兵、氐兵的老家就在长离。长离一失，妻子老少将全部变成夏侯渊的奴隶。韩遂只好从老鼠洞中爬出来，回头去救长离。

夏侯渊的围魏救赵很快就收到奇效，韩遂的救兵刚到，夏侯渊马上就来了一个狂风暴雨式的打击，韩遂失去了所有的人马、战旗、辎重，只身一人逃到羌中去了。后来部下麹演、蒋石砍下韩遂的脑袋，献给曹操，结束了韩遂七十多年的窝囊人生。

击溃韩遂之后，夏侯渊又转向兴国，待在这里的氐王千万丢下兄弟同胞之

张郃

后，单枪匹马南下寻找马超去了。但是夏侯渊还是觉得不过瘾，干脆继续进兵，直捣西平、安东、永阳、高平等地，长驱直入五百余里。

奔跑了大半年，夏侯渊这才觉得有点儿累，正准备好好休息一下，不料，马上又接到曹操的命令，要夏侯渊发挥"闪电将军"的作风，推翻在枹罕（今甘肃临夏西南）闹独立已经三十多年的河首平汉王宋建伪政权。单看"平汉王"这个伪国号就令人生气，如果不加以铲除，说不定会变成"平曹王"，这是曹操绝对不想看到的。

回到兴国之后，夏侯渊又是强行向西推进一千余里。经过一个多月艰苦攻坚战，十月，夏侯渊彻底将枹罕夷为平地，那些什么伪平汉王宋建，以及一大批伪丞相、伪将军，等等，全部人头落地，成了夏侯渊的战利品，有力地维护了国家领土和主权的完整。

经过八九个月的奋战，这回夏侯渊真的很累，再也走不动了，继续向西的任务就交给张郃了。张郃不满夏侯渊独享闪电将军的美称，我老张作为曹操的五子良将之一（另外四个是张辽、乐进、于禁、徐晃），也不是吃素的，于是毫不迟疑地接下进军青海的光荣任务，一直挺进到湟中，招降河西羌族各部落。这一带实在是荒芜，别说人，就连野兔都难以找几只。自东汉窦固远征之后，已经将近一个半世纪没有汉族的大将光临过此地。再向西就到西域了，我相信如果这时候张郃下决心可以一直打到中亚去。只是粮草不济，张郃才不得不回去向夏侯渊报到了。

这一次远征，夏侯渊及张郃从长安一直打到青海的湟中，在地图上的直线距离是一千六百余里。当然夏侯渊绝对不会按照地图上的画线行军，所以实际路程超过两千余里，创下了三国远征的纪录。对此，曹操大加褒奖，还套用孔子的话，赞扬夏侯渊勇往直前，所向披靡，我阿瞒实在是不如你啊！（宋建造为乱逆三十余年，渊一举灭之，虎步关右。所向无前。仲尼有言："吾与尔不如也。"）

## 2. 出人意料的汉中之战

进入建安十九年（214）之后，全国形势发生了巨大的变化。由于跟张鲁结下了生死之仇，昏庸无能的益州牧刘璋在跟张鲁的冲突中屡屡战败，又听说曹操计划吞并西蜀，吓得刘璋惊慌失措。毫无主张的刘璋只好听信两个吃里扒外的人——张松、法正，派人去荆州邀请刘备入蜀，帮助刘璋抵御张鲁和曹操。

刘备和诸葛亮万万想不到自己的运气会这么好，所以一接到刘璋的书信，立即挥兵入蜀。结果张鲁的兵没有来，曹操的兵也没有来，却来了刘备的大军。刘备在军师诸葛亮和庞统的帮助下，以西蜀人为内应，经过长达一年多的艰苦奋战，终于拿下成都，将刘璋流放到荆州的公安去了。

得了西蜀之后，一度让刘备和诸葛亮狂欢了三天三夜，隆中对的宏图终于实现了一大半。当然，接下去的任务还很艰巨，首先是曹操已经兵临汉中，很快就要和自己争夺西蜀这个天府之国了。然后就是孙权开始检讨跟刘备的结盟政策，要求刘备还给他借出去的江陵城。养老鼠咬布袋，为了跟刘备结盟，孙权赔了夫人又折兵，付出的代价实在是太大了。于是在刘备夺取西蜀之后，孙权派出诸葛亮的哥哥诸葛瑾为讨债特使，向刘备提出归还江陵的要求。

欠钱的是大爷，东西借出去容易，收回来难。江陵是刘备称霸的立足点，对刘备来说简直就是一粒金蛋，吞下去容易，吐出来难。跨有荆益，待机北伐，本来就是诸葛亮既定的战略决策，一旦归还荆州，那么诸葛亮的决策就成了一只断了翅膀的鸟，再也飞不高，所以刘备断断是不会拱手交出江陵的。

对刘备来说，目前江陵还是紧紧控制在自己的手里，倒是汉中有点悬。汉中的得失关系到曹刘力量的消长，汉中得到手，那么就可以此为根据地，北取凉州，威胁关中，汉中失去，刘备就不得不凭据剑阁等天险退守蜀地，那是何等的被动啊！所以汉中争夺战关系到北伐大业的成败。

曹操也早已看到了这一点，所以让伏皇后的汉献帝恢复平静之后，马上出师，攻打汉中。

建安二十年（215）三月，曹操亲率大军出征张鲁。

关中进入汉中主要有五条道，从东到西依次为子午道、傥骆道、褒斜道、陈仓故道、祁山道。马超从甘肃退往汉中，走的是祁山道，而这回曹操走的是陈仓故道。这条路是汉中出陇最好的一条路，汉高祖刘邦暗度陈仓，走的就是陈仓道。它从凤翔出发，途经陈仓、散关、凤县、武都、略阳、阳平关、沔阳，最后抵达南郑，也就是汉中。而张鲁的五斗米道宗教总部就设在阳平关。曹操走陈仓故道，意在速战速决，直捣张鲁宗教王国的心脏。

从长安西行到陈仓，曹操遇到的第一个阻力是武都氐人设置的前进障碍，但是一下子就被曹操的先锋队张郃、朱灵打得七零八落。

扫清阻力之后，曹操在四月从陈仓走出散关到了河池。曹操后来在《秋胡行》中回忆说，爬上散关山的路实在难走，即使是现在，爬散关山恐怕也要多准备几条命。山势是那么的陡峭，石路又是那么的狭窄，几头老黄牛累得气喘吁吁，趴着不想起来了。辎重小车吱扭扭，没有推上几步，一个车轮就磕破了，小车连人带粮草，骨碌骨碌滚下去。曹操只好一边唱歌，一边走路，这样仿佛就忘记了疲劳。

到了河池，又碰到了第二个阻力。氐王窦茂率领一万多人，居高临下，顽强抵抗。但是窦茂显然是活得不耐烦了，在曹操这部碾土机的无情碾压之下，通通变成齑粉。对于这场战役的结局，史书的记载简单得可怜：攻屠之。但我相信，三个字，每一个字都是用三千多人的鲜血涂写的。

过了河池这一关，究竟还有几层阻力，史书上没有记载，但是从河池到阳平关，竟然耗费了曹操两个月的宝贵时间。在这两个月中，除了摸爬滚打之外，曹操还应该碰到了五斗米道信徒们的骚扰。

就这样，经过了三个月的长途行军，曹操终于在七月的某一天抵达阳平关城下。

战前曹操曾经向凉州官员和武都当地人了解过阳平关的地形概要。那些人告诉曹操，要攻打张鲁还不容易，阳平关城下的南北两座山相隔很远，根本就不可能形成一道防线。等曹操一到阳平关，只见山道环绕，高耸入云，又崎岖不平。松树倒挂在悬崖峭壁之上，流水如同天上洒下来的布匹。别说行军打仗，就是人往涧谷一看，也会头晕目眩。曹操由此得到一个教训，没有调查就没有发言权，别人的嘴巴还是不如自己的眼睛可信。

对于张鲁来说，自己当了二十多年的教主，平生最得意的事就是救济穷苦人家，现在曹操来了，如果不化干戈为玉帛，那怎么对得起张陵老爷爷的教训？所以张鲁准备下山投降曹操。

但是张鲁的弟弟张卫和将军杨昂坚决不投降，因为他们在阳平关周边的山上修筑了一条十里长城。他们相信，虽然曹操越过万里长城，但是并不等于就能轻易跨过这条十里长城。

毫无疑问，曹操从来没有打过这么邪门的进攻战斗。由于张卫和杨昂的碉堡是建立在陡峭山崖上的，所以根本就无法进攻。一进攻就得把头抬到天上去，一抬头就见到耀眼强烈的太阳光。碉堡建筑的角度太刁了，等太阳一下山，四周马上又黯淡下来，看不清守军的情况了。

总之，张卫把学到的各种知识都用上了，光学、地理学、力学，等等。最恐怖的是，山路太狭小，只能排队攻上去，一旦上去了就不能转过身子来。这哪里是打仗啊，简直是去屠宰场。

曹操的队伍，上去一个牺牲一个，上去十个牺牲十个，损伤率达到百分之百。更要命的是，不光人员消耗光了，粮食也吃光了。打到后来，曹操的信心也消失了。于是下令改先锋为后军，让秘书（主簿）刘晔殿后，准备一走了之，并派帐下猛将夏侯惇、许褚去阳平山通知部队撤退。

这个刘晔就是在官渡之战中霹雳车的发明者，可以说是比较有眼光的。他赶紧跑过去，曹公，早就断粮了，撤回去还不是饿死。现在唯一的生路就是孤注一掷，拿下阳平关，夺取张鲁的大米填饱肚子。

曹操正犹豫之时，攻打阳平山的前方部队碰见了一件匪夷所思的事。山上的先头部队在夏侯惇、许褚的带领下，准备下山，可是太阳一躲到山的背后，到处是一片昏暗，再加上七拐八弯的小路，让夏侯惇、许褚越走越诡异。

什么阳平关，简直就是鬼门关！大家心里是一片寒颤。结果那些人迷迷糊糊地走错了方向，竟然误打误撞，撞进了张卫的军营中。

张卫的部下早已吃饱了肚子，正准备躺下来放松，一整天就是打仗打仗，现在应该是想念家中妻子的时候了。万万想不到外面吵吵嚷嚷，窜进来了一大队曹军的人马，夏侯惇、许褚正在骂娘，骂张鲁把碉堡修在这鬼地方。

张卫的队伍一下子乱了套，呆头呆脑、闹哄哄地逃得一个不剩。当然，凭着夏侯惇、许褚这两个大老粗的脑袋瓜，还以为是自己的部下在起哄，真正意识到捡了一个天上掉下馅饼的只有辛毗、刘晔两人。

当然打死夏侯惇、许褚也不相信，这么多天来牺牲了无数生命都没有攻下的碉堡就这样被阴差阳错地占据了。所以听了辛毗、刘晔的报告甚至还想动粗，结果自己实地考察了一下，大喜过望。夏侯惇、许褚怎么也想不通，为什么这样一个大馅饼偏偏会砸到他们的头上？

但是既然是老天爷送来的礼物，那只好不客气地照单全收了。

对于这个美丽的错误，还有一个离奇的说法。曹操见屡攻不克，于是耍了一个诡计，佯装撤退，让张卫一时疏忽，暗地里却派遣解忄剽、高祚袭击张卫大营。解忄剽、高祚的偷袭惊动了一大群国家特级保护野生动物——麋鹿，突然在夜里光临张卫的大营，一下子让张卫阵脚大乱。没等这些稀有动物安静地离开，解忄剽、高祚又冒冒失失地闯了进来，见机敲锣打鼓，更是让张卫大营炸开了锅，不知是人是鬼，于是如无头苍蝇四处逃窜。

对于这突然从天而降的幸福，也是让曹操乐昏了脑袋。本来准备铩羽而归，现在看来是不想打胜仗也不行啊。

在曹军的猛烈冲锋之下，倒霉的张卫只好趁夜逃跑，于是阳平关之战在一个戏谑滑稽的喜剧中草草收场了。

照理说，阳平关一失，本来就有投降之意的张鲁应该立即缴械自首，但是就这样轻易投降，未免让曹操看扁了自己，所以张鲁的谋士阎圃建议，投降是要投降的，但也不要这么急。不如先去巴中跟杜濩、朴胡再抵抗一阵子，然后再投降，才能显示出我们的实力。这样以后的日子更加好过些。

张鲁一想，有理。于是把平生的积蓄，什么金银珠宝、器饰等都贴上封条，不许任何人毁坏，完完整整地留给了曹操。

曹操一到，见了宝藏，立刻明白了张鲁的心意。于是派人到巴中，用最有诱惑力的语言去招安张鲁。

十一月，张鲁终于向曹操低下高贵的头颅。曹操也是很大度，亲自出迎，拜张鲁为镇南将军，封阆中侯，邑万户。当然也少不了那个阎圃的好事，跟张鲁的五个儿子一道都封为列侯。

汉中之战无疑是曹操非常高明的一个大手笔。这时候正是孙权和刘备为了荆州几乎就要动起手来的紧张时刻，而且刘备刚刚占有西蜀，人气还不是那么旺。如果曹操略微迟疑，张鲁恐怕早就被刘备挖过去了。

## 3.既得陇，不复望蜀

汉中拿下来之后，前途一片光芒，因为这时候曹操的手里紧紧握着入川的钥匙。按照既定的方针，第一步夺取关中、平定陇中，第二步攻占汉中，第三步就南下西蜀。这三步犹如铁链环，一环紧扣一环，堪称完美。所以大家都眼巴巴等着曹操发布命令，直取成都，把刘备赶出西蜀！

这是惊天动地的一个大手笔，只要西蜀夺定了，再从西面包抄江东，统一天下指日可待。

但是万万想不到，在这个节骨眼上，曹操举棋不定，攻取西蜀的决心动摇了。

对此，当时还是一个小小秘书的司马懿觉得不可思议。司马懿劝曹操，虽说刘备占领了西蜀，但那是他搞阴谋诡计骗过来的。西蜀人民的眼睛是雪亮雪亮的，不会就这么轻而易举地成了刘备的忠实臣民。更何况，刘备犯了一个绝对不能犯的错误，在西蜀屁股还没有坐稳，又跑到江陵去，为了荆州的事跟孙权大动干戈。如今我们夺占了汉中，就等于踏破了进屋的大门，让刘备集团整个晚上不得安眠。如果能趁这个机会，长驱直入，一举夺取成都，刘备的势力必然土崩瓦解。一个伟大的人物不应该逆流而上，也不应该错过机遇啊！（圣人不能违时，亦不可失时也。）

像司马懿这样的奇才，他的判断一般是百分百精准的。十三年后，司马懿跟诸葛亮就在陇中、汉中一带上演了一幕幕精彩的大对决，结果让“智慧的化身”诸葛亮累到吐血而亡，司马懿的智商之高由此可见一斑。

司马懿的话还没有说完，另一个大谋士刘晔也开口了。刘晔说了两句话，第一句话是复制粘贴了司马懿的话，第二句话才真正算是自己的话：现在不取，等于给了刘备，诸葛亮当丞相治理西蜀，两个拜把子兄弟张飞和关羽镇守西蜀。到那时，他们堵住了入川的各个路口，想打他们的主意就麻烦了。

两大当世超一流的谋士站在自己面前，摊开话题，展望前景，讲清后果，一切了然。但是曹操的表现令世人大跌眼镜，曹操竟然无视两位谋士的决断，只说一句话：人心不足啊，嘴巴里一个陇中，眼睛又盯着西蜀！（人苦无足，既得陇，复望蜀邪！）

可是过了七天，西蜀投降的人说刘备的队伍听到曹操要进攻西蜀，已经害怕到发疯的地步，一天之内闹事数十次，就是砍了人头也无济于事。

这时候曹操后悔得肠子都青了，赶紧叫来刘晔，问他现在打行吗？刘晔告诉他，世界上没有后悔药。西蜀已经被刘备掌控，不能打了。

曹操只好恨恨地取消南下西蜀的作战计划，留下闪电将军夏侯渊，跟张郃、徐晃守汉中，自己回邺城去了。从此之后，曹操失去了争夺西蜀的可能性，再加上接连不断的失败，曹操统一天下的愿望终成气泡。

对此，后人均感到无限的痛惜，曹阿瞒啊曹阿瞒，你怎么就这样聪明一世，糊涂一时？

曹操为什么对西蜀望而却步？是不是真的糊涂了？

按照后来历史学家的分析，曹操当时放弃南下应该基于以下三个考虑：

第一，川路难行。一个散关的道路已经让曹操尝到了蜀道难的苦头，再说能够攻克阳平关，完全是出于老天爷的一番好意。要不是夏侯惇、许褚的误打误撞，恐怕曹操早已班师回长安去了。再看看汉中以南的险恶地形，曹操吓蒙了。如果盲目入蜀，一旦刘备闭关自守，坚壁清野。曹军野无所掠，山路崎岖，后勤补给根本就难以跟上，自己只有饿死的份了。

第二，后顾之忧。东吴的孙权、荆州的关羽正对襄阳、淮南这两块肥肉垂涎三尺。虽说刘备跟孙权存在着荆州之争，但孙、刘二人面对共敌曹操，会暂时搁置争议，团结一致。刘备最关心的是能否在西蜀站稳脚跟，为此不惜在荆州之争中对孙权做出了让步，让双方平分秋色。

就在曹操兵向汉中时，八月，孙权亲率十万大军围攻合肥，开始动手抢夺淮南。即使曹操深入西蜀腹地，也是前途未卜。毕竟这时候刘备集团的势力如日中天，刘备和诸葛亮也不是一盏省油的灯。只要刘备顽强抵抗，曹操势必陷入进退维谷的两难之地。到时如果关羽又跟孙权联手，共同出师北伐，直取许昌。曹操远在数千里之外，就是捎个话也难。更别说派兵增援了。最终落个首尾应接不暇，那可就不妙了。

除了上述两条理由，曹操放弃西蜀还有第三条理由。刘备的大谋士法正（个人认为此君谋略不逊于诸葛亮）曾经说过："曹操一举而降张鲁，定汉中，不因此势以图巴、蜀，而留夏侯渊、张郃屯守，身遽北还，此非其智不逮而力不足也，必将内有忧逼故耳。"

从汉中撤军之后，曹操的行动安排得非常紧凑，建安二十年（215）十二月从汉中撤军，次年二月回到邺城，三月初三仿效皇帝亲自耕田劝农，四月二十五日曹操自封为魏王，然后就是制造了两起大案：杀崔琰、废毛玠。

崔琰很有威望，曹操对他敬畏有加。曹操称魏王时，官员杨训上书拍曹操的马屁，被世人讥讽。由于杨训是崔琰推荐的，所以人们就骂崔琰。在杨训的书信中，崔琰有句话："时乎时乎，会当有变时！"——时间时间啊，事情总会有变化的时候！

曹操听到这句话，暴跳如雷，大骂崔琰出言不逊，指桑骂槐，攻击自己，于是把他杀了。毛玠是个刚正的名士，听到崔琰被杀，牢骚一大把，结果也惹毛了曹操，将毛玠下狱拷问，最后免刑、废黜，死在家中。曹操的这些举措表明，他对身边存在的"拥汉派"人士忧心忡忡，百般猜忌，凡是言语不合，即行杀戮。曹操无端猜测，自己远征汉中期间，邺城内的拥汉势力蠢蠢欲动，大有趁曹操出外在背后捅一刀之势。这应该就是法正所说的"必将内有忧逼故"吧。

但这些跟曹操放弃进攻西蜀又有何干系呢？曹操也是人，人都是怕死的。曹操拿下汉中之后，头风病日益加重，让他觉得自己的日子不多了，随时就会蹬腿翘首而去。

曹操的头风病在官渡之战时就已经发作了，迁都许昌之后，趋于恶化，到现在已经有整整二十年了。这二十年中头风病就像恶魔附体，每天都在无情地折磨着曹操。

进攻汉中时，曹操"欲望过多、思虑过盛"，孙权、刘备、汉献帝等人，像一个个魔怪在眼前晃来晃去，再加上长途山地作战的劳累，阳平关山区海拔五六百米的各种险恶环境，诱使曹操的头风病反复发作，几乎让他失去了生活的信心。连活下去的信心都没有，更遑论什么征服天下。

再说曹操此时年已六十三，进入了花甲之年，一般的老爷爷都会考虑到身后大事，至于是否可以完成统一大业，这个问题恐怕不再是曹操要考虑的头等大事了。所以曹操要赶在自己归西之前，剿灭身边的拥汉派人士，给自己塑造一个光辉灿烂的形象，确保死后曹氏子孙能够顺利地取代汉室。

未来是不确定的，充满了诱惑，也充满了陷阱。高风险高收益，在关键的历史性时刻，曹操只看到高风险，忽视了未来的高收益，将两大谋士司马懿和刘晔的忠言当作耳边风，在形势对己有利之时，轻率地放弃南下西蜀，班师回朝，不能不说是继赤壁之战后犯下的又一个巨大战略失误。

曹操离开之后，汉中局势急转直下，一发而不可收拾。刘备、诸葛亮等人清醒地认识到汉中对保卫西蜀的重要性，于是制定出了一整套夺取汉中的可行性作战计划。

对刘备集团来说，曹操从来就是他们的克星。除了赤壁大战中曹操被周瑜的一把大火烧得只剩下半条命，刘备趁人之危搞一些突然袭击的小动作，侥幸获胜以外，在曹刘交战史上，刘备从未尝过胜利的甜头。甚至有时候一看见写着"曹"字的大旗，刘备就望风而逃。如果说刘备患上恐曹症，也不过分。

可似乎刘备就只怕曹操一个人，曹操一走，刘备壮大了胆子。虽然镇守汉中的夏侯渊也是一个牛人，但刘备一点儿也不把他放在心上。像汉中这样多山地、多丘陵、道路崎岖不平的鬼地方，再也不是夏侯渊任意呼风唤雨的法场。

于是，汉中争夺战打响了，这一战将决定刘备是否有资格成为三足鼎立中的一足。

## 4.跟孙权和解

刘备发动攻势的时机选择得非常的恰当，那时候曹操正积极策划南征孙权，以报孙权趁着曹操进攻张鲁在建安二十年（215）八月率领十万大军围攻合肥之仇。

曹操在离开邺城之前，虽料到孙权可能会在远征张鲁时做出一些让曹操很为难的事。此时的曹操领导艺术已经到了炉火纯青的地步，他给合肥的守将薛梯一个锦囊妙计。虽然在罗贯中笔下，锦囊妙计一直是诸葛亮引以自豪的道具，但三国锦囊妙计的发明专利权实际上应该由曹操来申报。在妙计的封面上写着典型的诸葛亮式术语：只有等敌人到了才能打开(贼至，乃发)。

当孙权的十万大军一下子让合肥城变成被敌军围困着的孤岛时，张辽、李典、乐进感到一阵恐惧，城中的守军才七千人。相差是如此的悬殊，仗还没有开始打就有一种投降的冲动。

在这紧急关头，薛梯打开了曹操留给他的锦囊，上面写着：孙权到，张辽、李典出战，乐进守城，薛梯不得参战。

这一妙计看得大家晕头转向，不知所以然。其实这只是曹操摸准了三个守将的脾气和性格，张辽、李典英勇善战，是个进攻型的斗士；乐进比较沉稳持重，是个防御性的战将；而薛梯只是地方官，不精兵法不宜作战。

当然曹操的这种安排很清楚，让张辽、李典尽情发挥他们的好战特性。可是敌我相差实在太悬殊，别说走出城门去进攻孙权，就是站在城楼上一看城外黑压压的一大片，不吓破胆子坠下城，已经算是胆大的了。

但是张辽毕竟是曹操的知音，他马上领会到了曹操的意图。于是不顾乐进的反对，毅然决然地趁着孙权尚未组织好队伍，先发制人，予以猛烈一击。

战局好像是曹操算准了一样，张辽夜里率领八百敢死队，宰牛犒赏了一顿，犹如神兵从天而降，在凌晨突然对孙权发动凌厉攻势。从太阳升起一直打到日当午，直打得东吴大军屁滚尿流，这在罗贯中笔下有着浓厚的一笔《张辽威震逍遥津》(见《三国演义》第六十七回，不再引用)。

孙权的十万大军围攻合肥的七千守军，打了十天十夜，张辽竟然没有伤一根毫毛。吴军在仓皇后撤时，反而遭到张辽的反攻，几乎全军覆没，孙权还差点儿成了张辽的俘虏，部将贺齐从未见过这样的惨败，吓得泪流满面。

合肥大捷，固然与张辽的个人英雄主义是分不开的，但是，曹操的料敌如神、知人善任以及英明指示，无疑是此战获胜的根本保证。

经过这一回合的大战，孙权似乎元气大伤，从此老实多了。而曹操也从汉中回到邺城，一回来就当上了魏王。

张辽

由于刘邦在白马之盟上铮铮誓言："非刘氏而王者，若无功上所不置而侯者，天下共诛之。"也就是说，如果没有刘邦的遗传基因，不得封王，否则全国共诛之，全军共诛之。

这一铁定的政策一直延续了四百多年，但是到了曹操这里却成了一纸废令。建安二十一年(216)四月，曹操冒天下之大不韪，推翻了持续四百多年的基本国策，终于成为东汉历史上唯一一个异姓王。

五月，汉献帝不得不向全天下公布了这一重大的决定。在加冕的诏书中，皇帝显得很无奈，朕实在无能，一切都得依赖魏公曹操，如果不给魏公曹操一个适合的名号，那怎么对得起天地之间的神灵？（岂有如朕寡德，仗君以济，而赏典不丰，将何以答神祇慰万方哉？）

封了魏王，曹操的一桩心愿也就了却了。奋斗了近三十年，终于从一个阉党余孽爬升到了至高无上的王位。人生如此，夫复何求？

接下来就应该对孙权进行秋后大算账。

十月，曹操发布了全国动员令，举行了一次盛大的阅兵仪式。在仪式上，曹操以军事统帅的身份，老当益壮，亲自擂鼓鸣金，发出一声怒吼：向孙权开战！

次年正月，大军兵临居巢。孙权则在濡须口布下重兵，隔着巢湖跟曹操对峙。但显然孙权对曹操有所顾忌，除了采取防御措施之外，不敢像合肥大战那样主动进攻。

倒是曹操掌控了战场的主动权，于是在二月继续前出到江西郝溪一带，逼近孙权。一看到曹操大军压境，孙权赶紧加强濡须口的防御工事，做好迎战准备。

果然，曹操率先挑起战斗，对于这次战斗的详情，史书上的记载太简略了：逼攻之。很显然，孙权是无法抵挡得住曹操的疯狂进攻，只好撤退。

这一战，是曹操跟孙权的最后一次交手。貌似孙权在撤退后，派出秘密特使到曹操大营中，双方也达成了某些协议。所以孙权撤军后，曹操也于三月班师回邺城，留夏侯惇、曹仁、张辽等二十六军在居巢，监视孙权的一举一动。

有句话说的好：没有永恒的朋友，也没有永恒的敌人，只有永恒的利益。这时候，曹操和孙权为了共同的敌人——刘备，相互靠拢了。

孙权

当然，首先抛出橄榄枝的是孙权，因为他正在秘密筹划一个重大的军事行动——从刘备手中夺回荆州。

要想讨回荆州,就必须过关羽这一关。但是向关羽伸手要荆州,无异于与虎谋皮。这个美髯公不但不想物归原主,反而以为自己在长江上游,顺流而下,那是易如反掌。鲁肃的继任者吕蒙已经对驻守江陵的关羽感到了失望。

由于孙刘联盟到现在还没有完全破局，所以孙权一直以来把曹操视为最大的威胁。甚至还制定了一个庞大的北伐计划:以濡须口为根据地,北上直取寿春,再攻占徐州,把东吴的势力范围扩展到山东边境,然后再西取荆州南郡。

但是这样一个不切实际的计划很快就被吕蒙否定了。徐州不是曹操的防御重心所在,虽然有攻占的可能性,但是曹操很快就会反扑过来。再说在北方平原作战,正是曹操骑兵的优势所在。即使我们在徐州留下七八万人马,也有被曹操包饺子的可能。

北伐徐州,不如西取江陵,夺取了荆州的全部地盘,凭借东吴的强大水师和江陵险要地形,可以确保长江上游万无一失,这才是最大的实惠啊!

于是孙权派出武官徐详为特使,向曹操求和。

孙权一求和,曹操也是乐得不知所措。碧眼儿啊,阿瞒虽然行事诡谲,但那种扯皮赖账、占人小便宜的,我阿瞒是不屑一顾的。

当然,跟孙权暂时和解,并非有牢不可破的物质和利益基础。但是曹、孙、刘这三者之间的和战实际上就是零和游戏，曹孙和解就预示着孙刘联盟的破裂，更是三国历史的一个重要转折点,是一个新时代到来的标志。从此之后,刘备可以不依靠任何一方,完全凭借自己的实力单独跟曹操争夺天下。这才真正形成了三足鼎立的大格局,拉开了三分天下争夺战的序幕。

## 5.立曹丕为世子

虽然说曹、孙和解了,暂时解除了淮南一线的危机,但让曹操担忧、操心的事还有很多,比如刘备还在对着汉中虎视眈眈,汉献帝也在试图做反扑的动作,等等。更要命的是头风病发作得更频繁了,有时一天就要发作好几次,每次发作的时候心乱目眩。晚上睡觉时脖子下面不得不枕着坚硬冰冷的慰项石，但是仍然阻止不住脑袋中跳动的血脉带来爆炸式的剧痛。

当然，最让曹操担忧的是身后事，自己百年之后，曹家会不会继续发扬光大，成就一番古今罕见的大业？应该让哪一个儿子来继承自己的事业？每当想到这些，本来就已经痛楚难忍的脑袋中犹如又灌入了一大碗水银一般。

于是，曹操开始跟死神抢时间，力争在双脚踏入鬼门关之前，完成三件大事：第一件，让自己的权位更加牢固；第二件，立世子；第三件，联孙击刘，尽量减轻继承者的负担。

第一件事完成得很轻松，这时候的汉献帝连稻草人都不如。叫他往哪儿指，他就乖乖地往哪儿指。

建安二十二年(217)四月，曹操开始享受准皇帝的待遇。走路的时候，身旁两侧都要高举皇帝专用的旌旗，一队队肌肉男在前头吆喝着，驱除任何可疑的目标。

从十月开始，曹操出行的排场就完全跟皇帝的架势一模一样了。头上戴着悬垂十二个玉串的礼帽，乘坐着由六匹马拉行的豪华金根车，后边随从的是五时副车(所谓的五时副车，就是指象征一年之中的春、夏、季夏、秋、冬的马车)。

尽管吃穿住行都享受着皇帝的标准配置，但是曹操还是不敢触及那条红线。想想自己的所作所为，跟秦始皇只有一个差别，那就是名号。人心苦不足，该享受的都享受了，还贪恋什么名号？非得落个跟秦始皇一样，死后尸体发臭，不得不用咸鱼覆盖的下场。

显然曹操是很在意自己形象的，生前要活得风风光光，死后还要留一个千古芳名。所以皇帝看来还是不当的好，让历史学家给自己一个大汉忠臣的美誉吧！

既然不想当皇帝，那么就应该好好解决一下继承人的问题了。

像曹操这样精力旺盛的人，老婆肯定是很多的。孟子云："食色，性也。"比如西汉首屈一指的汉武帝，后宫达到一万八千人，如果一天消费一个，也需要四十九年。汉武帝有句令人疯狂的名言：能三日不食，不能一日无妇人。但是他照样开疆拓土，打造了一个辉煌灿烂的大帝国。而且一点儿也不影响他的寿命，当了五十四年的皇帝，活到七十岁才龙御归天。

据统计，曹操的老婆有姓氏的就有十五人，其他无名无分就难以统计了。当然，除了满足生理需要之外，曹操最希望的是种子越多越好，如此曹氏家族就越兴旺。结果，曹操的儿子一共二十五个。于是就展开了一场王位继承争夺大赛，但是能够进入资格赛的有四个。其中卞夫人包揽了三个：曹丕、曹彰、曹植。环夫人有一个：曹冲。

这个曹冲是一个天才型的人物，小朋友们津津乐道的“曹冲称象”说的就是他。可惜天才早逝，曹冲在公元208年就死了。曹操得知曹冲去世，失声大哭。他告诉上前劝慰的曹丕，小冲之死，是我的不幸，却是你们的大幸。（此我之不幸，而汝曹之幸也。）

很显然，曹冲一直在曹操的考虑范围内。

但是曹操很快就在曹植身上看到了曹冲的影子。铜雀台刚刚落成，曹操举行了征文比赛，结果年轻的曹植大放异彩，一度让曹操感到惊讶。曹彰性格粗鲁，让人看一眼就清楚不是当领导的料。于是，最后的继承人就圈定了曹丕和曹植两个人。

虽然曹丕具有长子的先天性优势，而且立子以长又是传统的主流观点，但是曹植的过人才智又让曹操陷入痛苦的纠结之中。

这时候，三个聪明人的介入，一度使得曹操偏向于曹植。起因是曹操看中了一个叫丁仪的秘书，想把女儿许配给他。但是这个丁仪有个生理上的缺陷，瞎了一只眼睛。所以曹丕就竭力反对这个婚姻。

就是嫁猫嫁狗，也总比嫁一个瞎子好啊！

于是曾经让丁仪憧憬无限的一次婚姻就这么失败了。当然这场婚姻的失败，归根结底是曹丕从中作梗，痛苦不堪的丁仪就跟着弟弟丁廙，加上曹植的老师杨修，开始介入了曹操的家事。

这三人你一言，我一语，说的都是曹植的好话。结果曹操耳根一软，准备立曹植为嗣。为此曹操先征求丁廙的意见。

丁廙的回答很有技巧，既不赞成也不反对，他只是说了一大堆空话，立世子关系到曹氏的兴衰、天下的存亡，不是像我这样愚钝的人可以回答的。俗语说的好啊："知臣莫如君，知子莫如父。"短短几句话后，把皮球还给了曹操。于是曹操准备立曹植为世子。

在正式册封之前，曹操特意搞了一个民意调查，结果发现拥护曹植的人寥寥无几。所以他特意问了一下"毒才"贾诩的看法。

但很奇怪，贾诩听了之后的表现让曹操很恼火，根本就不愿意回答。

曹操大骂，我在问你话呀！

贾诩回应，我在想事情啊！

曹操奇了，想啥事情？

贾诩说，在想袁绍、刘表父子的事。

曹操立即明白了，立子以长不以贤，古往今来，要想让国家长治久安，就不要违背了这一个原则。于是在哈哈大笑声中，曹操态度也来了个大逆转，再加上后来曹植不注意自己的言行举止，终于被曹操甩掉了。

建安二十二年(217)十月，曹操正式将曹丕立为世子。

当然，立了世子并不能说从此之后曹氏家族就高枕无忧了。毕竟曹植在朝中还有一定的市场，如果不加以抑制，兄弟二人势必自相残杀。于是，为了维护曹丕的世子地位，确保自己身后政权能够平稳过渡，曹操开始了一系列打击曹植势力的行动。第一件事，杀了为曹植私自出入司马门大开绿灯的公车令(门房保安)。第二件事，借口曹植的老婆穿着过于华丽，超越了身份，勒令她自杀。第三件事，剪去曹植的羽翼，砍了杨修的脑袋。

经过了这些苦心的安排，直到曹操掐算手指头，身后的世界应该是一个安宁的世界，曹操这才安下心来睡大觉。

## 6.夏侯渊战死定军山

但是现实很快让曹操从睡梦中清醒过来。因为夏侯渊从长安千里急报，刘备率军来抢汉中了。

对于汉中的重要性，一向主张稳扎稳打的大谋略家诸葛亮似乎认识有所不足，这时候一个非常重要的谋士法正站出来了。这个法正本来是刘璋的部下，后来与张松倒戈，招引刘备入川。他的智谋和胆识，绝不在诸葛亮之下，陈寿把他比作曹操的荀彧、程昱和郭嘉。而曹操本人也对没能挖到法正这一个郭嘉类型的奇才感到十分的遗憾：天下英雄的花名册都在我的口袋中，可惜上面就没有法正的名字！

可见法正名头之大，甚至让曹操也为之折腰。所以刘备当上汉中王后，让诸葛亮做他的国务院总理，料理政务；而让法正当上参谋长联席会议主席，主持军机大事。

法正自小就生活在陇中、汉中一带，所以对西蜀的一山一水了如指掌。他告诉刘备，夺取了汉中，可谓是一石三鸟。第一，可以汉中为根据地，出兵关中，推翻曹操的统治力量；第二，即使无法出兵关中，也可以向西北方向发展，把势力范围拓展到雍州、凉州地区；第三，就算第一和第二都没办法做到，占据了汉中，也可以确保西蜀的长治久安。

建安二十二年（217）冬末，刘备派张飞、马超、吴兰先行占领下辨，将汉中通往陇中的要道——陈仓要道截为两段。兵来将挡，水来土掩，曹操不敢大意，派遣手下悍将曹洪，率军迎战张飞等人。

但是曹洪刚离开，曹操就发现自己的决定有点仓促，虽说曹洪是个万人敌，但是他每到一个地方，都要左手搂着一个女人，右手抱着一坛酒。于是曹操又派去了辛毗和曹休，让他们时时刻刻提醒曹洪不要误了正事。

次年正月，刘备亲率大军，开始亲征汉中。为了先声夺人，刘备让吴兰跟雷铜两个人沿着祁山道继续北上，占领了武都城。但是吴兰脚跟还没有站稳，曹洪的部队就赶来了。

张飞赶紧向吴兰靠拢，到了固山之后发现吴兰跟雷铜已经被曹洪包围，于是派人四处散布说要断了曹洪的后路。一时间闹得曹洪等人紧张兮兮的，但是精明的曹休马上看出了张飞此地无银三百两的破绽，要是张飞真的想断后路，绝不会四处张扬，让曹军有所准备。

话说得越响亮内心越虚弱，曹休建议，在张飞跟吴兰抱成一团之前，先把吴兰给解决了。于是曹洪发动了一次闪电攻势，一下子就把吴兰的队伍击垮了，杀死部将任夔。失去队伍的吴兰向南逃到阴平关，也被当地的氐人杀死。

吴兰一败，张飞孤掌难鸣，只好退走，等待刘备大军的到来。

针对刘备的进犯，曹操也积极排兵布阵，夏侯渊、徐晃驻扎在阳平，张郃驻扎在阳平西南的广石，组成两道防线，把刘备的大军死死地挡在阳平关前。

当然，刘备跟法正的脑袋瓜也是很灵活的，你不让我过去，我就派陈式率领十余营兵力（大约两万人）抄了马阁鸣栈道，把曹军的防线劈成两段，自己率主力围攻广石的张郃。

夏侯渊一看，马阁鸣栈道一失去，那我跟张郃岂不变成了牛郎织女。于是派出徐晃一刀砍过去，把陈式的十余营队伍包了饺子。结果蜀军大败，坠下悬崖山谷摔成肉饼的不计其数。

围打广石的刘备将手下的一万精兵分成十个方阵，采用车轮战术，轮番进攻张郃。但是张郃也不是喝稀粥啃冷馒头的，他一直出现在阵地最前沿，打退了刘备的一次次进攻。

看着身边的尸体越堆越高，刘备这才认识到即使是曹操不在，其手下的各个将领也不是软柿子，说捏就捏。只好写信给成都的诸葛亮，让他增发援兵。

诸葛亮似乎表现得很迟钝，他征求下属杨洪的意见。杨洪对诸葛亮的迟疑有点儿不解，汉中是西蜀的咽喉要地，关系到整个西蜀的得失。汉中一失，等于向贼盗静静地敞开大门。赶紧发援兵啊！

在诸葛亮增兵汉中的同时，七月，曹操也从邺城出发，亲征刘备，开始了一生中最后一次军事行动。曹操进驻长安城后不久，从前线传来噩耗，大将夏侯渊战死定军山。

曹操不由得嚎啕大哭：妙才老弟（夏侯渊字妙才）啊，都怪阿瞒来迟了！

对于夏侯渊的生性蛮干，眼睛只盯着远方，不顾一切往前冲锋的勇猛作风，曹操总是忧心忡忡，不断地教育他，身为一员大将，不单单只知道进，还应当学会退。带兵之将，勇气是根本，但是行军作战离不开智谋，否则只能算是匹夫之勇。

我们可以说曹操是一个英雄，也可以说他是一个奸贼，但是曹操的作战艺术，曹操的知人善任，这在三国时期无人能敌。在曹操的头脑里，早已经对手下各个人的特点做了精心的分类，哪个人只能攻不能守，哪个人只能守不能攻，曹操都了如指掌。所以，曹操之所以能够无敌于天下，首先在于他知人善任。曹操总是把最适合的人选运用在最适合的岗位上，做到物尽其用、人尽其才。一句话，就像一个管理艺术精湛的企业高管，充分发挥员工们的个体作用，去打造优秀的团队。凡是成功的企业家，没有不注重员工的个体差异的。他们总是不断地激励员工们去做自己最擅长的工作，最大限度地发挥团队的整体战斗力。

能够在曹操这样优秀的老板手下打工，无疑是件幸福的事。尽管夏侯渊是一个好员工，甚至称得上是优秀的高管人员，但是他太自信了，总是按照自己的意愿出牌，结果在定军山栽了一个大跟头，连命也搭上了。

从相持的时间来看，汉中争夺战绝对称得上消耗战，从建安二十二年(217)一直打到建安二十四年(219)正月，虽说刘备连续受挫，但是夏侯渊和张郃一味凭险固守，而刘备得到诸葛亮的增援后，兵力大增，不断地来回寻找战机，反而掌控了战场的主动权。

从战法来看，只要夏侯渊恃险坚守不出，任你刘备怎么跑，总有跑累的一天。等你累得透不过气来时，曹操的大部队就杀过来了。那时候，刘备就是想跑也没有地方跑。

可是刘备的大谋士法正看透了夏侯渊的特点：以进攻为荣，以退守为耻。于是建议刘备南渡汉水，向定军山方向移动。这一招果然狠，定军山往东不远，就是汉中的首府南郑。

如果夏侯渊按兵不动，那就迅速攻克南郑，控制几个栈道的总路口。但是法正坚信，一向勇而无谋的夏侯渊一定会抢在刘备的前头，占据定军山，以保护南郑的安全。

实际上，夏侯渊就是这样做的。如果南郑丢失，那以后在曹操面前如何抬得起头来？所以一得到刘备向定军山移动的消息，夏侯渊立即发挥他的闪电速度，没等刘备到达定军山脚下，他就跟着张郃已经在山上打桩立寨，安顿下来。被包围在定军山上面的夏侯渊，将军营划为两大区，东区交给张郃重兵防守，南区则由自己率领轻步兵看护。

一切如法正所料，打山地战，总比攻坚战来得容易。

于是刘备吹响了进攻的冲锋号，命令年近七十的老将黄忠趁夜袭击曹军大

圖
黄忠
夏侯渊

营。进攻一开始，黄忠以自己大无畏的行动，为“姜还是老的辣”这句话作了一个活生生的注脚。

黄忠跟十来个肌肉男跑在队伍的最前头，敲锣击鼓，声震于天。同时刘备也派了大队人马，一靠近曹军大营，就放火焚烧军营前的拒鹿角等障碍物。

战斗主要是在张郃的东区进行的，由于刘备的军队占据了绝对的优势，所以交战不久，张郃就陷入苦战，大营渐渐现出危机。

夏侯渊赶紧率领一队人马前去支援张郃，离开南区大营十五里，看到拒鹿角已被刘备破坏成一堆烂树枝，于是就跟四百名部下停下来修补拒鹿角。战后曹操将夏侯渊的这一愚蠢行为作为反面教材教育部下，一个统将跟敌人交手已经是很不应该的了，更何况亲自去做那些修补拒鹿角的苦工，真是白痴一个（军中呼为“白地将军”）。

夏侯渊的愚蠢带来了送命的结果。躲在山上的黄忠一看到有机可乘，来了个斩首行动，大手一挥，蜀军个个像下山猛虎，来了个突然袭击，还没等夏侯渊反应过来，自己的人头就成了黄忠的战利品。

夏侯渊死后，曹军群龙无首，一度陷入混乱，但是张郃很快就被推为统帅，带领大军安全退到阳平关。刘备不怕夏侯渊，却很怕张郃，所以也不敢乘胜追击。他看着黄忠手里血淋淋的人头，感叹说，早该任命张郃为统将了，曹操怎么会重用夏侯渊这个白痴？！

## 7.汉中的无奈

曾经跟随自己三十年的一代猛将就这样被黄忠秒杀了，曹操感到痛心不已，赐夏侯渊谥号“愍侯”。愍，跟悯是同一个字，就是痛心疾首的意思。曹操既痛心夏侯渊的离去，又痛恨自己救援不力，于是在建安二十四年（219）三月，亲率大军从长安出斜谷，抄捷径走褒斜道，直取南郑。再从南郑向西运动，跟刘备在阳平关怒目对视。

刘备自起兵以来常常陷入“逢曹不胜”的怪圈，但是击杀夏侯渊，像一剂灵丹妙药，彻底根除了刘备的恐曹痼疾。刘备决心用自己的行动，一雪过去恐曹之耻。得到曹操出兵的消息，刘备早已是踌躇满志，即使是曹操亲自来，也是无济于事。汉中早晚是我的地盘！

刘备这么自信是因为找到了战胜曹操的办法，那就是无论如何绝不出招。金庸笔下大侠令狐冲所学的“独孤九剑”的确是独步于天下，但是剑术的最高境界就是无招胜有招。

现在，刘备要做一个让曹操看不出破绽的高手。我绝不会做第二个夏侯渊，刘备信誓旦旦。于是，刘备不许一人出动，全军凭险固守，任你曹操如何叫骂，我就是不还口，也不出门。

这一招果然让善于捕捉战机的曹操毫无办法。本来想痛痛快快地杀一回合，以替死去的夏侯渊报仇，没想到这个大耳朵学乖了，现在只好与他比耐心、斗心机。

双方静坐了几天，曹操的粮食就吃空了。曹操只好下令从北山下运米上来，只要军中粮食充足，那大家就一直耗吧。你刘备也是吃杂粮长大的，我就不信你不会坐吃山空。

刘备的聪明之处就在于，说是固守不战，但并不等于消极防守。一旦发现曹操有可乘之机，还是会碰碰运气的。看到曹操从山下运米上来，刘备派出老将黄忠下山劫粮。

没想到黄忠去了大半个上午，一点儿消息也没传回来，刘备有点儿心慌，赶紧派虎将赵云出去看一下。

于是赵云带着几十个骑兵一路寻找黄忠，孰料黄忠没找见，反而撞见了正好率军出营的曹操。曹操大叫，捉了前头那个骑马的赵云，用来祭奠妙才老弟！

从山上冲下来，由于惯性作用，一时无法刹车，赵云连马带人竟然冲进了曹军的阵中。赵云只好拼着老命跟曹军厮杀，边杀边退，沿途所经，曹军无不遗尸累累。

退到大营之后，赵云又要出空城计的奇谋，故意敞开大门，偃旗息鼓。曹军追到军营前，四下里一片静悄悄的，连个麻雀也没有。按照兵法教科书上的理论，赵云肯定在里面设下埋伏，于是曹军不战而逃。

没等曹军转过身来，赵云的大营内就传出惊天动地的击鼓声，然后又是一阵箭雨，加剧了曹军的混乱，于是一幕幕踩踏惨剧发生了。第二天刘备视察赵云的大营，听到昨天发生的事，不由得竖起大拇指，子龙老兄，浑身是胆啊！

刘备的无招战法果然让曹操的所有招术失灵，从军征战几十年，什么样的仗都打过，就是没见过今天这么窝囊的静坐对战。一个月以来，别说跟刘备动手了，连个吵架的机会也没有。再看看帐下的士卒无精打采，无聊、寂寞，大家只好过着摔骰子赌小钱的吆喝日子。军中士气像冬天温度计的水银柱，直线下降。

军队的数量按照每天逃亡几百人的速度计算，不出三个月，曹操就成了光杆司令。可是每当撤退的念头一起，墙壁上悬挂的那幅地图仿佛对自己大叫大骂：汉中这么重要的地盘你也想抛弃？想不想保住长安？想不想保住关中？

这样的纠结心态一直持续了好几天，曹操这才感到，人生是多么的无奈！一天晚上，曹操正郁闷地啃着一块鸡肋，一个军士走过来询问，今晚的暗语是什么，曹操随口就答，鸡肋。

秘书杨修之所以被杀，就因他是猜谜高手，一下子猜透了曹操的矛盾心理。鸡肋鸡肋，食之无味，弃之不甘。但是最终还是要扔掉的！

五月，带着无比惆怅的心情，曹操下令撤退回到长安，把一个完美无缺的汉中交到刘备的手中。

曹操的最后一次亲征，就这样在一片惨淡之中悄然落下帷幕。这次远征不但意味着曹操在军事指挥上的退步，同时也说明刘备的势力已经壮大起来。

结束了流浪汉生涯的刘皇叔，经过多年的磨难，终于成熟起来了。在政治上，高举兴复汉室的旗帜以收买人心；在军事上，不但拥有诸葛亮、法正等一批精通兵家的谋士，而且刘备自己也成长为一代枭雄；在经济上，富庶的天府之国更是刘备争夺天下的最有力保障。

这时候，刘备就像一只寒冬过后的丑小鸭，看到镜子般的湖面上竟然倒映着一只美丽的白天鹅，原来那就是自己。

刘备的春天终于来了！

建安二十四年(219)七月，腰杆子已经硬起来的刘备，就在新开拓的汉中沔阳设立坛场。随着两旁威武的士卒们的齐声高喊，在众多文武百官的瞩目之下，刘备缓缓登上了坛场。一位名副其实的汉中王从此出现在史书上！

但是刘备绝对料不到，一个针对他的大阴谋正在酝酿之中。他的义弟关羽正面临着生命之虞。

# 第十七章 群狼夺食

剿灭拥汉势力

棋逢对手——曹仁跟关羽

水淹七军

曹操的阳谋

隔岸观火

战神羽化

## 1.剿灭拥汉势力

汉中的丢失，犹如一记闷棍狠狠地打在曹操的头上。难道几十年来呕心沥血的一番霸业最终还是要葬送在那个大耳朵的手中？再看看驻扎在荆州南郡的那个不可一世的美髯公，他的威赫气势简直要冲上云天。

刘备吞并西蜀之后，荆州因其特殊的地理位置，成了刘备的一个特别行政区，由关羽带领军队驻扎防守，关羽在刘备集团中的权势紧随刘备之后，排在第二。当然这个老二的强势位置无人能够撼动，除了跟刘备是拜把子兄弟以外，关羽个人不可抵挡的魅力也是一个重要的因素。

关羽有三个与众不同的魅力。第一是忠肝义胆，曹操优厚的待遇比不过跟刘备的兄弟情谊。第二是豪情薄天，秒杀袁绍帐下第一猛人颜良，刮骨疗伤之时挥洒自如。第三是相貌出众，刘备长着一对极具诱惑力的大耳朵，而关羽则是一个伟丈夫，有着令无数人倾倒的美髯须。世界上再美艳的绝色女子，也抵挡不住这个战神抚摸着那飘逸的胡须时抛来的微微一笑。

当然，世无完人，关羽亦如此。他的刚愎自用，他的固执偏激，让无数人为之惋惜。但是残缺的美似乎更有感染力，性格上的不足，更让关羽焕发出无穷的人格魅力。

在当时国家不像国家、皇帝不像皇帝、臣子更不像臣子的非常状态下，无数大汉的忠实粉丝都把希望寄托在关羽身上。

眼看着曹操就像一只蝼蚁一点儿一点儿地侵蚀着殿堂中的支柱，人们的心中逐渐充满了难以化解的怨怒。哪里有压迫，哪里就有反抗。许昌中的大批汉臣不甘心大汉帝国就这样沉沦下去，结成了反曹地下组织，成员包括忠孝世家出身的金祎、皇家生活大臣（少府）耿纪、监察官（司直）韦晃、卫生部长（太医令）吉本和儿子吉邈、吉穆。这些人可以说是汉献帝身边最亲密的人，皇帝的喜怒哀乐、言谈举止，他们是看在眼里，急在心里。

虽然手无寸铁，但是坚信众志成城，只要铲除了曹操留在许昌监视汉献帝的秘书长（长史）王必，再紧紧团结在汉献帝周围，南下联络荆州的关羽，高举“奉天子以伐不臣”的正义旗帜,去攻打邺城的曹操,那么恢复汉室的权威或许还是有一丝希望的。

这次义举发生在建安二十三年(218)正月初六的夜晚。王必的军营大门突然燃起熊熊烈火,在一阵喧哗的愤怒声中,吉邈、吉穆两兄弟率领了一支由勤杂人员和家丁组成的业余军队,向王必发起猛攻。金祎派人在王必的军营中潜伏下来,这时候也趁乱蜂拥而起,四处射箭。

王必在睡梦中被吵醒,慌慌张张地夺门而逃,结果肩膀中了一箭。由于讨逆军战斗经验不足,组织欠佳,竟然让王必逃脱。天亮之后,王必对吉氏兄弟的讨逆军发起反扑,于是一次惊天动地的起义就这样轰轰烈烈地失败了。

在邺城的曹操闻变,马上下令许昌全城戒严,并发布紧急逮捕令,将参与、策划起义的人员全部缉拿归案,送到邺城去,让曹操自己处罚。

在威望如日中天的时候,竟然出现了针对自己的敌对行动,曹操显然很愤怒,这些人无疑是活得不耐烦了,于是把耿纪、韦晃等那些起义的组织者排列成队,准备逐个斩首。

但是对于有些人来说,砍头并不能使他们恐惧。耿纪在众目睽睽之下再次藐视曹操,他直呼曹操的姓名:曹阿瞒,能为大汉帝国而死,我死而无憾。恨就恨在自己没有主张,被一群白痴所误。

面对死亡的威胁,耿纪没有表现出丝毫的悔恨之意。为了使自己免受更多的羞辱,曹操只能尽快地让耿纪的灵魂升入天堂。

而韦晃罹难的情景更加惨烈,他被人按住了头,然后一阵阵猛力的巴掌像雨点般落到他的脸上。就这样不到半个时辰,韦晃的脑袋就血肉模糊,脸蛋肿得像个大馒头,很快就痛苦地死去。

惩罚了这些叛逆者之后,曹操这才稍稍松了一口气。但是很快传来消息说,王必箭伤发作死去,这个消息又让曹操陷入了极大的愤怒中。

这个王必可以说是曹操的老部下了,自从扯旗起军以来,就鞍前马后地服侍着曹操。

曹操一直把邺城作为集团总部,一切重大活动都是在邺城举行。而那座偏远的许昌小城,虽然里头供养着一个皇帝,但在曹操的眼里,只不过是一座豪华的

〇王火

监狱。

但是监狱里边的这个特殊政治犯实在是太重要了，关系到曹操的一生荣誉和事业的兴衰成败，所以曹操不得不慎重考虑，应该任命一个特别信得过的人来担任“监狱长”。经过了一轮又一轮的筛选，最后圈定王必这个忠诚的老部下。

曹操对王必的评价是：“披荆棘时吏也。忠能勤事，心如铁石，国之良吏也。”大概意思是赞扬说，王必是跟我一起嚼过菜根头、啃过窝窝头的老战友，他对我的忠心就像钢铁一样难以熔化。

现在这么一个钢铁战士竟然化成一缕轻烟腾空而去，曹操既悲伤又愤怒。要不是许昌那些吃里扒外的人作乱，王必怎么会走得这么匆忙。

曹操决定借着这个机会，对大汉帝国的残余势力进行大剿灭。只有彻底铲除了这帮愚顽不化的人，未来的路才好走些。于是，曹操把许昌的官员都叫到邺城来。

曹操不能不感激王必给他带来这么一个将大汉帝国连根拔起的绝佳机会：王长史，你死得其所，一个崭新的王朝能够崛起，你功不可没！

当然，杀人也是一门艺术。随随便便地滥杀无辜，带来的回报只能是“暴君”两个字。但在曹操看来，“暴君”也好，“圣主”也罢，无所谓了，历史素来是由胜利者来书写的。

于是曹操给那些大汉帝国最后的余烬找了一个荒唐的熄灭理由。

曹操下令，在许昌的那场暴乱中，参加的站在左边，没参加的站在右边。正当那些站在左边的人暗暗庆幸自己的睿智选择时，曹操却下了一道令所有人都难以置信的命令：杀了全部站在左边的人！

这也太荒谬了，救火也是死罪。曹操的解释简直令人大跌眼镜，没有救火的未必就是叛贼的同党，但是救火的必是叛贼。结果无论是站在左边的还是右边的，通通人头落地。

在短短的瞬间，数百人无声无息地倒在血泊之中。大家都别吱声了，就默默地为大汉帝国祈福吧，愿来生来世还是大汉帝国的忠臣！

曹操也是一声长长的叹息，不是我太残虐了，实在是大汉帝国活得太久了。

这次惨案之后，曹操心中的那块大石头才落下，于是亲自率军西征试图将汉中收归囊中的刘备去了。

## 2.棋逢对手——曹仁跟关羽

耿纪、韦晃等人敢如此明目张胆地公开举事，显然是荆州的关羽在背后为他们壮胆、撑腰。只要关羽这个隐秘的祸首不除，类似的麻烦恐将没完没了。看看荆州的地理位置，距曹操的老巢许昌不过三四百里。荆州的关羽就像一把锐利的尖刀，随时就可以把曹操刺得遍体鳞伤。

再看看攻占了汉中之后得意忘形的刘备，与荆州的关羽遥相呼应，如同两把明晃晃的大斧头，时刻准备着将曹操剁成几大块。

曹操急得嗷嗷大叫，必须弹压关羽的嚣张气焰，即使不能够彻底消灭关羽，也要让他不敢蠢蠢欲动。

要对付关羽这么一个气盖山河的人物还真是棘手，叫谁去接这个烫手山芋呢？这让曹操的头风病加剧了。东线的张辽，此刻正在合肥跟孙权不死不活地顶着牛，根本就脱不了身。张辽一调走，孙权的东吴大军就会滚滚北上，像轧道机那样碾压一切。西线的张郃也在关中跟那个汉中王刘备粘作一团，更是无法放手。一放手，整个大西部就是刘备的天下了。

于是曹操把目光转向有“世之福将”美誉的大将——曹仁。在曹操三十多年的戎马生涯中，身边涌现出一大批耀眼的将星，夏侯惇、夏侯渊、曹洪、曹仁、张辽、张郃、李典、于禁、许褚、徐晃、乐进、曹休等，其中以曹仁尤为世人瞩目。曹仁是曹操的从弟，少年时代与曹操一样，喜好飞鹰走狗。黄巾大起义之后，天下大乱，曹仁扯起大旗，召集千余浪子在淮河地区游荡。后来曹仁跟从曹操打天下，逐渐变成一员悍将。蕲阳击袁术、徐州击吕布、官渡击袁绍、潼关击马超，都可以看到曹仁矫健的身影。

赤壁之战曹操败得一塌糊涂，狼狈北逃。东吴周瑜在背后挥舞着大刀穷追不舍，幸亏曹仁拿出螳臂当车的勇气，硬是在江陵将生猛的周瑜拖住了一年之久。三百六十多天，天天有战斗，曹仁攻守有道，颇有战法，粉碎了东吴大军的无数次猛攻。结果周瑜顿兵挫锐于坚城之下，不但伤不了曹仁的一根毫毛，反而搭上了自己的性命，被曹仁射伤，一年之后死去。

曹仁在耗尽了最后一粒粮食之后，不得不放弃江陵城，退守北方的襄阳城。但是轰轰烈烈的江陵保卫战为曹操赢得了宝贵的一年时间，得以稳定军心，重新积聚力量。

能弹压关羽的，非此人不可！

于是曹操在西征刘备之前，命令骁骑将军曹仁为征南将军，驻守樊城，让他挡住关羽随时发动的攻势。

曹仁也是当仁不让，拍胸脯向曹操保证，子孝不才，必将成为关羽的克星！

果不其然，在以后的几个月中，曹仁成了关羽的老冤家，曹仁能攻善守，让骁勇的关羽奈何不得。

当然关羽也是很高明的，不断地向北渗透己方的势力，一度成为许昌地区反曹势力的精神领袖。除了上述耿纪、韦晃等人组织的许昌义举之外，建安二十三年（218）十月，南阳（宛城）的守将侯音也进行了一次暴动，危及曹操在荆襄地区的统治。

这次暴动的起因是南阳人民不堪忍受曹魏政权的沉重徭役，侯音振臂一呼，老百姓蜂拥而起。参加暴动者的成分越来越复杂，起初是农民，后来士兵、官员也不断加入反抗队伍之中。他们派人跟江陵的关羽联络，只要暴动一成功，南阳就献给关羽。

得到侯音叛乱的消息，曹操忧心如焚，要是南阳城落到关羽手中，那就等于在许昌跟襄樊之间钉进了一个楔子。于是曹操急忙下令驻守樊城的曹仁挥师北上镇压侯音叛军。

曹仁一接到命令，率部飞速出击，用自己风风火火的行动证明了“世之福将”的称号并非浪得虚名。次年正月，南阳城陷入一片火海，尸首盈城，侯音来不及跑到荆州去，就成了曹仁的刀下鬼。南阳叛乱平定之后，曹仁又马上折回原地。其速度之快，连关羽还没有反应过来，曹仁就出现在樊城城头上了。

“万人敌”关羽暴跳如雷，关某可是蜀汉集团的第一猛人啊，老大哥称王不到二十四小时，自己就已经是前将军、假节钺了，一人之下万人之上。至于说什么斩颜良诛文丑，那是不值得一提的陈年旧事了。最新的一次辉煌是四年前无惧鲁肃摆下的鸿门宴，单刀赴会，拒绝了东吴提出归还荆州的“无理”要求。

可现在就是那个曹仁，如一堵铜墙铁壁，挡住了关羽北望中原的视线。更让这位战神气急败坏的是，曹仁竟然无惧于樊城的安危，在自己的眼皮底下，北上南阳、南返樊城，来去自如。

无惧于樊城的安危，就是蔑视关羽客观存在这个事实。傲娇的关羽心愤难平。

随后的事态迅速朝着有利于关羽的方向发展。首先是刘备派遣孟达从秭归北上进攻房陵，然后刘备又派义子刘封从汉中顺着汉水东下，一举攻克上庸，蜀汉的两路大军从侧翼威胁着樊城的曹仁驻军。更令关羽笑得合不拢嘴的是，孙权似乎后悔跟曹操达成的和议，也出兵围攻合肥，把曹操的大量兵力吸引到淮南一线。如此一来，襄樊的曹仁就孤立无援了。

关羽瞪圆双眼，紧紧盯住地图上的襄阳、樊城。这简直是上天赐给我关某的一份珍奇礼物，此时不取，更待何时？

八月，关羽留下南郡太守麋芳守江陵，将军傅士仁守公安。江陵是关羽的大本营，公安是荆州的门户。关羽一向兵锋所指，无不披靡，从来不担忧自己的后方基地。战场上的英雄应当义无反顾地勇往直前，将前方的一个个目标狠狠地踩在脚下。今天的后方是江陵，明天兵临南阳城下，襄阳成了新的后方。麋芳贪生怕死，傅士仁首鼠两端，是关羽最讨厌的两个蠢材，最没有资格上阵杀敌，干脆就让他们留在家里当看门狗吧！

让两个不是人的人来镇守江陵、公安两个攸关荆州存亡的要害，说明关羽既无知，又狂妄自大。

易中天先生用了一个非常贴切的比喻来描述这时候的关羽——一个被宠坏了的小孩。刘备把他捧得高高的，诸葛亮把他吹得大大的，甚至连曹操、孙权这两个死敌也对关羽处处畏避三分。看到大家对自己的崇拜是如此的狂热，关羽也蒙了，到底自己是人还是神？最后他得意洋洋地给自己下了一个结论：蜀汉主刘备的义弟、前将军、假节钺关羽关云长，不是神，而是世间男人中的极品。

随意交代麋芳、傅士仁几句无关痛痒的话之后，雄赳赳的关羽率领数万大军,浩浩荡荡地向北开进。

曹仁,关某来了,你受死吧!

## 3.水淹七军

显然曹仁对关羽的到来早就做好了迎接的准备。他把襄樊战区划成北中南三个守区:左将军于禁、立义将军庞德负责樊北守区,曹仁自己负责樊城守区,将军吕常负责襄阳守区。三个守区由北到南一字排开,互为掎角之势。以曹仁的战斗经验,如此的防御措施无疑是各个方案中最好的一个。

襄樊地区的地形简直是一条走廊,东低西高,中间小盆地。东部为低山丘陵,海拔百米至二百五十米。中部为冈地丘陵,兼带平原,地势平坦,交通便利。到了西部地势突然拔高,大都是四百米以上的高山,最高超过两千米,长江的最大支流汉水流经樊城。曹仁的这一分兵驻守,无非是看中了中间那条平坦的小走廊。

如果关羽集中兵力攻击其中的任何一点,另外两个守区的队伍瞬间即可赶到。况且在襄樊以北的南阳,还驻扎着徐晃一支大军,起到连接襄樊与许昌的枢纽作用。一旦襄樊出现危险,徐晃可以迅速南下增援。

做好了各种防御措施,曹仁也是信心百倍,恐怕他这个“关羽克星”的角色要扮演到底了。

但是曹仁万万没想到,老天爷却不公平地向关羽倾斜过去。八月,襄樊地区进入雨季。这一地带的强降水是全国出了名的,由于副热带高压东退南压显著,往往形成突发性的强降水。果不其然,接连几天的大暴雨,雨水泛滥成灾,襄樊地区变成一片汪洋大海。从西部高山区冲奔而下的山洪,像咆哮的战马,不断地洗劫着中部的低地走廊。无数的居民被卷入洪水,瞬间淹没。为了逃生,人们只好爬到为数少得可怜的几个高地。于是曹仁的襄樊防区被大水无情地隔离成三个孤立的水中小岛,由于缺乏战船等交通工具,无法联络,曹军只好各自为战。

满眼望去,全是一片汪洋,令关羽有点儿不敢相信自己的眼睛。老天爷为何如此眷顾我关某!但是随着地表上的水位不断地上升,关羽有点儿坐不住了。我关某就是一个水战的天才，老天爷这般发大水，简直就是把我往胜利的宝座上推。

于是荆州的战船全部开到了襄樊地区，曹仁哭丧着脸，怎么就这么点儿背啊？不会又是一个火烧赤壁吧？城外漫天大水，樊北的高地上，于禁等人正不断地摇晃着战旗，打出求救的信号。曹仁犯愁了，兄弟，别迷恋哥，哥也是寸步难移啊！

由于营房全部被大水冲毁了，水深达数丈，于禁帐下七个军的人马（大约两三万人）失去了一切赖以生存的地方，不得不逃到高处。逃到高处之后，大水还是不停地往上漫，逼着大家一点儿一点儿地往上挪移。这时候别说架起锅来煮饭，能有个站的地方就不错了。结果几万人马挤在一起，大家惊恐万分地对视着，仿佛死神就在身边。

但是更惊慌的还不止这些，当荆州的战船像一条条吓人的鲨鱼涌过来时，曹军上下一片惊呼：死神没来，战神来了！

只见关羽像一尊高大的雕像神采奕奕地站立在一艘威猛的战船船头，颌下的胡子依然那样飘逸，简直就是神话中的人物。樊北的曹军守将于禁虽说也是叱咤风云的一代名将，参加过的战斗不计其数，但是从未感受过这样的震撼。当关羽无畏地一步步地逼近时，于禁不知道是害怕还是自卑，感到一阵前所未有的压力。

于禁想了很多，讨黄巾、征张绣、破袁绍，自己在沙场上英勇矫健的身姿像一幕幕电影不断地在眼前晃过。曾经的“五子良将”，是多么的辉煌，然而这一切都成为过去了。面对着眼前飘扬的“关”字大旗，于禁觉得自己是多么的渺小，多么的怯懦。

战斗一开始，关羽的士卒在箭雨的掩护下，像螃蟹一样不断地往高地上爬，樊北的几万人马既饿又渴，如同受到惊吓的刺猬蜷成一团。

于禁则彻底犯傻了，站在那里一动也不动，直到荆州兵冲到跟前，于禁才蓦地举起双手：我要见你们的首长，前将军关羽！于禁一投降，曹军的人马纷纷倒戈。当了关羽的俘虏总比浸泡在水里、饿死在高地上好啊！

关羽正要为胜利而欢呼时，突然发现高地上有一个骑着白马的将军还在那

庞德
于禁

儿拼命。投降的曹军告诉关羽，他就是号称白马将军的庞德，现在是曹操的立义将军！

立义将军，那我关某就让他站立着就义，给他一个扬名立威的机会吧！

只见庞德站在岛中的最高处，身上的盔甲在太阳光的照射之下，发出耀眼的光芒。一旦荆州兵冲上去，马上就被庞德手中的弓箭射穿了肚皮。

关羽很恼火，连守城长官都投降了，你还在那里为曹操拼命。可是话还没有说完，庞德的一支冷箭飞来，射中了关羽的额头。幸亏只是射偏擦伤，要不然这个战神的命运就提前数月结束了。关羽暴跳如雷，下令：万箭齐发，把那个白马将军给我射成刺猬球！

射箭之后荆州兵又是一阵猛冲。激烈的战斗从早晨一直持续到中午，庞德就像一台不知疲倦的机器蛮干着，箭射光了，就拿起武器跟荆州兵拼命。结果身边的人都跑到关羽那边去了，只剩下一个部将和两个小队长。

四面八方都是插着"关"字大旗的战船，荆州兵乐呵呵地看着庞德等四个人像只蹩脚的乌龟在岸上蹒跚地爬行着。

只要我庞德还在，樊北守军就不算全军覆没！庞德很不服气，要不是老天爷帮了关羽一个大忙，恐怕这时候谁手里提着谁的脑袋还不一定呢。

当然再拼下去那真的是玉石俱焚了，于是庞德搭上一条小船，准备逃到南边的樊城曹仁那边去。可到底是只旱鸭子，连划船都不会，结果水灌满了船舱，小船像喝酒醉似的摇来摇去，最后只听见砰的一声，船儿竟然翻过去了。庞德吓得紧紧抱住船身，灌了一大肚子的水，但这还不是最倒霉的时刻。

关羽发出了樊北之战中最后一道命令：过去把庞德捞上来。

不愧是立义将军，庞德站在关羽高大的身躯面前，丝毫没有任何屈服的意思。当然，庞德的英雄行为让关羽大为折服，像这样的骨气男儿杀了实在可惜。

你越是坚强，对手越是尊敬你。

关羽试图把庞德挖过来：立义将军，你的兄弟庞柔就在我哥哥汉中王那儿当差，如果将军也有此意，我可以修书一封推荐你当个将军。

以关羽桀骜不驯的个性，能说出这样的话来，算是瞧得起人了，给了庞德十足的面子。

但是固执的庞德不但不领情，反而口出恶言，臭小子，啰嗦什么投降？我家魏王拥兵百万，每人吐一口唾沫都能把整个汉中淹了。你家主子刘备一个庸才，根本就不是对手。我庞德宁可当一个断头鬼，也不愿做一个贼将。

这样的话就是一个没脾气的人听了也会火冒三丈，更何况是自视为盖世无双的一代战神。关羽怒不可遏，脸蛋涨得像红枣，喝令一声，庞德人头落地。

事情传到曹操那边去，让他既感到郁闷又觉得悲痛，老泪横秋，至于是什么样的眼泪，那只有曹操肚子里明白了，于禁跟随我战斗三十多年，本以为对他是了如指掌。画龙画虎难画骨，知人知面不知心啊，我这个“五子良将”竟然还不如张鲁的一个叛将。马上下令，封庞德的两个儿子为列侯。

## 4.曹操的阳谋

樊北的于禁被消灭以后，樊城的曹仁就成了关羽的下一个目标。

城内的守军放眼远方，除了大水还是大水，已经分不清哪儿是汉水，哪儿是平原了。至于东边，只有依稀的几个模糊黑点，那大概就是一些幸运露出水面的小山丘吧。

对曹仁来说，现在的形势真的很严峻，除了要面对关羽这个万人敌之外，城外的大水也同样可怕。但是关羽还没有到来，大水就先行摧毁了几段城墙，冲进来了。水淹七军的恐怖事件历历在目，面临着死亡的不断威胁，人们也渐渐失去理性。城内一片哀鸿，人们不再诅咒关羽，开始对老天爷大发牢骚。有的人竟信誓旦旦地说，他宁可像赤壁大战那样被一把大火烧成灰烬，也比整天受煎熬来得痛快些。

笼罩在恐惧与悲观的氛围之下，逃跑主义的论调也开始出现了。曹仁征战了大半辈子，从未有过像今天这样的抑郁心情。汝南太守满宠看到形势很不妙，樊城有未战先溃的可能。这个满宠也是个人才。他给曹仁详细分析了目前的战局，山洪虽然来势凶猛，但是很快就会过去的。听说关羽的人马已经北进到郏下一带，许昌以南更是人心惶惶不可终日。但是为什么关羽苦苦纠缠住我们不放，正是害怕我们拖了他的后腿，因此不敢贸然北上。如果现在将军就弃城而逃，那么洪河以南的大片地区很快就会成了关羽的地盘。

曹仁感到很愤怒，这个关羽也太嚣张了，我曹子孝绝不是逃跑将军。于是一匹白马成了祭品，曹仁跟城中的数千守军结盟，誓与樊城共存亡，如果有谁起异心，那匹白马就是他的下场。

这个誓言发得非常及时，因为没等白马沉下水，关羽的船队就出现在樊城城外。由于在樊北消灭了襄樊地区曹军的大部分主力，所以顺利拿下樊城、生擒曹仁，几乎是百分百的事了。

干脆让樊城变成一座彻头彻尾的孤城吧，关羽又派人南攻襄阳城，结果一合围，襄阳城内的荆州刺史胡修、南乡太守傅方忍受不了洪水和关羽的双重打击，找个机会，出城投降了。

关羽对自己的杰作很满意，都说曹仁是自己的克星，今天我要让世人知道，天下没有一个东西能够克得了关某。不过关羽绝对不希望曹仁成为第二个庞德，让曹操的第一大将殒命于此，实在是一件非常令人痛心的事。

为了争取把曹仁变成第二个于禁，关羽下令四面围城。这时候樊城已经有半座城池沉到水里去了，露出的半截也正在被洪水慢慢侵蚀。关羽做了一个计算，如果山洪再持续一个礼拜，到了那时候根本就不需要一兵一卒，整座樊城将永远成为水下遗址。

不过一旦拿下了樊城，下一个目标南阳就有点麻烦了。那里的守将是赫赫有名的徐晃，这个人是关羽的老乡，他的实力关羽非常清楚。如果徐晃不投降，那就像围困于禁、曹仁那样把徐晃困死。但是到了那时候，自己得改名为“关曹”了——专门关押曹军大将的人。

眼看着曹仁被关羽困得连手脚都无法舒张开来，曹操心里也是很焦虑。十月，曹操急急忙忙地从长安赶到洛阳，亲自坐镇指挥。说真的，自从曹魏政权创建以来，曹操还没有碰到这样严重的危机。

可是屁股还没有坐稳，洛阳以南的陆浑又发生了一次暴动。平民孙狼竟然杀死陆浑县的主簿，已经跟关羽联络上了。关羽还给他一个大印，叫他回去发展势力，跟荆州军好好合作，共创美好的明天。

曹操感到不寒而栗，他万万没想到洛阳至许昌一线以南的地带，民心摇动，很多县城早已改弦易辙，插上"关"字大旗了。关羽的威名已经让中原大地抖了三抖，这个战神的美誉的确不是捡来的，它是用一系列令人炫目的辉煌写就的。

一丝恐惧袭来，曹操的头风病又发作了。开始悔恨当初为什么要把关羽白白放走，这简直是养虎为患。但是现在一切都迟了，关羽马上就要杀过来了。

曹操实在头痛难忍，只好搬出《孙子兵法》里边的一句话，"不若则避之"。既然关羽惹不起，难道我还躲不起吗？那就把都城从许昌迁到别的安全地方去。算你狠，这么一个潮湿、偏僻的城市就留给关羽了吧。

这时候曹操的两个奇才，司马懿跟蒋济站出来说话了：关羽水淹于禁七军，对我们来讲实只九牛损一毛。刘备跟孙权表面看起来一团和气，背地里却相互拆台、勾心斗角。关羽越是得志，孙权心里越是恨他。我们何不来个釜底抽薪，把江南一带让给孙权，叫他趁虚抄了关羽的老巢。后院起火，关羽必然解围而去。

上兵伐谋，其次伐交，其次伐兵，其下攻城。便宜了孙权那小子，虽然搞零和游戏，曹操一点儿兴致也没有，但是事到如今，也只有这么条出路了。到了现在，曹操对统一天下早已心灰意冷，只要曹、孙、刘三家能睦邻友好，大家井水不犯河水，那就谢天谢地了。病病缠身的曹操现在图的是一片清静，整天吵吵嚷嚷，不把他的头爆掉了才怪呢。

曹操的密信到了东吴，孙权掐了掐自己的手臂，想不到孤跟那个老贼竟然走到同一条路上来了。想想过去跟刘备简直就是一家人，荆州借给他了，妹妹也嫁给他了，本以为这样就可以把刘备拉到自己的身边，为对抗曹贼增添筹码。没想到养虎为患，做了生意倒贴钱就不说了，恐怕最后是狮子大张口，连自己也成了刘备的盘中餐。再想想关羽那张拉长了的嘴脸，孙权就不胜其忿。长期以来东吴一向以大局为重，不断地委曲求全，今天送礼，明天送人，后天送地，图的是孙刘联盟能够维持下去。可是自己根本就是单相思，一味地卖弄风骚，对方一点儿也不领情。

更让孙权气不过的是曾经向关羽求亲，以加固孙刘联盟，结果派去的求婚使被关羽骂得狗头喷血，灰头土脸而回。

终止孙刘联盟，投入老冤家曹操的怀抱，一度让孙权痛苦万分。毕竟曾经并肩作战过，即使没有亲情也有友情啊。但是孙权不是释迦牟尼大佛，也没有一个割肉喂老鹰的慈悲胸怀。既然关羽死也不肯跟东吴和解，强扭的瓜不甜，那就决裂吧。

兵不厌诈，夺取关羽的荆州乃是东吴最高的军事机密，除了孙权和第三代统帅吕蒙之外，无人知晓。吕蒙原来是个大老粗，斗大的字不识一箩筐，算是东吴文化修养最低的一个了。孙权对此很有意见，当一个将军，别说熟读兵书，就是奏疏也应该知道怎么写。

受到领导的批评，吕蒙心里很难受，于是在寻阳闭关苦读。三个月后，东吴的第二代统帅鲁肃路经寻阳，顺便进门看看老朋友。结果两人一交谈，令鲁肃大跌眼镜，吕蒙仿佛脱胎换骨，说话口若悬河，句句引经据典。鲁肃连呼不可思议，老弟不再是先前的那个大老粗——吴下阿蒙了。鲁肃死后，就把军政大权移交给吕蒙。

这个吕蒙也是让关羽大为头疼的人物，关羽曾经把东吴的各个大将批得体无完肤，但是一说到吕蒙，关羽就沉默了。所以此次关羽北伐襄樊，特意留了一手，在江陵布下重兵，意在防备吕蒙。

当然论心计，关羽绝不是孙权和吕蒙的对手。于是孙权跟吕蒙又导演了一幕好戏，让吕蒙引咎辞职，把权力交给一个名不见经传的白面书生陆逊。没想到陆逊除了一个“白面书生”之外，还有一个鲜为人知的绰号“儒生雄才”，也就是说是一个千古罕见的儒将。按照常理，带兵的人一定是个满脸络腮胡、胸膛长毛的雄赳赳武夫，但是让书生来带兵，更能发挥儒生阶层不畏生命，“朝出麾兵，暮归讲道”的血性（清代儒将曾国藩如是说）。毕竟打仗第一靠谋略，第二才是勇气。而这个陆逊别的本事没有，唯一拥有的就是胸藏韬略。

本来关羽心里也很烦躁，一边围困樊城的曹仁，一边还要不断派人侦察东吴的动态。他虽然傲慢，但也不是不懂得兵法，不管怎样，老巢还是很重要的。可是有一天关羽突然得到消息说孙权把吕蒙撤了，换了一个叫陆逊的读书人。关羽在脑海中搜了老半天，也没有搜索出陆逊这个人名来。最后才从东吴过来的一个士卒口中得知，陆逊是一个三十有六的读书人，只是一个校尉，但没见过他带过兵。

听了这些话，关羽不但没有高兴，反而破口大骂，孙权真是昏庸，要找死干脆来荆州投降关某，何必找了个无用的读书人来羞辱我等武将。

过了几天关羽又收到陆逊的亲笔信，信中不是大赞关羽如何忠勇无双，就是竭力贬损自己如何如何的无能。书信末尾写的更是让关羽舒服到骨头里：逊知自己无谋，愿尽忠于关大将军，今后一切全赖关大将军照顾了。

唉，读书人就是软骨头，孙权要亡了！关羽长声哀叹。于是关羽把江陵和公安的守军都拉到襄樊战场去，只留下一些老弱病残的后勤人员。

在陆口的陆逊马上急报孙权四个字：荆州可击。

这时候由于关羽接纳了于禁的数万俘虏，所以没几天就把粮食给吃光了。于是命令麋芳侵入东吴境内，掠取了孙权在湘关的大米。关羽的这一动作立即成了孙权发动战争的借口，关羽简直是目中无人，命吕蒙为大都督，堂弟孙皎为后都督，率兵扫荡荆州。

## 5.隔岸观火

当然，在出兵荆州的同时，孙权也不忘通知曹操一声：孙仲谋决心效命于魏王，今已派兵直捣关羽的老巢，事关机密，幸勿泄露与关羽，让他有所防备。

可是曹操一拿到孙权的密信，马上跟大臣们一道分享快乐，同时让大家讨论一下要不要替孙权守住这个秘密。一阵热烈的讨论之后，达成了两点共识：第一是肯定孙权的做法，第二是一定要做好保密工作。

曹操则冷言不语，像一个忧郁的老人，静静地坐着。

老谋深算的董昭马上猜透了曹操的心思，于是像往常那样，再当一回曹操的代言人。孙权的一番苦心，我们应当给予肯定，按理说应该保守这个秘密，确保孙权能够顺利攻破荆州。但是，孙权这小子的野心跟刘备、关羽相比，有过之而无不及，他才是我们最大的敌人。让孙权轻易得逞，岂不便宜了他？再说，樊城的曹仁数千守军，已经苦苦支撑很久了，一旦他们得知援兵不来，说不定哪一天就崩溃了。不如这样，我们答应孙权会守口如瓶的，但是私下里把孙权的机密捅出去，这样就可以收到一箭双雕的效果：其一，让曹仁他们看到胜利的曙光；其二，关羽一旦得知就会解围而去，樊城守军真是受苦了，也应该让他们喘口气了。关羽解围之后，我们也不必穷追猛打，就让关羽和孙权拼个鱼死网破，然后再坐收渔翁之利。更何况据我估计，关羽听到后院起火的消息，凭他刚愎自用的性格，也不一定立刻回援荆州，孙权还是能够达到奇袭的效果。

精彩，这是一个古典式的勾心斗角。上演了三国时期最为惊心动魄的一幕，螳螂捕蝉，黄雀在后，眼睛总是瞧向天空的关羽万万料不到孙权会来一手阴招，而一心想讨回荆州的孙权也万万料不到曹操会耍出这么一个损招。当然，最后中招吃亏的总是那些少了一个心眼儿，只会一味蛮干的人。

于是在曹操的指示下，徐晃的援兵在阳陵陂陪着关羽玩儿一回心跳的游戏。关羽听到老乡徐晃要南下拯救大水中的樊城，急忙派兵北上偃城，挡住徐晃前进的道路。但是徐晃并不急于交战，他只是一味地让部下挖坑道，宣称要绕到偃城荆州兵的背后。荆州兵立刻没了主意，于是一哄而散，把偃城拱手让给徐晃。

由于徐晃的援兵大都是刚入伍的菜鸟，加上数量很少，所以曹操派了徐商、吕建前去支援徐晃。曹操还叫赵俨带去了一条暧昧的命令：务必等所有的人马都到齐后才能够进攻。徐晃也不是一个笨人，很快就领会了曹操的一番苦心。于是，一整天除了挖沟筑垒、敲敲打打之外，什么事也没做。

但是那些被蒙在鼓里的部将很不满，樊城中的守军正在忍受着无比的痛苦，不知每天要死多少人，不但不去救援，反而整天喝酒睡觉。一时群情激昂，纷纷到徐晃帐下请战。

看着大家怨声载道，赵俨只好站出来替徐晃解围，水位还那么高，关羽的力量也是那么强大，而我们都是一些步兵，连一只小船也没有，怎么跟曹仁里应外合？我们估计曹仁还能坚持十天，十天之后关羽的力量消耗也差不多了，到那时一战可破。最后赵俨郑重保证，如果误了救援，那么砍头的事我老赵一人承包了。魏王要砍几个头，老赵就有几个头。

大家听了，无不眉开眼笑。咳，干吗不早说，其实心里谁都不想打仗，就是怕军令如山。既然老赵发话了，我们也乐得逍遥。

由于当时没有无线电通信工具，徐晃只好派了一队人马在距离关羽十来米的地方挖了地道，跟樊城中的曹仁进行联络，并把孙权给曹操的密信抄写几份，分别用箭射进樊城和关羽的军营。

曹仁拿到密信后则精神倍增，而关羽半信半疑，既舍不得眼前的这条大鱼，又坚信江陵和公安必能守得住，开会讨论了大半天，最终还是没有撤退。

关羽不走，曹操倒有些担心，要是关羽来一个困兽斗，那么樊城就鱼死网破了。于是曹操率领大军，从洛阳出发，准备南下救援曹仁。这时候大家的心也是高高悬着，魏王快点去救啊，不然就来不及了。

可是桓阶却挡住了曹操前进的脚步，坚决不同意曹操亲自前去救援。于是曹操到达摩陂（今河南郏县东南）后就不再走了，让殷署、朱盖率领十二营的兵力（大约一万两千人）前去支援徐晃。

这时候水势已去了大半，关羽的指挥部就设立在一个大山头上，周边又有四个小山头。关羽的军队就驻扎在这些山头上，把樊城围困在中间。只要摧毁了这些小山头，就能减轻曹仁的压力。

于是徐晃来了一个声东击西，摆出一个要攻打大山头的架势，结果全军直奔那四个小山头而去，一下子就把上面的荆州兵消灭了。关羽见这个凶悍的老乡一点儿也不讲情面，干脆带领五千人马追杀过来。

曾经的好友再次相见，关羽不知是喜是忧。徐晃也是一愣，仓促相遇也不知从哪里谈起。于是两人暂时平静下来，一同追忆过去美好的岁月。当然，能让徐晃一味沉浸在甜蜜的回想之中，那是最好的了，可是徐晃给了关羽当头棒喝：谁砍下关羽的头颅，赏金千斤。关羽一震，徐兄为何如此无情？徐晃摇摇头，仿佛很纠结的样子，国家大事不容许徇私啊！

于是再也听不见什么话了，只有兵刃相碰撞发出的“乒乒乓乓”。好像三国里边有一句话：张郃不怕张飞，徐晃不惧关羽，都怕赵云。现在真正是应了这句话，关羽被徐晃追得无路可跑，只好躲进了军营。

关羽的军营按照现在的标准可以说是一个坚固的阵地，在军营的外头埋着十多重拒鹿角，防守严密，就差埋设地雷了。

但在徐晃看来，这一切都是浮云。徐晃紧紧追在关羽的屁股后面，身先士卒，大喝几声，像一道闪电直冲入关羽的大营。后面的曹军虽然是新兵，却各个初生牛犊不怕虎，无不杀红了眼一拥而入，杀得荆州兵哭爹喊娘，连投降关羽的傅方、胡修也来不及躲逃，最后死在自家人的刀下。

由于在陆上吃了大亏，关羽只好撤了围，把队伍拉到汉水的战船上去。重振士气之后，准备跟徐晃这个老乡一决胜负。

## 6.战神羽化

可是战斗的号角还没有吹响，江陵来了急报，东吴大将吕蒙穿着白衣服骗过荆州守军，突然袭击江陵跟公安。守将糜芳、傅士仁可耻地当了叛徒，不战而降。

消息传来，关羽除了愤怒之外就是恐惧了。想不到关某征战了大半生，杀敌无数，最后竟然败在孙权和吕蒙这两个混蛋手里。马上撤兵回去。关羽一走，樊城中的曹仁等人吞不下被关羽围困的那口气，准备趁机反攻，把关羽抓来泄恨。

这时候又是赵俨站出来阻挠。孙权乘人之危，端了关羽的老巢，最怕我们坐山观虎斗，让自己和关羽两败俱伤。所以低声下气，向我们投效，目的是先让我们跟关羽打得筋疲力尽，他就可以轻松收拾残局了。现在关羽已成了孤家寡人，就把他留给孙权吧。如果我们穷追猛打，孙权起了疑心，那是引火烧身啊！恐怕魏王正在为我们的鲁莽行动而忧心忡忡呢。

赵俨话音未落，曹操就传来急令：不许追袭关羽。这是什么道理啊？大家都惊得目瞪口呆。

就这样，关羽就像皮球一样，被曹操、孙权两人踢来踢去。谁都想拿到皮球，但是到手后又变成了一个烫手山芋，大家都急着甩出去。毕竟姜还是老的辣，在玩弄权谋上，孙权比起曹操还是稍嫩了些。现在皮球到了自己的脚下，孙权索性横下心来，要黑就黑到底吧。我江东英才济济、财富如山，怕什么曹阿瞒、刘皇叔？

于是孙权不辞辛劳，亲自视察江陵，慰问荆州的老百姓，大家受苦了，从今天开始，你们就是光荣江东人民中的一分子。荆州的旧官员们也是两眼热泪，请领导放心，我们将在江东孙氏的旗帜下英勇战斗！

与此同时，孙权派遣"儒生雄才"陆逊沿着长江继续西上，沿途所过之处，宜都、西陵、秭归等，如秋风扫落叶，刘备的守军不是被消灭就是自动投降。陆逊是一路疯狂，凯歌高奏，一直深入巫山等地。巫山再过去是白帝城，白帝城一过就是西蜀了。

捷报频传，孙权也是满脸喜色：荆州，你终于回来了，我江东兴隆有望啊！无疑，东吴是这次襄樊大会战的最大赢家，夺取了整个荆州，就等于给东吴戴上一个安全套，危险系数大大降低。但孙权并没有得意忘形，而是号召东吴的勇士们继续奋战，彻底消灭关羽，夺取最后的胜利。

关羽从未料到自己这样顶天立地的大英雄会落到走投无路的地步，像老鼠一样在众人的喧哗中四处逃窜。由于退入西蜀的大门已经被陆逊封闭了，关羽只好躲进麦城（今湖北省当阳市两河镇境内）。这个麦城原来是春秋时期南方霸主楚国的重要门户，伍子胥为了报楚王的杀父之仇，远征楚国时在此打了一仗。伍子胥的战法很有趣，他并没有强攻硬打，而是在麦城的左右筑了驴城和磨城，东拉西磨，把麦城的楚军碾成粉末。

但这回包围麦城的东吴大军并不打算慢拉细磨，孙权只想把关羽尽快捉拿到手。毕竟西蜀的刘备是他的妹婿，一旦翻起脸来，孙权该怎样去面对孙尚香的泪眼呢？

于是孙权让人在麦城下喊话，关大帅，你已经被包围了。为了孙刘联盟的和谐健康，还是请大帅委屈一下，来东吴一趟吧。

这真是"龙游浅水遭虾戏，虎落平阳被犬欺"。关羽不胜其忿。人最宝贵的东西是生命，身体是革命的本钱，为了大哥的事业，我关某还是避一避。

关羽就在城头上遍插旌旗，从远处望去，隐隐约约像站满了人。趁着东吴大军一时猜疑不敢靠前，关羽来了一个瞒天过海，终于成功脱离了敌人的包围圈。但是才出虎口，又入狼窝。孙权早已在通往西蜀的各条大路小路布下天罗地网，就等着关羽撞进来。

关羽一下子从云端高处狠摔下来，尽管暂时还不能适应逃亡者的滋味，但是只能直面惨淡的失败现实。身边的人马在这最危难的时刻各逃各的，跑得只剩下十来个人。关羽这才意识到，一呼百应的风光日子早成了过去，战神、万人敌

关羽

的美誉已是明日黄花。

关羽凄恻地向成都的方向望去，大哥为什么还不来救我？哪怕是来一个兵也好啊！

建安二十五年(220)十二月，关羽跟儿子关平西逃到章乡的临沮，东吴大将朱然、潘璋早就在这里等候多时了。当关羽走进一条根本就不是路的羊肠小道时，潘璋的部将马忠率领一队人马突然杀出，按照孙权事先的吩咐，不等关羽开口说话，马上几把大刀砍去，关羽遂遭不测，时年六十岁整。

当然，关羽的死绝对不是一个普通人的死，而是一尊战神的羽化归天。关羽逝世后，他的忠义不断得到升华，首先从民间开始就一直备受敬仰，其后更是受到封建统治者的崇敬。当然越到后面越显得荣耀。这是中国一次罕见的造神运动：明神宗封关羽为“协天护国忠义帝”(公元1590年)，其后顺治帝又封关羽为“忠义神武关圣大帝”(公元1644年)。到了清朝末年，关羽的封号竟有二十四个字，“仁勇威显护国保民精诚绥靖羽赞宣德忠义神武关圣大帝”。这些字眼，都是当时最美好的词汇，对关羽的崇拜也因此达到了巅峰造顶的地步。

# 第十八章 霸主暮年

重修洛阳城

阿瞒之死

担当生前事，何计身后评？

## 1.重修洛阳城

当东吴的军队跟关羽在荆州南部打得不可开交的时候，这场大戏的编剧兼导演曹操却躲在摩陂兴致勃勃地欣赏着自己的杰作。曹操的最大胜利不在于消除了长期以来的心腹大患，而是洋洋得意地看着孙刘联盟已经成为一个过去式。虽然那个曾经孜孜以求的目标——统一全国——不复存在了，但是只要刘备跟孙权尿不到同一个壶里去，那么曹操就可以高枕无忧地当他的魏王。

东吴和蜀汉的死亡名单上每增加一个人，就等于给曹操增添了一丝快乐。毫无疑问，虽然孙权是这场战役的主要受益人，但是曹操却是潜在的最大优胜者。所以当徐晃的大军从樊城一回来，曹操就马上下令在摩陂召开了一个"襄樊大战庆功宴会"。当然，这个庆功大会的主角是关羽的老对手徐晃。曹操当众把徐晃捧到天上去。说什么襄阳、樊城能完好无损，徐晃功不可没。甚至把徐晃比作古代的名将孙武、司马穰苴，一时间风光无限，让众将既羡慕又妒嫉。

这次宴会也成为曹操一生中最后一次欢乐了。在一两个月之前，千里迢迢从汉中归来，到了洛阳的时候，由于不停地奔跑，再加上汉中那鬼地方，体力严重透支，这个六十五岁的老人终于垮了。

曹操曾经相信自己是无敌的，打袁绍、打吕布、打袁术、打马超……曹操从未恐惧过，但是面对造化的力量，曹操感到自己是多么的卑微与弱小。曹操仿佛看到死神那张苍白的脸，正一点点紧逼着自己。"神龟虽寿，犹有竟时。腾蛇乘雾，终为土灰。"谁不想长生不老？谁不想活一个千秋万代？然而，一个平凡的血肉之躯，终究是抵抗不住岁月的侵蚀。

自从十月份回到洛阳之后，曹操的头风病突然加重，甚至到了病入膏肓的地步。现在一旦发作起来，不仅是脑袋痛得几乎就要大爆炸，而且已经蔓延到全身的每一块肌肉、每一块骨骼中去。曹操这才意识到，自己还有一件非常重要的事没有完成。

回到阔别已久的洛阳城，曹操所见到的昔日繁华的王都已变成一个荒废的孤城。洛阳城中的每一个角落、每一片砖瓦，曹操都是那么的熟悉也是那么心酸。

那一座座宫殿,那棵棵白杨树,只要看上一眼,一股难以言尽的思绪就会涌上心头。这里曾是自己辉煌的起点,洛阳的每一条街道上都留下了自己的足迹。而如今,景物依旧在,人已各散去。

在破败的洛阳城里随便散步了一圈,曹操放眼天下,西南的刘备偏安一隅,东南的孙权雄踞江东,三足鼎立的局面已然形成。曹操不由得一声苦笑,恐怕数十年之内,洗劫人间的战乱将没完没了。

再看看自己一手缔造的曹魏政权,虽然占据半壁江山,傲视天下,但是首府邺城地处河北,一旦南方战祸一起,遥不可及。而汉献帝所居住的许昌虽然水陆交通便利,但是地势偏僻,土地贫瘠。更糟糕的是,许昌周围几乎没有重要的关隘,易攻难守。于是,曹操的目光回到自己脚下的这片土地——洛阳城。

洛阳,这是苍天赐给曹魏最美好的礼物!曹操心里高喊着。数千年以来,洛阳就是新王朝的最佳首都。重建洛阳吧,让这个古老的都城重新焕发青春和生机,曹魏政权也将屹立不倒地持续千年、万年!

于是,曹操把自己的最后岁月留给了重建洛阳的工程。

当曹操走到洛阳城北的北部尉廨时,历史又回到了起点。四十多年前担任洛阳北部尉的那一幕幕,又重现在曹操的眼前。想当年,自己就是在这样一个落魄不堪的场所,开始了一件件惊天动地的大事。整修办公楼、打造五色棒、狠杀蹇硕的叔父,那时的曹操是多么的不可一世,大有一副我是流氓我怕谁的气势。

想到这里,曹操下定决心,重修洛阳,必须从北部尉廨开始。他要给自己,甚至后人留下一段美好的回忆。当人们游览洛阳的风光景色时,一定不会错过魏王曹操曾经奋斗过的地方——北部尉廨遗址。曹操也想以此来教导他的儿子曹丕、孙子曹睿、曹协、曹蕤等人,甚至孙子的孙子。曹操只想告诉子子孙孙们一句话:不要忘记,我们的事业是从一个小小的北部尉廨开始的。

从北部尉廨再南下数百米,就是过去皇宫的正殿太极殿。当然,现在的太极殿除了残垣断壁,几个老臣在费力地除去殿前石级的杂草之外,完全没有了过去的堂皇气派。

这是旧时代落败的象征,我曹阿瞒要重新修建一个让人望而生畏的豪华大殿——建始殿。建始殿,顾名思义,一切辉煌将在这里奠基、建立、迈出去。

修理北部尉廨的同时,必须设计好建始殿的图纸。

这时候的曹操沦为一个建筑工地的包工头,开始为每一个步骤奔波忙碌。甚至应该使用怎样的砖瓦,在哪里安排好下水道,每一个建筑细节,曹操都细细琢磨一遍。因为这将是一个新时代的开始,不容有所闪失。

当然让曹操很头疼的是,建始殿的顶椽找不到木料。于是许多人被派出去搜寻适合的大树,结果有人回报说在上林苑的大石山半山腰有一座祭祀老子的祠堂——濯龙祠,旁边生长一棵不知年代的梨树。

那带领一帮人去,给我砍了。曹操指名道姓,要洛阳城内最著名的工头苏越去负责这件光荣的事。可是苏越好像很惶恐的样子,砍了可惜,那是一处难得的名胜古迹,民间流传说老子曾经在梨树下讲道。但是一看到曹操的满脸横肉,苏越心里就发毛。

砍就砍,大不了在濯龙祠旁边再种一棵梨树,于是苏越带领了几十个剽悍的工人去了。

可是过了不久,苏越又急急忙忙跑回来汇报,脸上满是惊恐和不安。魏王啊,见鬼了。梨树一挖到深根,就流出了鲜红的液体,貌似人的血。

曹操满脸狐疑,有这回事?于是曹操也急急忙忙地去了濯龙祠。

到了濯龙祠一看,梨树下的泥土已经渗透得一片鲜红。

我曹阿瞒杀人无数,从未见过如此可恶的事,世界上从来就没有一件东西能挡住我阿瞒的步伐。

愤怒的曹操拔出了一把利刃,令他震惧的是,利刃出鞘的那一刻,曹操看到了无数人的身影,董卓、袁绍、吕布、袁术、关羽……可恨!曹操高喊着,用力砍去。

紧接着曹操的脑中一片空白,时间在空气中凝固了。濯龙祠一旁的人们全都停下来,因为他们看到了自从娘胎出来以后就没有见过的灵异事件——曹操砍中梨树的瞬间,一大股鲜血喷薄而出,将曹操淋成一个血人。

根据野史《曹瞒传》的记载,从那一刻开始,曹操的一只脚就已经踏入了鬼门关,另一只脚也犹豫着悬在空中,不知道该往哪儿落下。

但是几天之后,病榻上的曹操就听到关羽北犯襄樊的消息,只好硬撑着起来

曹操

南下了。

## 2.阿瞒之死

拖着沉疴的病躯，曹操终于看到了襄樊大战中己方的胜利。摩陂的庆功宴会上，人们看到的曹操像一个天真的孩子，笑得春花灿烂，但是没有一个人能够看到曹操隐忍在内心深处的一片苦楚。

甚至连曹操也不清楚，自己能不能再回到洛阳城去，视察北部尉廨和建始殿的建筑工地。但是这一切已经无所谓了，活了六十多年，卑鄙的事干过，轰轰烈烈的事也干过。无论如何，书写历史的人是不会漏掉曹阿瞒浓重的一章的。

摩陂宴会刚撤去，东吴就有人来表忠诚了。孙权派了一个叫梁寓的军官，给曹操送来了一大担江东的特产。对于东吴的土特产，曹操一点儿也不稀罕。叫曹操感兴趣的是，孙权压在土特产上面的一封亲笔信。一向血气方刚的江东霸主竟然写了言辞不堪入耳的求降书，内容除了大肆贬低自身的身份之外，还谦卑地向曹操称臣，热忱地恭请曹操立即登上皇位，君临天下。当然，理由冠冕堂皇，天命所归，谁能阻止？

盛情难却啊！曹操还真有点儿受不住孙权的诱惑了。有人心甘情愿把你捧上皇帝的位置，如果你的身体上某些部位还不发生变化，那你就不是真正的男人了。所以“皇帝”两个金灿灿的字眼一入眼中，曹操的心马上僵硬了。是呀，我这样虚弱的身躯就像秋天里风中的树叶，随时都有飘零落下的可能。如果能在人生的最后一刻当上了天之骄子，那必将给自己辉煌灿烂的一生锦上添花。

底下的一大帮文武大臣，听说孙权要尊崇曹操为皇帝，大家无不高兴得手舞足蹈。主子当皇帝，那我们岂不成了开国功臣？在以后正史中我们各个都可以写入列传，当一个人臣的最高境界，莫过于此啊。

所以一等曹操坐在上座，大家都瞪圆了双眼，绷紧了神经，心都要跳到嗓子眼儿了。无数双眼睛盯着曹操的嘴唇不放，只要看到曹操的嘴唇卷成圆形，那吐出来的一定就是：我要称皇帝！

可惜那帮人想当开国功臣都想昏了头，期望值越高，失望值就越大。事物发展规律通常是这样的，越在乎一件事情，结果往往会和本愿相反。现在曹操就让大家很失望，只见他神色自如，在上座俨然不动。

紧接着，只听见几声苍老的淡笑，你们看看，嘿嘿，孙权那小子想把孤架在火炉上烧烤！如果孙权请孤吃一只东吴的烤鸭，孤不胜感激，但是，现在孙权是想把孤变成天下人盘中的美味，孤断断是不会老糊涂到这个地步！

曹操这么一说，大臣们都有意见。

文臣中的领头羊是陈群跟桓阶，大汉帝国有形无神，早已成了一个稻草人。现在还挂着大汉帝国这块招牌，实在是与时代潮流格格不入。魏王神武，功德无量，老百姓们已经把你当作菩萨供奉起来了。所以孙权自甘堕落，俯首称臣，这正是人心所向、大势所趋。魏王理当顺应天道人心，早日登基，不要让天下的黎民苍生失望啊！

武将中的急先锋是大将夏侯惇，大汉帝国名存实亡，这早已是共识。民主之意，就是为人民。魏王三十多年如一日，为民除害，为国锄奸，老百姓是看在眼里，感激在心里。魏王当了皇帝，正是回应最广大人民的诉求。

可以说曹操是一代奸雄，也可以说是一个野心勃勃的阴谋家，但是在要不要篡汉称帝这个大是大非的问题上，曹操确实表现出非凡的冷静。

首先，曹操是一个讲诚信的人。在建安十五年（210）十二月颁布的《让县自明本志令》中，曹操就明明白白地宣称，死后最想看到的就是能在他的墓前立一块“汉故征西将军曹侯之墓”之类的石碑。而在中平四年（187），在曹操三十二岁的时候，冀州刺史王芬企图拉他下水，搞一次政变，曹操就严正驳斥：废立之事，天下之至不详也。行将朽木的曹操并没有忘记自己在三十三年前说过那句话，这实际上已成了曹操心中的信仰，当一个人臣，无论如何嚣张跋扈，但是篡位之事是万万做不得的。

其次，曹操是一个懂得感恩的人。尽管他口口宣称，宁我负人，勿人负我。但是曹氏家族，自他的太监爷爷曹腾开始，就一直在大汉帝国的奉养下生存下来。曹操本人也受到汉灵帝的厚遇，所以曹操一直存在报恩的念头。把汉献帝圈养在许昌，虽说带有强烈的政治预谋，但是实际上也看作对汉灵帝的一种报恩形式。无论汉献帝如何猜疑曹操,甚至三番五次动了诛杀的念头,曹操依然一如往昔,不敢把怨恨和怒火往汉献帝身上发,只是迁怒到皇帝身边亲近的人。可见,在曹操的内心深处,依然把那个软弱的汉献帝看作自己的皇帝,而不是可以任意践踏的玩物。

最后,曹操是一个很讲究策略的人。三国时期,无论是政治谋略还是军事谋略,曹操都远远凌驾于他人之上。绵里藏针,深谋远虑,诡计多端,无人敢望其项背。曹操又是一个很讲实惠的人,他不像袁绍那样好高骛远,也不像袁术那样贪图虚名。曹操追求的是实实在在的东西,拥有的,才是珍贵的。而现在的曹操,实际上就是一个没有戴上皇冠的帝王,是大汉帝国这个躯壳的宿主。所以曹操完全没有必要去背上那个篡汉自立的黑锅,而是把成功留给下一代。

在众大臣蜂拥而起的劝进之下,曹操显得很淡定。他引用孔夫子的话说,孤是一个职业政治家,当好一个政治家,理应遵循应该遵循的游戏规则。假如历史真的由我来书写,那我就当一个臣属殷商的周文王吧。("施于有政,是亦为政。"若天命在吾,吾为周文王矣。)

建安二十五年(220)正月,曹操了无遗憾地回到了洛阳,那个令他憧憬无限的古老都城。一回到洛阳,孙权就送来一份大礼——关羽的人头。

联系到之前孙权想让曹操当皇帝的心情是那么迫切,现在又送来了冤家的人头,曹操对孙权的一片"好心"看得更加透彻了。孙权小子,你要弄阴谋的手段也太嫩了吧!跟孤相比,还真不在同一个当量级别上。

于是曹操做了一生中最后一件聪明的事情,高规格埋葬了关羽的头颅,跟孙权划清界限。把球踢还给孙权,刘备要报仇自个儿找他去!

处理好关羽跟孙权的事情后,曹操觉得很轻松,虽然脑袋还在不断地爆炸之中。

趁着现在还可以呼吸一点儿新鲜空气,赶紧给自己的富二代、富三代,甚至富四代们做一个榜样。子孙自有子孙福,至于曹氏能不能取代刘氏而王天下,那就不是自己考虑的事了。曹操坚信,下一代有足够的智慧,去合理解决遗留的问题。

曹操是奸是忠?如同空气般难以捉摸。喜欢曹操的人,希望他是一个心怀天下的伟人；讨厌曹操的人，则希望他是一个不择手段、十恶不赦的奸贼。曹操似乎也很在乎后人对自己的评价，所以对身后事的安排，更给扑朔迷离的曹操增添了新的疑团。无论你是一个拥曹派，还是一个反曹派，只要你听一听曹操临终之前的遗言，你就会不得不承认，一切都是那样无可挑剔。

古代的许多帝王将相，都希望死也要死得风风光光。在那个时候，房地产似乎还不是热门的行业，但是有权有势的人比那些穷得叮当响的老百姓更能意识到土地的价值，所以生前大肆囤田圈地，使得死后的领地足够供他挥霍。

然而在曹操看来，什么土地、财富，死后都是浮云。他告诉儿子们，可恨的头风病一直折磨着你们的老爹，不得不用毛巾紧箍着头。所以我死后，不要为我更衣，就像往常那样，让我在那个世界也活得自在一些。当今的世界还不是很安宁，各地的驻军和官员要坚守岗位，不要我一走就乱了套。想吊丧的人，只要哭十五声就可以，我入土之后，他们就脱下丧服，回到自己的岗位去吧。我死后，就埋葬在邺城西面的山冈上，靠近西门豹的祠堂，这样我就可以日夜眺望着邺城。不要用金银珠宝来陪葬，免得那些盗墓贼骚扰我的安宁。

对于服侍过自己的女人，曹操很尊敬她们，不容许有人为他殉葬。但是，曹操是离不开女人的。生前如此，死后也是如此。在铜雀台上的正堂安放一张六尺的灵床，悬挂纱幔，每天供上腊肉干之类的东西来祭祀我。每个月的初一和十五，就叫那些歌舞娘在灵床前跳舞让我消遣。可以说，这是曹操死后唯一的奢侈吧。

曹操就像一个专业的电脑程序员，不停地在键盘上敲打命令。当曹操确认所有的指令都准确无误之后，现在该是关机的时候了。

在一天半夜，曹操突然觉得不适，浑身像刀片割裂般疼痛。天亮了，曹操叫人熬了点儿稀粥，吃下出了一身汗，再喝下一碗当归汤，才略微好点。这个当归汤，估计是用酒煮服，可治疼痛。

再过了几天，也就是建安二十五年（220）正月二十五日（公历3月15日），曹操紧闭的眼睛再也没有睁开，从此永远睡着了。这一年，曹操六十六岁。

## 3.担当生前事，何计身后评?

曹操，无疑是中国历史上最具争议的历史人物之一。

他就像变幻莫测的大自然，有时候狂风暴雨，有时候暖风和煦。

曹操，就是一个色彩斑斓的多面几何体。如果要准确给曹操画上脸谱，我们不能够简单地描上白色就了事。他既有红的一面（肝胆侠义），也有黑的一面（勇猛不乏智慧），甚至紫色（刚正威武）、黄色（残暴）、绿色（莽撞）、蓝色（阴险）的元素，曹操也是应有尽有。

那就让印象派画家为曹操描绘一幅油画肖像好了。

在那些五光十色的遮掩之下，是一颗一统天下的雄心。这颗雄心，曹操曾经拥有了三十年，甚至更久。无论我们如何评价曹操，但是绝不能让曹操的这颗雄心遗失在历史的黑暗角落。

自曹操死后，大汉帝国正式分裂成三个国家。中国再次陷入了历史上第二次大分裂期，这个分裂期长达三百六十年，按照中国台湾大学者黄仁宇的说法，超过了十倍于三十年战争给德意志帝国带来的伤害。从这个层面来说，曹操是一个悲剧英雄。

岁月的波涛无情地冲刷着历史的沙滩，曹操也在人们的咒骂声和折磨中孤独地度过一千八百年。

建安二十五年(220)正月二十五日，曹操病逝于洛阳。

一个星期之后，洛阳上空一片昏暗，日食发生了。

再过了二十天，曹操被安葬在邺城的高陵。

尽管曹操生前宣称，绝不跟金银财宝同眠一穴，以免盗墓贼惊扰了自己的深度睡眠。但是怒不可遏的政治仇敌们已经等不及曹操的肉体腐化，便闯入高陵地底的墓室。他们砸烂了铭刻有“魏武王”字样的石牌，把曹操的尸体从墓葬后室拖到前室，并用刀刃将曹操毁容后枭首，甚至捣烂成碎骨片。

在地底下实行暴行的同时，地面上的人们也尽其所能，对曹操进行体无完肤的批判。

曹操死后六十年，史学家陈寿写下《三国志》，第一次公正地评价了曹操的历史作用。

可惜好景不长，曹操死后一百五十年，东晋的历史学家习凿齿给曹操下了“篡逆贼”的定义，拉开第一次贬损曹操的序幕。

曹操死后八百年，由于程朱伪道学的兴起，曹操的声誉跌落到历史的新低点。朱熹主编的官方历史读本《通鉴纲目》，破天荒地将曹操踢出正统之外，曹操的价值再次急剧降低。

但是让曹操一落千丈，成为人们心目中最无耻的一代奸贼，是在曹操死后的一千一百年，一个叫罗贯中的畅销小说家，他不遗余力地搜集流传于民间有关曹操的糗事，汇成一书，从此曹操的形象彻底被颠覆。曹操完全沦为反动派的形象代表。

随着时代的变迁，人们对曹操的印象逐渐改变，甚至产生好感，不再拘泥于一个篡逆奸贼的简单概念，取而代之的是易中天式的“可爱的奸雄”，但这已经是曹操死后一千七百八十六年的事了。

公元2009年，曹操“隐居”了一千七百八十九年的老巢高陵被宣布发掘出来，这个事件是曹操死后最为轰动的大事。一时间全世界哗然，犹如一块巨石投入深渊，激起千重涟漪。高陵的发掘，宣告流传了一千多年“曹操七十二疑冢”的谣言不攻自破。

尽管有一批学者组成强大的倒墓派，提出了种种质疑，但是他们的证据很快被证明是多余的，甚至是业余的，立即粉碎在专业考古的大内高手眼前。

比如有人称出土的石碑刻有“魏武王”三个字，这就有问题了。因为“曹操生前叫魏王，死后谥号是武王，不可能叫魏武王”。但是历史学家举出南朝沈约编著的《宋书》中记载：“汉献帝建安二十三年，秃鹫鸟集邺宫文昌殿后池。明年，魏武王薨。”这完全可以证明魏武王正是曹操死后至曹丕称帝这短短的八个月中所用的称呼。

又有人宣称曹操墓中出土了铭刻有“黄豆”字样的石牌，在浩瀚的古籍中，在唐代开始才提到“黄豆”两个字。但是马上就有人出来反驳，这个所谓的穿越实际上就是不学无术的典型案例。因为在熹平二年即公元173年的《张叔敬瓦

曹操

缶丹书》中，就有“黄豆瓜子，死人持给地下赋”的记载。

像这样的例子举不胜举，笔者相信曹操墓的真伪问题将不断争论下去，有关曹操的话题也将永远持续下去。

滚滚长江东逝水，浪花淘尽英雄。曹操是永恒存在的，就像奔腾不息的长江水，千百年来不停地呜咽着，向人们倾诉着流金岁月的许多传奇。

两千年来，人们乐此不疲地重复着曹操的故事，就像一个永远难以画完的圆圈，传承了一代又一代。

我们有理由坚信，当我们的胡子白花花的时候，一定会有一个天真烂漫的小孩子，像一只温驯的波斯猫，伏在身边，用他那水汪汪的眼睛盯着我们，“爷爷，快讲曹阿瞒的故事……”

# 后记

# 后　记

曹操，字孟德，小名阿瞒，是典型的毁誉参半的历史人物，对中国历史进程产生了重大影响。写一本有关曹操的通俗作品是笔者平生所愿，但是如何给这一特殊人物定调，笔者认为必须从评价曹操入手。

世人对曹操的评价大致经历了四个阶段。三国魏晋南北朝时期对曹操大加鞭挞。如与曹操同时代的孙权说曹操“杀伐小为过差，离间人骨肉以为酷耳”；周瑜说曹操“虽托名汉相，实为汉贼”；曹操的冤家刘备痛斥“曹操阶祸，窃执天衡；皇后太子，鸩杀见害；剥乱天下，残毁民物”；建安七子之一的陈琳的评说更是不堪入耳，揭开了曹操丑陋的老底——阉党余孽，“操赘阉遗丑，本无令德，僄狡锋侠，好乱乐祸”，曹操被批得体无完肤。司马氏一统天下后，世人延续了三国时代对曹操的评价，其中不乏猛烈的批评者，如裴松之在注释《三国志》时愤怒地谴责：“历观古今书籍所载，贪残虐烈无道之臣，于操为甚。”然而这些批评大都出自曹操的宿仇与政敌之口，基本上是出于政治目的而发。只有一位史学家陈寿秉笔直书，给予曹操正面评价，盛赞说：曹操“运筹演谋，鞭挞宇内”“抑可谓非常之人、超世之杰矣”。

隋唐时期，由于中国已分裂四个世纪，战乱频仍，苦难的百姓渴望统一。世人开始怀念曹操纵横驰骋，为一统江山而奋斗终生的豪情壮志，对曹操的评价也以正面为主，其声誉急剧上升。唐太宗以万乘之尊，率先对曹操正面评价，赞颂说：“帝（曹操）以雄武之姿，常艰难之运。栋梁之任，同乎曩时；匡正之功，异乎往代！”其后的唐玄宗更是自诩为曹操的铁杆粉丝，多次自比为“阿瞒”。在皇帝的模范作用下，学者们开始全方位、正面评价曹操，从诗文、书法，至善于用人、芟平诸雄，将曹操捧至史无前例的高度。

但是好景不长，到了宋代，赵氏急需加强中央集权，而曹操的“挟天子以令诸侯”导致了地方割据的形成，明显与大宋皇帝的政治抱负相悖，因而朝野对曹操的评价基本上持否定态度。代表者如司马光，他痛斥道：“以魏武之暴戾强伉，其蓄无君之心久矣。”程朱理学兴起之后，崇刘抑曹，曹操的声誉跌至历史谷底。朱熹说过一句话：“曹操自是贼，既不可从，孙权又是两间底人，只有先主（刘备）名分正。”作为官方正统思想代表的朱熹，其对曹操的负面评价影响深远。宋代之后的词曲、小说、唱本等文学作品，更是搜罗曹操的丑闻，加以发明阐微、添枝加叶，将一个狡诈、残忍的奸雄形象活生生地展现在世人面前。由此，曹操的“汉贼”身份一直延续到封建时代的终结。

新中国成立后，学者们开始公正、客观地评价曹操的历史地位，其形象逐步上升，亲和力日增。率先站出来的是大学者郭沫若，他说“曹操冤枉地做了一千多年的反面教员，我们在今天是要替他恢复名誉”，认为“曹操对于当时的人民是有贡献的，不仅有而且大；对于民族的发展和文化的发展是有贡献的，不仅有而且大。在我看来，曹操在这些方面的贡献，比起他同时代的人物来是最大的”。当代学者钟文在《军事家曹操》中认为，曹操是“亡国时第一流的军事家”。近年来，各类研究曹操的作品层出不穷，随着安阳高陵的挖掘，说曹评曹更是炙手可热，俨然成为一门显学。

历史上对曹操的评价飘忽不定，从大英雄到巨寇恶贼，冰火两重天。因此，在说曹评曹时更应注意史料的运用。唐代之前的史料较为可信，魏晋以来在战乱中散佚的部分文献大都在唐之前完成了钩沉、辑录，而以西晋陈寿的《三国志》最为丰富、可信，基本上是同时代的实录。南朝史学家裴松之在注释《三国志》时，援引了数不清的史籍，其书名可考者近一百五十种，被宋文帝刘义隆惊叹为“不朽”之功。其后如范晔的《后汉书》、袁宏的《后汉纪》，以及刘义庆的笔记小说《世说新语》等书籍中，都散见有关曹操生平事迹的记载。北宋司马光的《资治通鉴》虽完成于唐之后，但参考了当时所能见到的史籍，亦有相当高的史料价值。另外，后人将曹操的诗文作品、政令、教策编为《曹操集》，其中的《假为献帝策收伏后建安十九年》《策立卞后建安二十四年》《让还司空印绶表》《请爵荀彧表建安八年》等表文，有明确的纪年，便于对曹操生平的梳理；《苦寒行》《秋胡行》《征吴教》《与张辽等教》等诗词、教令，披露了曹操征战生涯的一些细节，为后人提供了极有价值的研究资料。

至于宋代之后的各种作品，如程俱的《北固怀古》、刘昂的《读三国志二首》、吴师道的《铜雀台》等宋元词曲，都以“老瞒”蔑称曹操，进一步强化了曹操的汉贼形象。元代的《三国志平话》及明代罗贯中的《三国志通俗演义》等具有评书、说唱的性质，属于文学范畴，虚构成分较多，其中的内容只能与史料对照之后再做定夺。

# 后　记

欲评说曹操，绝不可只手捧一本《三国志》或者《三国演义》肆意发挥，而忽略了《曹操集》等其他一手史料的文献价值。笔者在本书的写作过程中，就是遵照上述文献材料的使用原则，对曹操的生平加以整理，用通俗的文字勾勒出其叱咤风云的大致经历，力图向读者展现一个最接近历史原貌的曹操。

柯胜雨

2017 年 6 月